国际化背景下就业教育研究

徐　强　赵云香◎著

中国原子能出版社

图书在版编目（CIP）数据

国际化背景下就业教育研究 / 徐强，赵云香著. --

北京：中国原子能出版社，2023.11

ISBN 978-7-5221-3148-1

Ⅰ. ①国… Ⅱ. ①徐…②赵… Ⅲ. ①大学生–就业 –教育研究 Ⅳ. ①G647.38

中国国家版本馆 CIP 数据核字（2023）第 236888 号

国际化背景下就业教育研究

出版发行	中国原子能出版社（北京市海淀区阜成路 43 号　100048）
责任编辑	杨　青
责任校对	冯莲凤
责任印制	赵　明
印　　刷	北京天恒嘉业印刷有限公司
经　　销	全国新华书店
开　　本	787 mm×1092 mm　1/16
印　　张	16
字　　数	300 千字
版　　次	2023 年 11 月第 1 版　2023 年 11 月第 1 次印刷
书　　号	ISBN 978-7-5221-3148-1　　**定　价　76.00 元**

发行电话：010-68452845

前　言

在当今全球化的背景下，就业教育已经成为国际教育领域的一个重要议题。全球化不仅改变了职场的面貌，也改变了我们对教育的看法和需求。国际化背景下就业教育研究是对如何更好地为学生提供职业技能培训培养跨文化能力，以及帮助他们在国际就业市场中取得成功的探讨。本研究将深入研究这一领域，为教育工作者、政策制定者、学者和学生提供有价值的洞见。

全球化背景下，工作市场发生了深刻的变化。信息技术的快速发展、跨国公司的崛起及国际劳动力的流动，使得工作市场竞争变得更加激烈和多样化。这对教育系统提出了新的挑战，要求教育机构更好地满足学生的职业需求，培养具备国际竞争力的毕业生。国际化背景下就业教育研究将关注如何使教育更具适应性，以适应这一新的现实。

通过深入研究国际化背景下的就业教育，笔者希望为教育工作者提供有益的工具和方法，帮助他们更好地满足学生的职业需求。我们还希望为政策制定者提供政策建议，为学生提供职业发展指导和就业支持。国际化背景下的就业教育是培养具备全球视野的毕业生的关键环节，我们相信，通过深入研究和讨论，可以共同推动这一领域的不断改进，为学生的未来提供更多的机会和希望。

　　希望本研究能够为读者提供启发、洞见和实用的信息，以推动国际化背景下的就业教育不断改进。就业教育是为了帮助个体实现自己的职业梦想，同时也为了推动社会的进步和全球的繁荣。愿本研究成为这一领域的有益资源，帮助教育工作者和政策制定者更好地理解和应对国际化背景下就业教育面临的挑战和机遇。

目　　录

第一章　国际化趋势与全球经济环境

第一节　国际化趋势的历史演变

一、早期国际化趋势

国际化，作为一个复杂而多层次的概念，是指企业、组织、甚至个人在全球范围内参与和适应国际市场的过程。国际化并非一蹴而就的结果，它是一个渐进的过程，从早期的探索和尝试到后来的深度融入国际市场，需要时间、资源和战略规划。在本书中，我们将探讨早期国际化趋势，即企业在国际市场中的初期尝试和策略，以及这些趋势如何影响了全球商业环境。

（一）早期国际化的定义

早期国际化是指一家企业或组织在其发展初期就开始积极地参与国际市场和跨国活动。这意味着企业在其成立时或初期阶段就考虑跨越国界，扩展到国际市场，以寻求新的商机和增长机会。早期国际化通常涉及一系列战略和行动，以适应不同国家和文化的市场需求，包括市场研究、产品定制、国际市场推广、国际物流和文化适应等。早期国际化的主要特点包括以下几方面。

1. 早期决策

企业在创立初期或者发展的早期阶段就制定国际化战略，而不是等到在国内市场已经饱和后才考虑国际扩张。

2. 跨国市场适应

企业必须适应不同国家和文化的市场需求，包括语言、文化和法律法规等方面的差异。

3. 投资和资源

早期国际化可能需要大量的投资和资源，包括资金、人力资源和市场研究等，以支持国际扩张。

4．风险和机会

早期国际化面临风险，但也提供了更多的增长机会，可以降低对单一市场的依赖。

总之，早期国际化是一种积极的国际市场参与战略，旨在帮助企业在其发展早期就实现全球市场的多元化和扩张。这需要精心计划和战略执行，以应对国际市场的挑战和机会。

（二）早期国际化趋势的原因

早期国际化的趋势是由多种因素推动的，包括市场机会、竞争压力、资源可及性、技术进步与制度和政策。以下是一些主要原因。

1．市场机会

企业通常会寻求国际化以获取新的市场机会。在国内市场饱和或增长放缓的情况下，国际市场可能提供了更多的增长潜力。此外，一些行业可能在国际市场上更具吸引力，因为市场对这些行业有更多的需求。

2．竞争压力

全球化趋势意味着竞争不再仅仅是国内的。许多企业必须面对来自国际竞争对手的竞争，这迫使它们积极寻求国际市场机会，以保持竞争力。

3．资源可及性

随着国际运输和通信的改善，企业更容易获得国际市场所需的资源和技术。这使得国际化更加可行，因为企业能够更容易地进入国际市场并管理国际供应链。

4．技术进步

信息技术的发展使跨国业务更加容易。企业可以通过互联网销售产品和服务，跨国合作也更加便捷，这加速了国际化的趋势。

5．制度和政策

一些国家鼓励或促进国际化，通过政策和法规来吸引外国投资或扩大本国企业的国际业务。这些政策可以在一定程度上推动早期国际化。

（三）早期国际化的战略

早期国际化需要企业制定明智的战略，以充分利用国际市场的机会。以下是一些常见的早期国际化战略。

1．出口

出口是最常见的早期国际化战略之一。企业可以选择出口产品或服务到国际市场，通常通过代理商、分销商或在线销售方式出口。这允许企业进入国际市场，而无须建立实体存在。

2. 合资

与当地合作伙伴建立合资企业是一种早期国际化的方式。这种策略可以帮助企业充分利用当地合作伙伴的知识和资源，降低风险，同时也有可能更好地适应当地文化和市场。

3. 跨国并购

企业可以通过收购国际竞争对手或合作伙伴来扩大其国际业务。这种策略允许企业迅速扩大规模，获取新的客户和市场份额。

4. 建立国际分支机构

企业可以在国际市场上建立自己的分支机构或子公司。这使企业能够直接参与国际市场，更好地控制其运营。

5. 全球供应链

建立全球供应链是早期国际化的关键战略。企业可以选择在全球范围内寻找供应商和合作伙伴，以降低成本并提高效率。

6. 定制市场策略

不同的国际市场有不同的文化、需求和法规。企业需要制定定制的市场策略，以适应不同的市场环境。

7. 风险管理

国际化带来了一系列风险，早期国际化的战略应该包括有效的风险管理措施。

（四）常见的国际化风险和应对策略

1. 汇率风险

国际业务常常涉及不同国家的货币，汇率波动可能对企业的财务状况产生重大影响。企业可以采用汇率对冲策略，如货币期权或远期合同，来降低这种风险。

2. 政治风险

不同国家的政治环境和政策变化可能对企业产生不利影响。企业需要对国际市场的政治风险进行评估，并考虑多元化业务以减少风险。

3. 法律和合规风险

不同国家有不同的法规和法律制度。企业需要确保他们的国际业务符合当地法规，并可能需要与律师和合规专家合作以减少法律风险。

4. 文化差异

文化差异可能对市场营销、员工关系和客户满意度产生影响。企业需要理解并尊重不同文化的习惯和价值观，以更好地适应国际市场。

5. 知识产权保护

在一些国家，知识产权可能没有被充分保护，这可能对企业的创新和竞争力构成威胁。企业需要考虑如何保护其知识产权，如专利、商标和版权。

6. 市场风险

国际市场的需求和竞争可能与国内市场有所不同。企业需要灵活调整其产品、定价和市场策略，以满足国际市场的需求。

7. 品牌建设和声誉风险

国际化可能对企业的品牌建设和声誉产生积极或消极影响。企业需要关注其声誉管理和品牌建设，以确保在国际市场中建立良好的声誉。

早期国际化的成功取决于企业的战略规划、市场研究和风险管理能力。这个阶段通常是企业积累国际经验的时期，为后续的国际扩张提供了宝贵的经验。

（五）早期国际化趋势的影响

早期国际化趋势对全球商业环境产生了多方面的影响，这些影响涵盖了国际经济、文化和政治等层面。

1. 国际市场的扩大

早期国际化使得国际市场变得更加丰富和多样化。企业的参与扩大了国际市场的范围，增加了产品和服务的选择，为消费者提供更多的机会。

2. 经济增长

国际化有助于经济增长，因为它可以帮助企业扩大规模，创造就业机会，增加出口和投资。这对国际市场和国内市场都有积极影响。

3. 文化交流

国际化促进了不同文化之间的交流和相互理解。企业需要适应不同的文化和价值观，这有助于减少文化冲突，促进国际合作和交往。

4. 创新和竞争力

国际竞争迫使企业不断创新，提高效率，提供更好的产品和服务。这有助于提高企业的竞争力，推动行业的进步。

5. 政治影响

国际化也对政治产生影响。企业在不同国家开展业务，通常会与当地政府和政策制定者互动。政府可能会制定政策来鼓励或限制国际化，这可能影响企业的战略规划。

6. 社会责任

国际化的企业通常需要考虑社会责任的问题，包括环境保护、劳工权益和社区贡献。这有助于提高企业的可持续性和社会声誉。

7. 可持续性

国际化趋势也对可持续性产生影响。企业需要考虑资源利用效率和环境影响，以满足国际市场对可持续性的需求。

总的来说，早期国际化趋势在全球商业环境中发挥着关键作用，推动了全球化和国际合作。它为企业提供了机会，同时也带来了挑战，需要企业具备战略规划和风险管理的能力。随着全球化继续发展，早期国际化趋势将继续塑造国际商业的未来。

二、近代国际化趋势

近代国际化趋势指的是在当今全球化时代，企业、组织和个人适应和参与国际市场的发展。国际化已经成为当今商业和社会环境中的一个重要趋势，它受到技术、政治、文化和经济因素的影响，对全球商业和社会产生深远的影响。本书将探讨近代国际化趋势，包括其动力、策略、影响及未来展望。

（一）近代国际化趋势的动力

1. 技术发展

技术进步是推动国际化的主要动力之一。互联网、移动通信和物联网等技术的普及使全球沟通和跨境业务更加容易。这些技术使企业能够在线销售产品，提供服务，开展跨国合作，实现全球供应链管理，以及实时数据和信息交流。

2. 市场机会

全球市场提供了巨大的商机。企业寻求在新兴市场获得增长，同时也希望满足全球消费者不断增长的需求。这不仅包括了解全球市场的需求，还包括扩大销售和服务范围。

3. 国际竞争

国际化也与全球竞争有关。企业不仅需要在国内市场竞争，还需要面对来自全球竞争对手的竞争。这迫使企业不断提高效率、创新和提供更高质量的产品和服务。

4. 资源可及性

全球化使得资源更容易获得。企业可以跨国界寻找供应商和合作伙伴，降低成本、提高效率。这也有助于企业更好地应对市场波动。

5. 政策和法规

一些国家采取政策来鼓励国际化，例如降低贸易壁垒、税收优惠和外国投资优惠政策。这些政策吸引了更多的企业参与国际市场。

6. 消费者需求

消费者对多样性和国际化的需求不断增加。他们希望能够获得来自世界各地的产品和服务，这推动了企业拓展国际市场，以满足这种需求。

7. 跨文化交流

全球化也导致了跨文化交流的增加。企业需要适应不同文化、语言和市场的需求，这加强了文化多样性和跨文化合作。

（二）近代国际化的策略

近代国际化采用多种策略，以满足国际市场的需求和机会。以下是一些常见的国际化策略。

1. 跨国扩张

企业通过在不同国家建立分支机构、子公司或办事处来扩大其国际业务。这种策略允许企业更好地融入当地市场，提供定制的产品和服务。

2. 出口

出口仍然是一种重要的国际化策略。企业可以出口产品和服务到国际市场，通常通过代理商、分销商或在线销售方式出口。

3. 合资和联盟

与当地合作伙伴建立合资企业或联盟可以降低风险，并充分利用当地合作伙伴的知识和资源。

4. 跨国并购

企业可以通过收购国际竞争对手或合作伙伴来扩大其国际业务。这种策略通常能够迅速扩大企业规模和市场份额。

5. 全球供应链

建立全球供应链是国际化的关键策略之一。企业可以在全球范围内寻找供应商和合作伙伴，以提高效率和降低成本。

6. 定制市场策略

企业需要制定定制的市场策略，以满足不同国家和地区的需求。这包括产品定制、市场营销和价格策略的调整。

7. 社会责任和可持续性

企业越来越关注社会责任和可持续性。这包括关注环境保护、劳工权益、社区贡献和可持续经营。

8. 创新和数字化

近代国际化策略通常涉及创新和数字化。企业利用技术来提高效率、提供在线服务和开发新产品。

（三）近代国际化趋势的影响

近代国际化趋势对全球商业和社会产生了广泛的影响。以下是一些主要影响。

1. 经济增长

国际化促进了经济增长，因为它扩大了市场、创造了就业机会，增加了国际贸易和投资。这对国家和全球经济都产生了积极影响。

2. 创新和竞争力

国际化鼓励企业不断创新，提高产品质量和服务水平，以满足全球市场的需求。这推动了企业的竞争力和行业的进步。

3. 文化交流

国际化加强了不同文化之间的交流和相互理解。企业必须适应和尊重不同的文化、价值观和习惯，这有助于减少文化冲突，促进国际合作和文化多样性。

4. 知识传递

国际化促进了知识传递和技术转移。企业通过国际合作和研发合作积累了知识，这有助于技术和创新的全球传播。

5. 政治影响

国际化对政治产生影响，因为企业在不同国家的经济活动通常需要与当地政府和政策制定者互动。政府可能会制定政策来支持或规范国际化，这对企业的战略和运营产生影响。

6. 社会责任

国际化使企业更加关注社会责任。他们需要考虑环境保护、劳工权益、社区贡献和可持续经营等问题，以满足国际市场的需求和社会期望。

7. 环境和可持续性

国际化对环境和可持续性产生影响。企业需要关注资源利用效率、环境影响和可持续经营，以满足国际市场对可持续性的需求。

8. 教育和技能

国际化趋势促使人们提高跨文化沟通和国际业务技能。这对教育和培训行业产生了影响，鼓励人们获取跨文化经验和国际化知识。

三、当代国际化趋势

当代国际化趋势涵盖了现代全球化时代企业、组织和个人如何参与和适应国际市场的发展。随着技术、政治、经济和文化的快速演变，国际化已经成为当今商业和社会环境中的一个主要趋势。本书将深入探讨当代国际化趋势，包括其动力、策略、影响及未来展望。

（一）当代国际化趋势的动力

1．技术驱动

技术的快速发展在当代国际化中扮演着关键角色。互联网、移动通信、云计算、大数据分析及物联网等技术的普及，使全球沟通和跨国业务更加容易。这些技术加速了全球化，促进了在线销售、远程办公、全球供应链管理和跨国合作。

2．市场机会

当代国际化的一个主要动力是在全球市场中寻找机会。企业寻求新兴市场的增长，满足全球消费者不断增长的需求，以及迎接全球竞争的挑战。全球市场的多样性为企业提供了更多的选择。

3．竞争压力

国际竞争是现代国际化的主要驱动因素之一。企业不仅需要在国内市场竞争，还需要面对来自全球竞争对手的竞争。这迫使企业不断提高效率、提供更高质量的产品和服务，以维持竞争力。

4．政策和法规

一些国家鼓励国际化，通过政策和法规来吸引外国投资或扩大本国企业的国际业务。这些政策可以推动更多的企业进入国际市场。

5．跨文化交流

全球化加强了不同文化之间的交流和相互理解。企业必须适应不同文化、语言和市场的需求，这加强了文化多样性和跨文化合作。

（二）未来展望

未来，国际化趋势将继续发展，受到新兴技术、全球政治变化和市场需求的影响。以下是一些未来展望。

1．数字化和科技驱动

随着数字化技术的快速发展，国际化将更加数字化。企业将借助大数据、人工智能、区块链等技术来提高效率、安全性和客户体验。跨国线上业务和远程合作将变得更为普遍。

2．新兴市场的崛起

新兴市场将继续成为国际化的关注焦点。中国、印度和巴西等国家的市场增长将吸引更多的企业投资和扩张。这将促进全球供应链的调整，以满足新兴市场的需求。

3．可持续性和社会责任

可持续性和社会责任将成为国际化的重要驱动因素。企业需要更加注重环境、社会和治理问题，以满足国际市场和投资者的要求。可持续发展和绿色技术将成为市场的关键驱动因素。

4. 贸易政策的变化

全球贸易政策的变化可能对国际化产生影响。企业需要密切关注国际贸易协定和关税政策的变化，以调整其战略。贸易战和贸易协定的变化可能对供应链和市场准入产生重大影响。

5. 文化多样性的重要性

企业需要更好地理解和尊重不同文化的价值观和习惯。跨文化教育和培训将继续增加，以帮助企业应对文化多样性。文化敏感性将成为企业成功的重要因素。

6. 灵活性和创新

企业需要保持灵活性和创新能力，以适应不断变化的市场条件。这将成为国际化成功与否的关键因素。企业需要不断改进和调整策略，以应对全球市场的挑战。

总结来说，当代国际化趋势在全球商业和社会环境中发挥着关键作用。企业需要积极适应这一趋势，制定战略，提高文化智慧，注重可持续性，并不断创新，以充分利用国际市场的机会。同时，政府、国际组织和社会各界也需要合作，以促进包容性和可持续的国际化，以实现全球繁荣和社会福祉。未来，国际化趋势将继续塑造全球商业的面貌，为全球合作和发展提供新的机会和挑战。

第二节　全球化对就业的影响

一、全球化对工作机会的影响

全球化是一个多维度、多领域的趋势，深刻地影响了全球经济和就业市场。这一趋势涵盖了贸易、投资、技术、文化和社会交流等多个方面，对工作机会产生了广泛而深远的影响。本书将探讨全球化对工作机会的影响，包括其积极影响、消极影响及可能的未来趋势。

（一）全球化对工作机会的积极影响

1. 跨国公司和全球供应链

全球化加速了跨国公司的崛起，这些公司在全球范围内建立了分支机构、子公司和合资企业。这些公司在不同国家之间构建了复杂的全球供应链，导致了对跨国人才的需求增加。从供应链管理到国际市场销售，这些公司需要专业知识来应对不同国家和文化的挑战。

2. 技术和数字化

数字技术的普及使工作变得更加虚拟和全球化。远程工作、在线协作和云计算等技术使人们能够在全球范围内开展工作。这不仅改变了工作方式，也增加了人们的就业机会。同时，数字技术的快速发展也创造了新的技术工作机会。

3. 全球市场和消费者需求

全球市场的增长和不断变化的消费者需求催生了新的工作机会。企业需要适应不同国家和地区的市场，提供符合当地需求的产品和服务。这推动了市场研究、国际市场开发和跨文化沟通等领域的需求。

4. 移民和多样性

全球化促进了人才流动，包括高技能移民和留学生。这种人才流动丰富了国际劳动力市场，为不同领域的人才创造了工作机会。同时，多元文化和多样性也在全球劳动力市场中得到了更多的重视，这对文化敏感性和跨文化交流的工作机会产生了影响。

5. 教育和培训

全球化对教育和培训行业产生了影响。人们需要获得跨文化沟通、外语技能和国际业务知识，以适应全球化时代的工作需求。这促进了国际教育和培训机构的发展，为人们提供相关技能和知识。

6. 创新和创业

全球化创造了创新和创业的机会。企业和个人可以在全球范围内寻找市场，开发新产品和服务，利用全球市场的规模和多样性。这对初创企业和创业家来说是一个很好的机会。

7. 国际合作

全球化加强了国际合作的需求。跨国组织、政府和非政府组织需要专业人员来管理国际项目、开展国际援助和推动全球问题的解决。这为国际关系、外交和国际发展领域创造了工作机会。

（二）全球化对工作机会的消极影响

尽管全球化为人才带来了许多工作机会，但也伴随着一些挑战。

1. 不平等

全球化可能导致不平等的加剧。高技能和高素质人才通常更容易受益于全球化，而低技能工作者可能受到竞争的影响。这会导致工资差距的扩大，同时增加社会不平等。

2. 转岗困难

某些行业和职业可能会受到全球化的冲击，导致工作机会的减少。这可能给受影响的工作者造成困难，需要培训和支持来转岗到其他领域。

3. 文化冲突

全球化促进了不同文化和价值观之间的交流，这可能导致文化冲突。企业需要解决不同文化团队之间的沟通和合作问题，这需要具备跨文化领导和管理技能的专业人员。

4. 市场不稳定性

全球化使企业受到全球市场的影响，市场波动可能对就业产生影响。金融危机、贸易战和政治不稳定性都可能导致市场的不稳定性，进而影响到就业市场。

5. 法律法规

跨国公司和全球化的业务可能需要遵守多个国家和地区的法律法规。这需要法律专业人员和合规官员来确保企业的合法经营。

6. 安全威胁

全球化伴随着跨国犯罪和网络威胁的增加。这促使安全专业人员和网络安全专家的需求增加，以保护组织和信息资产。

7. 环境可持续性

全球化对环境可持续性产生影响。全球供应链和物流可能增加了资源消耗和碳排放。因此，环境科学家和可持续发展专家在寻求降低环境影响方面扮演重要角色。此外，可持续性也成为企业社会责任的一部分，需要专业人员来管理和监督相关工作。

8. 移民问题

全球化导致人才和劳动力的跨国流动。这引发了一系列与移民政策、文化融合和社会融合相关的问题。移民政策制定者、社会工作者和移民律师等专业人员在处理这些问题时发挥着关键作用。

（三）对未来工作的展望

未来，全球化将继续对工作机会产生深远影响。以下是一些可能的未来趋势。

1. 技术驱动的工作机会

随着技术的不断发展，将出现更多与数字技术、人工智能、机器学习和自动化相关的工作机会。这可能包括数据科学家、人工智能工程师、网络安全专家和虚拟现实开发者等新兴职业。

2. 绿色和可持续领域

随着环境问题日益受到关注,将会出现更多与环境可持续性和可再生能源相关的工作机会。这包括可持续发展专家、环境科学家、再生能源工程师和环境政策制定者。

3. 跨文化和跨国领域

跨文化和国际业务领域的工作机会将继续增加。这包括国际市场开发、跨国组织管理、国际关系和国际发展等领域。

4. 教育和培训

随着全球化的继续,人们将需要更多的跨文化和国际业务培训。这将导致国际教育和培训行业工作机会的增长,包括外语教育、跨文化沟通培训和国际商务课程。

5. 可持续发展和社会责任

可持续发展和社会责任将继续成为关注重点,对应的工作机会也将增加。企业社会责任专业人员、可持续发展经理和社会影响投资者将在这一领域发挥关键作用。

6. 多样性和包容性

多样性和包容性将成为越来越重要的领域,需要专业人员来管理多元文化工作场所、推动多样性和包容性政策,并解决相关问题。

7. 职业生涯的灵活性

未来的工作趋势可能促使职业生涯更加灵活。人们可能会更频繁地转岗,拥有多重职业身份,或者从事远程工作。这将需要发展适应能力和职业规划技能。

总结来说,全球化对工作机会产生了深远影响,既提供了机会,又带来了挑战。未来的工作可能会更加数字化、可持续和跨文化,需要专业人员具备相应的技能和知识来适应这一新时代的工作需求。同时,政府、企业和教育机构也需要合作,以确保人们能够充分利用全球化所提供的机会,同时应对相关的挑战。在这个不断演变的环境中,终身学习和适应能力将成为成功的关键因素。

二、跨国公司和雇佣趋势

随着全球化的不断发展,跨国公司在全球范围内扮演了重要的角色,对雇佣市场产生了广泛的影响。这些公司通常在多个国家经营业务,拥有庞大的员工队伍,直接或间接地影响着全球就业趋势。本书将深入探讨跨国公司的兴起、雇佣趋势和对全球劳动力市场的影响。

（一）跨国公司的兴起

1. 全球化的推动力

跨国公司的兴起与全球化的推动力密不可分。全球化意味着世界各地的市场相互联系，商品、服务和资本可以自由流动。这为企业提供了更多的机会，能够在不同国家和地区寻找市场，降低成本，扩大规模，并提升国际竞争力。

2. 技术的作用

技术的快速发展加速了跨国公司的兴起。互联网、全球物流和通信技术使公司能够实时管理跨国供应链，同时允许员工在不同国家之间进行远程协作。这些技术的普及减少了跨国经营的障碍，使跨国公司能够更加高效地运营。

3. 跨国并购

跨国公司的发展通常伴随着并购和收购。企业通过并购其他公司来扩大规模、进入新市场或获取关键技术和知识。这种扩张策略推动了跨国公司的发展。

4. 贸易自由化

贸易协定和国际贸易政策的自由化也支持了跨国公司的兴起。这些政策降低了进入国际市场的壁垒，鼓励了更多的公司在全球范围内开展业务。

5. 跨国公司的优势

跨国公司通常能够充分利用规模经济，降低生产成本，并为员工提供更多的机会，因为它们在多个国家拥有多样化的业务。这使得它们能够吸引全球范围内的顶尖人才，并为员工提供国际职业发展的机会。

（二）跨国公司的雇佣趋势

1. 多元文化工作团队

跨国公司通常拥有多元文化的工作团队，由不同国家和背景的员工组成。这使得跨国公司更具创新性和适应性，因为不同的观点和经验有助于问题的多角度分析和解决。

2. 跨国移动性

跨国公司通常鼓励员工参与国际任务和项目，这有助于提升员工的国际经验和技能。这种跨国移动性可以包括短期任务、长期派遣、交流计划和跨国培训。

3. 远程工作

技术的发展使员工能够进行远程工作，跨国公司在这一领域有一定的优势。员工可以在全球范围内远程协作，无需实际出差或迁徙，这提供了更强的灵活性，实现了工作生活的平衡。

4. 国际薪酬

跨国公司通常会根据员工的国际地点和市场条件来制定薪酬政策。这种国际薪酬策略通常反映了不同国家的薪酬水平和生活成本，以确保员工在全球范围内获得公平的薪酬。

5. 文化培训和适应性

跨国公司通常提供文化培训，以帮助员工适应不同国家和文化的工作环境。这种文化培训可以涵盖文化礼仪、跨文化沟通、文化敏感性和国际商务惯例等方面，以帮助员工更好地融入不同文化的工作环境。

6. 多语言能力

多语言能力对于在跨国公司工作的员工非常重要。许多跨国公司要求员工至少掌握一门外语，以便进行跨文化交流和合作。这为语言教育和翻译行业提供了工作机会。

7. 跨国合作和项目管理

跨国公司通常需要员工具备跨国合作和项目管理的技能。这包括协调不同国家的团队、管理国际供应链、处理不同法律和法规，以及解决文化差异问题。

8. 国际业务知识

在跨国公司工作通常需要具备国际业务知识，包括国际市场分析、贸易政策、国际法和全球经济趋势。这需要专业人员来提供培训和支持。

9. 跨国公司的社会责任

许多跨国公司重视社会责任，包括可持续性、环境保护、社区贡献和道德经营。这促使公司雇佣社会责任专家和可持续发展专家，以确保公司在全球范围内履行其社会责任。

10. 国际金融和税务

跨国公司需要专业人员来处理复杂的国际金融和税务事务。这包括国际会计师、税务专家和财务分析师等。

（三）跨国公司对全球劳动力市场的影响

1. 就业机会的增加

跨国公司的兴起意味着全球劳动力市场中的就业机会增加。这些公司通常在不同国家提供各种职位，涵盖了各种领域，从技术到管理再到市场销售。这使得员工有更多机会寻找全球范围内的职业发展路径。

2. 技能需求的变化

跨国公司通常要求员工具备跨文化和国际业务知识，这导致了技能需求的变化。员工需要适应不同国家和文化的工作环境，具备跨国合作和国际项目管理的能力。这也促进了外语能力、文化敏感性和国际业务知识的需求增加。

3. 全球竞争

跨国公司的兴起加剧了全球竞争。员工需要在全球范围内与来自不同国家和文化背景的竞争对手竞争。这需要更高水平的综合素质和国际视野。

4. 经济发展

跨国公司通常在各国投资，推动了经济增长和创造就业机会。它们为当地经济带来资金、技术和知识，加速了一些地区的发展。

5. 社会责任

跨国公司对社会责任的关注也对就业市场产生影响。这些公司通常注重可持续性、环保、社区贡献和员工权益。这对相关领域的就业机会产生了影响，包括社会责任专家、可持续发展经理和社会影响投资者。

6. 薪酬差距

在某些情况下，跨国公司的薪酬政策可能导致国际薪酬差距的扩大。这在一些国家引发了关于薪酬公平和社会不平等的担忧。

7. 知识和技术转移

跨国公司通常在不同国家之间传输知识和技术，推动了全球技术转移。这有助于一些国家提高其技术水平和创新能力。

8. 移民和多元文化

跨国公司的兴起导致了人才的跨国流动。员工可能会在不同国家之间工作，这有助于文化融合和多元文化的发展。多元文化工作环境有助于员工拓宽视野，理解不同文化之间的差异，从而提高文化敏感性和跨文化沟通能力。

9. 全球劳动力市场的发展

跨国公司的活动使得全球劳动力市场得以发展。这为人们提供了更多寻找全球工作机会的途径。人们可以选择在不同国家之间工作，寻求国际职业发展和经验积累。

10. 可持续发展和社会影响

一些跨国公司将可持续发展和社会影响作为核心价值之一。这促进了与社会责任和环保相关的就业机会的增长。社会责任专家、环境科学家和社会影响投资者等专业人员在这一领域能够发挥关键作用。

（四）未来展望

随着全球化的不断发展，跨国公司在全球就业市场中将继续扮演重要角色。以下是一些未来的展望。

1. 技术的影响

技术将继续改变工作和雇佣趋势。远程工作、虚拟团队和数字化协作将变得更为普遍。这将扩大全球人才市场，允许员工在全球范围内远程工作。

2. 知识经济

全球经济将更加依赖知识和创新。跨国公司需要吸引和培养具备高级知识和技能的员工。这将导致对高技能和高学历员工的需求增加。

3. 可持续性和社会责任

可持续发展和社会责任将继续受到关注，对公司的雇佣政策和社会责任活动产生影响。企业需要社会责任专家来管理这些问题。

4. 跨文化能力

跨文化能力将成为更多工作岗位的必备技能。员工需要能够理解和尊重不同文化的价值观和习惯，以更好地应对全球多元文化工作环境。

5. 教育和培训

教育和培训行业将继续增长，以满足员工获取跨文化知识和技能的需求。这包括外语教育、文化培训和国际业务课程。

6. 移民政策和多样性

移民政策将继续对全球人才市场产生影响。政府政策将影响员工的国际流动性。多元文化和多样性将在全球劳动力市场中得到更多重视，从而需要专业人员来推动多样性和包容性政策。

总结来说，跨国公司的兴起和雇佣趋势对全球劳动力市场产生了深远的影响。未来，技术、可持续性、文化多样性和教育将继续影响雇佣趋势。同时，跨国公司的社会责任和影响也将成为越来越重要的考量因素。员工需要适应这些变化，不断发展自己的技能和知识，以在全球就业市场中取得成功。

三、全球劳动力迁移

全球劳动力迁移是一个多维度和复杂的趋势，对国际社会、经济和文化产生了深刻的影响。随着全球化的推动和技术的发展，人们更容易跨国界寻找就业机会，同时国家和地区的需求也推动着劳动力的流动。本书将探讨全球劳动力迁移的动力、趋势、影响及相关问题。

（一）全球劳动力迁移的动力

全球劳动力迁移的兴起与多种动力和因素密切相关，包括以下几方面。

1. 经济机会

经济机会是全球劳动力迁移的主要动力之一。人们寻求更好的薪资和就业机会，通常会考虑在其他国家或地区工作。发展中国家的居民可能会寻求在发达国家获得更高的薪酬和更好的生活水平。

2. 技术和全球化

技术的发展和全球化使人们更容易获取跨国界的就业机会。互联网和数字通信技术使远程工作成为可能，同时全球供应链和跨国公司的兴起也创造了国际就业机会。

3. 教育和培训

接受高等教育和职业培训的人更容易在国际劳动力市场中找到工作。他们通常具备更多的技能和知识，可以满足国际市场的需求。

4. 人口增长和人口结构

一些国家和地区的人口增长过快，导致就业市场竞争激烈。这可能会促使人们寻求在其他地方寻找更好的就业机会。

5. 冲突和不稳定

冲突、战争和政治不稳定通常会导致人们逃离自己的国家，寻求安全和稳定。这种移民通常被称为难民移民，他们寻求庇护和新的生活机会。

6. 家庭和社会网络

许多移民受到家庭和社会网络的吸引。已经移居到其他国家的家庭成员或社会联系人可以为新移民提供支持和信息，帮助他们适应新的生活环境。

7. 国际政策和法规

国际政策和法规对劳动力迁移产生深刻影响。各国的签证政策、工作许可、移民政策和难民法规都会影响人们是否能够合法地在其他国家工作和居住。

8. 全球发展不平等

全球发展不平等也是劳动力迁移的一个动力。一些国家和地区的发展水平较低，人们因贫困、医疗卫生、教育和基础设施问题而寻求在其他国家获得更好的生活条件。

（二）全球劳动力迁移的趋势

全球劳动力迁移的趋势包括以下几个方面。

1. 内部迁移

许多国家内部发生大规模的内部劳动力迁移。人们从农村地区向城市地区迁移，以寻找更好的就业机会。这导致了城市化和城市就业市场的增长。

2. 国际迁移

国际迁移是全球劳动力迁移的一个重要趋势。人们跨越国界寻找就业机会，通常涉及不同国家和文化之间的移动。国际迁移可以分为合法移民和非法移民，包括难民和非法劳工。

3. 高技能移民

一些国家通过引进高技能移民来满足技术和专业领域的需求。这些国家通常设立特殊的签证类别，以吸引具备高水平技能和知识的移民。

4. 低技能移民

许多国家也需要低技能劳工，如建筑工人、农场工人和家政劳工。这些移民通常从发展中国家迁移到发达国家，填补了劳动力需求的空缺。

5. 难民移民

全球冲突和政治不稳定导致了大规模的难民移民。这些人通常寻求庇护和安全，逃离战争、迫害和灾难。

6. 家庭团聚

家庭团聚移民是一种常见的迁移形式。已经在其他国家定居的移民会申请将家庭成员或配偶带至他们所在的国家。

7. 文化多元性

全球劳动力迁移导致了文化的多元性。人们在新的国家和文化背景中生活和工作，这促使文化交流和融合。

8. 网络和社交媒体

网络和社交媒体使人们能够更容易获取信息、建立联系，并分享迁移经验。这有助于加速劳动力迁移的过程，使其更为有序和便捷。

9. 城市化

全球劳动力迁移也加速了城市化进程。许多移民倾向于在城市地区寻找就业机会，这导致了城市的人口增长和种族的多样性。

10. 政策和法规变化

不同国家对移民政策和法规进行了调整，以满足劳动力需求、处理难民问题和管理移民流动。这些政策的变化对劳动力迁移趋势产生深远影响。

（三）全球劳动力迁移的影响

全球劳动力迁移对国际社会、经济和文化产生了广泛的影响。

1. 经济增长

劳动力迁移可以促进经济增长。吸引具备高技能的移民和填补劳动力短缺的低技能移民有助于满足不同国家和地区的劳动力需求，刺激生产力和创新。

2. 劳动力市场

全球劳动力迁移影响了不同国家和地区的劳动力市场。在一些情况下，移民可能会与本地工人竞争就业机会，引发了关于工资和就业机会的讨论。

3. 文化多样性

劳动力迁移带来了文化的多样性。人们在不同国家和文化背景中生活和工作，推动了文化交流和融合。这可以丰富社会和促进文化多样性。

4. 社会服务和基础设施

大规模移民可能会对社会服务和基础设施产生压力。医疗保健、教育、住房和交通等领域可能需要适应移民的增长。

5. 家庭和社会影响

劳动力迁移对家庭和社会关系产生影响。分离家庭成员、家庭团聚、社会融合和社会网络的建立都是劳动力迁移所带来的影响。

6. 移民权益

移民权益是一个重要的问题。许多移民面临歧视、不稳定的工作条件和社会排斥。保护移民的权益、提供法律保护和提供支持是必要的。

7. 难民和庇护

冲突和灾难引发的难民移民需要特殊关注。国际社会需要提供庇护、援助和解决难民问题的政策。

8. 社会整合

劳动力迁移可能需要努力促进社会整合。帮助移民适应新的文化和社会环境，提供教育、培训和文化敏感性培训是关键步骤。

9. 全球供应链和产业

全球劳动力迁移对全球供应链和产业链产生了影响。跨国公司通常依赖国际劳动力，以支持他们的业务，特别是在生产和制造领域。

10. 移民政策和政治影响

移民政策和政治问题通常引发争议。政府和国际社会需要制定和实施移民政策，以平衡劳动力需求和国内政治需求，解决社会整合问题。

（四）全球劳动力迁移的挑战和问题

全球劳动力迁移面临着一些挑战和问题，主要有以下几方面。

1. 移民非法性

非法移民是一个严重的问题。许多人因贫困、冲突和政治不稳定而寻求非法途径进入其他国家。这可能导致边境安全和法律问题。

2. 歧视和排斥

移民通常面临歧视和社会排斥。这可能导致社会不公平和人权侵犯。

3. 社会服务压力

大规模移民可能对社会服务产生压力，包括医疗、教育和住房。政府和社会机构需要应对这些挑战。

4. 移民政策的复杂性

移民政策通常很复杂，因为它们需要平衡劳动力需求、国内政治需求、国际法律义务和社会整合问题。政策的制定和实施通常困难重重。

5. 难民危机

全球的冲突和灾难导致了难民危机，需要国际社会提供庇护、援助和解决问题的政策。

6. 移民权益

保护移民的权益是一个重要问题。移民需要法律保护、合理工资和社会支持。

7. 社会整合

社会整合是一个复杂的过程，需要努力帮助移民适应新的文化和社会环境。文化敏感性培训、教育培训可以促进社会整合。

8. 全球协作

解决全球劳动力迁移问题需要国际协作。国际社会需要制定共同政策，共享信息和最佳实践，以应对全球劳动力迁移的挑战。国际组织和政府之间的合作可以有助于解决跨国移民问题。

9. 非法人口贩运

非法人口贩运是全球劳动力迁移的一个阴暗面。有组织的犯罪团伙非法招募、贩运和剥削劳动力。这需要加强国际合作，打击非法人口贩运活动。

10. 文化冲突

全球劳动力迁移可能导致不同文化之间的冲突。文化敏感性培训和跨文化沟通能力对减少这些冲突非常重要。

（五）未来展望

全球劳动力迁移是未来发展的趋势，将继续影响国际社会、经济和文化。以下是对未来的展望。

1. 移民政策改革

许多国家将继续改革移民政策，以适应劳动力需求、平衡国内政治压力和推动社会整合。这需要更多的智能政策。

2. 移民和社会权益

保护移民的权益将成为一个重要议题。国际社会需要确保移民在新的国家和文化中受到公平对待，包括薪酬、工作条件和社会服务。

3. 难民和人道援助

难民危机将继续存在，需要国际社会提供人道援助和庇护。解决冲突、减少灾害风险和提供援助将是未来的重要工作。

4. 技术和全球化

技术和全球化将继续推动劳动力迁移的发展。远程工作、虚拟团队和数字协作将成为更为普遍的工作方式。

5. 教育和培训

给移民和难民提供获得技能和知识的机会将更加重要。这可以提高他们的就业机会，促进社会整合。

6. 网络和社交媒体

网络和社交媒体将继续影响移民的流动。人们将更容易获取信息、建立联系，并分享迁移经验。

7. 社会整合和文化融合

社会整合和文化融合将是未来的重要议题。帮助移民适应新的文化和社会环境，促进多元文化社会的建设。

8. 全球协作

全球劳动力迁移问题需要国际协作。国际组织、政府和非政府组织需要共同努力，以应对全球劳动力迁移的挑战和机会。

总结来说，全球劳动力迁移是一个复杂的趋势，受多种动力和因素的影响。它对国际社会、经济和文化产生了广泛的影响，同时也带来了挑战和问题。未来，需要制定智能政策、保护移民和社会权益、推动社会整合和文化融合，以更好地应对全球劳动力迁移的挑战。

第三节　国际贸易与劳动力市场

一、国际贸易与薪资

国际贸易是世界各国经济活动的核心组成部分，对全球经济和薪资水平产生深远影响。国际贸易可以提供机会，也可能会影响工资水平。本书将探讨国际贸易与薪资之间的复杂关系、国际贸易对薪资的影响，以及二者关系的未来趋势。

（一）国际贸易与薪资的关系

国际贸易与薪资之间存在密切联系，但这种关系通常是复杂多样的，因为它受到多种因素的影响。以下是国际贸易与薪资之间的关键关系。

1. 贸易的增长和薪资水平

国际贸易的增长通常与薪资水平的提高相关。当国际贸易蓬勃发展时，企业通常需要更多的劳动力来生产、销售和分发产品。这可能导致劳动力市场上的需求增加，从而提高薪资水平。

2. 贸易的部门和行业

国际贸易对不同部门和行业的薪资水平产生不同的影响。某些行业，如高技术制造和知识密集型服务，通常能够提供较高的薪资，因为它们依赖高技能劳动力。其他行业，如传统制造和低技术劳动力密集型服务，可能提供较低的薪资。

3. 全球供应链和生产转移

跨国公司越来越依赖全球供应链，以降低成本并提高生产效率。这可能导致生产转移到薪资较低的国家或地区，对高成本国家的工资水平产生挤压压力。

4. 技术和自动化

技术和自动化的发展对薪资水平产生复杂的影响。一方面，自动化和数字化技术可以提高生产效率，创造高薪就业机会。另一方面，它们也可能替代低技能工作，导致薪资下降。

5. 劳动力的移动性

国际贸易也影响劳动力的移动性。一些工人可能会随着生产基地的变化而移动，以在其他地方寻找就业机会。这可能会对工资水平产生影响，因为不同地区的工资水平差异较大。

6. 贸易政策和关税

贸易政策和关税也对薪资水平产生影响。关税和贸易壁垒可以影响进口和出口的价格，从而影响产品的生产地点和价格。这可能对工资水平产生直接和间接影响。

7. 经济周期和全球市场

经济周期和全球市场波动对薪资水平产生影响。经济衰退时，企业通常会削减成本，包括减少薪资支出。相反，经济增长时通常会提高薪资水平。

8. 薪资谈判和工会

薪资谈判和工会活动对薪资水平产生影响。工会通常会借助谈判和抗议活动争取更高的薪资，这与国际贸易政策和公司的立场有关。

9. 技能和教育

个人的技能和教育水平对薪资水平至关重要。更高的技能和教育水平通常会导致更高的薪资。国际贸易的影响通常也取决于工人的技能水平。

10. 不平等和社会政策

不平等和社会政策对薪资水平产生影响。高度不平等的社会通常会导致薪资差距扩大，而社会政策可以调节这种不平等。

（二）国际贸易对薪资的影响

国际贸易与薪资之间的关系具有复杂性，国际贸易对薪资的影响表现在以下几方面。

1. 积极影响

（1）薪资增长机会：国际贸易的增长通常创造更多的就业机会，提高了薪资水平。特别是在高技能和知识密集型领域，贸易可以提供高薪工作机会。

（2）商品价格下降：国际贸易通常导致商品价格下降，使消费者能够以更低的成本购买商品和服务。这可以提高家庭的购买力。

（3）增加生产效率：全球供应链和国际合作可以提高生产效率、降低成本。这有助于企业提供更多高薪工作机会。

（4）多样化就业机会：国际贸易通常导致不同行业和部门之间的劳动力迁移，从而为工人提供了多样化的就业机会。

（5）国际竞争：国际贸易迫使企业在全球市场上竞争，这可能迫使它们提高生产效率、提供更高薪资以吸引和留住高技能工人。

2. 消极影响

（1）薪资不平等：国际贸易可能导致薪资不平等，因为高技能工人通常受益更多，而低技能工人可能会失业或薪资较低。

（2）工资下降压力：如果企业选择将生产转移到薪资较低的地区，可能对高成本国家的工资水平产生挤压压力。工人可能会面临薪资下降的风险。

（3）工作丧失：一些工人可能会因国际竞争而失去工作，特别是在传统制造业和低技能领域。这可能导致失业问题和社会不稳定。

（4）社会不安：全球化和国际贸易可能导致社会不安，尤其是在那些受到贸易冲击的地区。这可能引发抗议和政治不满。

（5）不平等分配：贸易收益的分配不一定公平。一些公司和高管可能从贸易中受益，而工人的薪资可能没有得到相应的提高。

（6）生态问题：国际贸易可能导致资源的不合理开发和环境问题，这可能会对工人和社区产生不利影响。

（三）未来展望

未来，国际贸易与薪资之间的关系将继续演变，受到多种因素的影响。以下是未来展望。

1. 技术和自动化的影响

技术和自动化将继续对工资水平产生复杂的影响。一方面，它们可以提高生产效率，创造高薪工作机会。另一方面，它们可能替代低技能工作，导致薪资下降。

2. 教育和技能

教育和技能将继续发挥关键作用。高技能工人通常能够获得更高的薪资，因此终身学习和职业培训将成为关键。

3. 国际贸易政策

国际贸易政策和关税将继续对薪资水平产生影响。不同国家之间的贸易政策将影响商品价格、生产地点和薪资。

4. 全球供应链

全球供应链将继续发展，可能导致生产地点的变化。这可能对不同地区的工资水平产生影响。

5. 社会政策

社会政策和福利措施将继续调节薪资不平等和社会不公平问题。政府可能会采取政策来提高最低工资、提供社会支持和解决不平等问题。

6. 环境和可持续性

社会对环境和可持续性的关注可能会对某些行业和部门的薪资水平产生影响。环保和可持续性工作可能成为高薪就业机会。

7. 全球协作

国际合作和多边贸易协定将继续塑造国际贸易环境。合作可以减少不确定性并促进公平贸易。

总的来说，国际贸易与薪资之间的关系是复杂而多维的。未来，各国需要谨慎平衡国际贸易的利弊，采取政策来保障工人权益、提高薪资水平、减少不平等，并促进可持续发展。国际社会需要在全球化时代找到平衡，以确保国际贸易造福更多人。

二、全球供应链对就业的影响

全球供应链是现代全球经济的核心组成部分，它涵盖了原材料采购、生产、物流、销售和分销等各个环节。全球供应链的发展对就业产生了深刻的影响，既有利于创造就业机会，也可能导致就业的不稳定性。本书将探讨全球供应链对就业的影响，包括其驱动因素、利与弊及未来趋势。

（一）全球供应链的基本概念

全球供应链是指将产品或服务的各个环节整合成一个全球性的生产和供应系统。这包括了原材料供应、生产、分销、物流、零售和售后服务等各个环节。全球供应链不仅覆盖了不同国家和地区，还涉及多个企业和供应商的合作。这个复杂的网络允许产品在全球范围内生产和交付，以满足市场需求。全球供应链的重要组成包括以下几部分。

1. 原材料采购

这是供应链的起始点，涉及采购和获取产品所需的原材料和资源。

2. 生产

这一环节包括生产、制造和加工产品的过程。它可能涉及多个国家和地区的生产线和工厂。

3. 物流和运输

物流和运输是产品从制造地点到销售地点的关键环节。这包括货运、仓储、运输和物流管理。

4. 分销

分销环节涉及产品的批发和零售，以及将产品引入市场并提供给最终用户。

5. 供应商关系

全球供应链依赖于供应商和供应商之间的合作关系。企业需要与供应商建立有效的伙伴关系，以确保供应链的稳定性和可持续性。

6. 信息技术

信息技术在供应链管理中起到关键作用，帮助企业跟踪库存、订单、运输和供应链效率。

7. 可持续性和环境

全球供应链也需要考虑可持续性和环境因素，包括资源管理、减少浪费和环境友好的生产方式。

（二）全球供应链对就业的影响

全球供应链对就业产生了广泛的影响，这些影响可以分为积极和消极两方面。

1. 积极影响

（1）创造就业机会：全球供应链的扩展创造了大量的就业机会，包括生产工人、物流和运输员工、供应链管理专业人员、销售和零售员工等。这一环节涉及了不同国家和地区的工作岗位，从工厂车间到办公室，都提供了各种就业机会。

（2）高技能就业机会：部分全球供应链环节需要高技能劳动力，如供应链分析师、物流管理师和生产工程师。这些高技能岗位通常提供较高的薪资和较好的职业发展机会。

（3）提高劳动力水平：全球供应链的发展鼓励了技能培训和教育，以满足不断发展的工作需求。工人通常需要获得更多的技能，以胜任供应链相关的工作，这进一步提高了整体劳动力水平。

（4）多样性和文化交流：全球供应链涉及来自不同国家和文化背景的人员，促进了文化交流。这有助于丰富工作环境，推动文化多样性。

（5）全球化的机会：全球供应链为企业和工人提供了全球化的机会。工人可以有机会在不同国家工作，企业可以进入新兴市场并扩大业务。

2. 消极影响

（1）工资不平等：全球供应链的发展可能导致工资不平等。高技能岗位通常有更高的工资，而低技能工作的工资可能相对较低。这可能导致贫富差距扩大。

（2）劳动力迁移：为了满足供应链的需求，劳动力可能需要迁移到其他地区或国家。这可能导致家庭分离、文化冲突和社会不安。

（3）工作不稳定性：供应链的变化可能导致工作不稳定。企业可能会因市场波动或成本考虑而调整生产水平，这对工人来说可能不稳定。

（4）生态问题：全球供应链的扩展可能导致资源过度开发和环境问题。这可能会对工人和社区产生不利影响。

（5）竞争和压力：全球供应链中的企业通常面临激烈的竞争，以提高效率和降低成本。这可能导致工人面临更多的工作压力和要求。

（三）未来趋势

未来，全球供应链对就业的影响将继续演变，受到多种因素的影响。以下是未来趋势。

1. 数字化和自动化

数字化技术和自动化将继续改变供应链的运作方式。这可能导致一些低技能工作的自动化，但也创造了高技能的数字化岗位。

2. 可持续性和环保

可持续性和环保因素将继续引导供应链的演变。这可能导致对环保工作的需求增加，从而提供了新的就业机会。

3. 技能培训和教育

由于供应链要求更多高技能工作者，将继续强调技能培训和教育的重要性。工人需要不断提高技能以适应供应链的变化。

4. 全球协作

全球供应链需要各国、企业和供应商之间的协作。国际合作可以减少不确定性并推动供应链的可持续性。

5. 政策和法规

政府可能会采取政策和法规，以调节供应链的运作，保障工人权益。

6. 社会责任和伦理

企业和消费者对社会责任和伦理问题的关注将继续影响供应链。这可能导致更多的企业采取符合可持续原则的做法，肩负起社会责任，同时提供公平的工资和条件。

7. 全球危机

全球危机，如流行病、气候变化和自然灾害，可能会对供应链产生不利影响，但也可能激发创新和协作。

总的来说，全球供应链是一个不断演变的系统，对就业产生广泛影响。未来，供应链的可持续性、数字化、教育和社会责任将成为塑造全球供应链对就业影响的关键因素。政府、企业和工人需要共同努力，以确保供应链的发展更多地造福社会。

三、劳动力市场的国际化趋势

随着全球化的推进，劳动力市场也日益国际化。国际化趋势表现在人们跨国界工作、跨文化团队合作，以及全球劳动力的相互竞争等方面。这一趋势对个人、企业和国家产生深远的影响，本书将探讨劳动力市场的国际化趋势、驱动因素及未来展望。

（一）国际化趋势

1. 跨国界工作

一项主要的国际化趋势是人们越来越愿意跨国界工作。跨国公司的发展、国际合作项目及全球化的需求使工作机会越来越容易跨国界传播。这意味着个人可能需要在不同国家或地区工作，或者可以远程为来自其他国家的雇主工作。

2. 跨文化团队合作

全球化促进了跨文化团队合作的增加。企业和组织通常由来自不同国家和文化背景的员工组成，这需要更好的跨文化沟通和团队合作能力。

3. 国际化教育

国际化趋势也在教育领域得到体现。学生可以更容易地在国外学习，跨国界研究合作项目也日益增多。这有助于培养具备国际视野的人才。

4. 全球就业竞争

国际化劳动力市场使劳动力竞争更加全球化。人们不再仅仅与本国同胞竞争，而是要与来自世界各地的人竞争，这对个人职业发展提出了更高要求。

5. 国际化创业

创业者越来越倾向于在国际市场上开展业务。因为互联网的普及，创业者可以更容易地进入国际市场，销售产品或提供服务。

6. 全球供应链

全球供应链也促进了国际化劳动力市场。企业通常需要与来自不同国家的供应商和合作伙伴合作，这也包括对国际劳动力的需求。

7. 国际性工作机会

国际组织、跨国公司和国际非政府组织等提供了许多国际性工作机会，涉及各种领域，包括发展援助、国际关系和环境保护等。

（二）国际化趋势的驱动因素

国际化劳动力市场的发展受到多种驱动因素的影响，包括以下几个主要因素。

1. 全球化经济

全球化推动了跨国公司的扩张，促进了全球供应链的形成。这导致了全球范围内的工作机会增加，吸引了大量国际劳动力。

2. 技术发展

技术的进步，特别是互联网和通信技术的发展，使跨国界工作和远程工作变得更容易。人们可以随时随地与他人合作，无论他们身在何处。

3. 国际教育

国际化教育机会的增加帮助了培养具备国际视野的人才。留学、交换项目和国际研究合作使学生和研究人员更容易获取国际经验。

4. 人才流动

各国对高技能人才的需求不断增加。这促进了国际劳动力的流动，许多国家通过吸引国际人才来填补本国的人力资源需求。

5. 劳动力成本差异

不同国家的劳动力成本差异促使企业在寻找成本效益的生产地点时考虑国际市场。这导致了生产转移到劳动力成本较低的国家或地区。

6. 国际合作

国际组织、政府和非政府组织之间的合作项目需要跨国界的团队合作。这促进了国际化劳动力市场的发展。

7. 多样性和包容性

多元文化和包容性趋势促使企业和组织更加重视多元性，吸引来自不同国家和文化背景的员工。

8. 国际社会问题

全球性挑战，如气候变化、流行病和难民危机等，需要国际合作和国际劳动力的参与来解决。

（三）国际化趋势的影响

国际化劳动力市场的发展对各方面产生了广泛的影响。

1. 对个人的影响

（1）职业机会：国际化趋势为个人提供了更多的职业机会。他们可以在国际公司工作，参与跨国项目，或在国际市场上创业。

（2）国际经验：工作于国际化环境中的个人可以积累宝贵的国际经验，这对于职业发展非常有价值。这种经验可能有助于提升个人的履历和竞争力。

（3）文化交流：跨文化工作环境促进了文化交流和相互理解。个人有机会与来自不同文化背景的同事合作，这有助于拓宽视野和培养跨文化沟通技能。

（4）薪资和福利：国际化劳动力市场可能导致工资水平和福利差异。一些国家的工资和福利可能较高，而其他国家可能较低。因此，个人可能需要谨慎考虑薪资水平和生活成本。

2. 对企业的影响

（1）全球人才：国际化劳动力市场为企业提供了更广泛的人才池。他们可以招聘来自世界各地的员工，以满足不同市场的需求。

（2）创新和多元性：多文化的员工团队可以促进创新，因为不同的思考方式和经验可以加速解决问题和创新产品。

（3）降低成本：全球化劳动力市场使企业可以寻找成本效益更高的劳动力，并降低生产和运营成本。

（4）国际市场准入：国际化劳动力市场使企业更容易进入国际市场。

他们可以了解当地市场的员工，从而提高了市场准入机率和市场份额。

3. 对国家的影响

（1）经济增长：国际化劳动力市场有助于促进经济增长。吸引国际人才和企业可以为国家带来外汇储备和税收收入。

（2）人才流动：国际人才流动可以促进技术和知识传递，从而提升国家的创新能力。

（3）人才流失和人才吸引：一些国家可能会面临人才外流的问题，因为高技能人才寻求更好的机会和薪酬。然而，其他国家可能会因为吸引国际人才而受益。

（4）社会和文化多样性：国际化劳动力市场使国家更加多元化，这有助于促进社会和文化多样性。

（5）政策和法规：国际化趋势可能导致国家制定政策和法规，以管理国际劳动力市场、保护本国工人权益和吸引人才。

（四）未来展望

国际化劳动力市场的趋势将继续发展，并受到多种因素的影响，以下是未来展望。

1. 技术的推动

技术的进步将继续推动国际化趋势。远程工作、在线合作工具和虚拟团队将成为更加常见的工作方式。

2. 教育和培训

国际化劳动力市场需要更多具备跨文化和国际背景的人才。因此，教育和培训机构将更加注重培养国际化能力。

3. 政策和法规

政府将需要制定政策和法规，以平衡国际劳动力市场的利益，保护本国工人权益，并吸引国际人才。

4. 全球危机

世界面临许多全球性挑战，如气候变化、流行病和难民危机。国际化劳动力市场可能会起到更重要的作用，帮助解决这些问题。

5. 企业责任

企业社会责任和伦理要求可能会推动企业更多地关注员工福祉、多样性和可持续性。

总的来说，国际化劳动力市场的发展将继续塑造全球经济和就业格局。个人、企业和国家需要适应这一趋势，并采取措施以最大程度地利用国际化的机会，同时应对相关挑战。

第四节　科技创新与国际竞争

一、科技创新对全球竞争的影响

科技创新是现代社会发展的引擎，对全球竞争产生了深远的影响。随着技术的不断演进，企业、国家和全球经济都在不断调整以适应新的竞争环境。本书将探讨科技创新对全球竞争的影响，包括其影响因素、优势与挑战，以及未来趋势。

（一）科技创新的影响因素

科技创新对全球竞争产生的影响与多种因素有关，以下是一些主要因素。

1. 研发投资

企业和国家的研发投资水平对科技创新至关重要。高水平的研发投入通常能够加速科技发展，提高竞争力。

2. 教育体系

教育体系的质量和创新性直接影响人才的培养和创新能力。国家拥有优秀的教育体系通常更容易培养创新型人才。

3. 知识产权保护

强有力的知识产权保护体系鼓励企业和个人投资于研发。它确保创新者能够合法地获得和保护其创新成果。

4. 市场需求

科技创新通常是为满足市场需求而进行的。市场对新技术和产品的需求可以推动创新活动。

5. 国际合作

跨国合作和知识共享有助于加速科技创新。国际研究项目、合作企业和开放的研究环境促进了科技发展。

6. 政策和法规

政府政策和法规可以鼓励或抑制科技创新。税收政策、创新补贴和监管环境都会对创新产生影响。

7. 文化和创新氛围

创新文化和鼓励创新的氛围对科技创新至关重要。它可以激励个体和组织尝试新的想法和方法。

（二）科技创新的优势

科技创新为企业、国家和全球经济带来了众多优势，主要有以下几方面。

1. 竞争优势

科技创新可以帮助企业获得竞争优势。新技术和产品能够满足市场需求，吸引客户，提高市场份额。

2. 提高效率

创新通常意味着更高的效率。新技术和工艺可以降低成本、提高生产率和质量。

3. 创造就业机会

科技创新创造了新的就业机会，特别是在高技能领域。研发、工程和数字领域的工作机会日益增多。

4. 经济增长

科技创新是经济增长的重要引擎。它能够激发新兴产业的发展，增加国内生产总值。

5. 提高生活质量

创新可以改善人们的生活质量。新医疗技术、清洁能源和数字化服务等领域的创新有助于提高人们的健康、环境和生活便利性。

6. 国家安全

科技创新对国家安全至关重要。军事技术和网络安全的创新有助于确保国家的安全。

7. 国际声誉

成为科技创新领导者的国家或企业通常在国际舞台上享有更高的声誉和影响力。

（三）科技创新的挑战

尽管科技创新带来了许多优势，但它也面临着一些挑战，包括以下几方面。

1. 成本和风险

科技研发通常需要大量资金和时间。此外，创新项目可能会失败，导致投资损失。

2. 知识产权问题

知识产权侵权和盗窃是创新的风险。企业需要寻找方法来保护其知识产权，以防止他人复制其创新成果。

3. 不平等

科技创新可能导致不平等，因为不是所有国家和企业都有同等的创新能力和资源。这可能导致技术鸿沟的扩大。

4. 伦理问题

一些创新涉及伦理和社会问题，如人工智能的道德问题和生物技术的伦理问题。社会需要制定伦理准则来引导创新的发展。

5. 失业风险

自动化和数字化技术的发展可能导致某些工作的失业。这需要政府和企业采取措施来帮助受影响的工人进行再培训和转岗。

6. 环境影响

创新和技术发展可能对环境产生负面影响。生产新技术和产品可能导致资源消耗和环境污染，需要采取可持续的创新方法来减轻这些影响。

7. 监管和政策

科技创新需要适当的监管和政策框架，以确保公共安全和伦理标准。政府需要跟进科技发展，确保在不危害社会和个人权益的情况下推进创新。

8. 全球合作

许多全球性问题，如气候变化、流行病控制和网络安全，需要国际合作和协调。科技创新可能需要在全球范围内解决这些挑战。

（四）未来趋势

未来，科技创新将继续对全球竞争产生重大影响。以下是一些未来趋势。

1. 数字化转型

数字技术将继续改变各行各业，包括制造业、金融、医疗保健和教育。数字化转型将提高效率、改进服务和创造新的商业模式。

2. 人工智能和自动化

人工智能和自动化技术将在未来继续发展。它们可能会改变工作的性质，从而需要重新培训和发展工作人员的技能。

3. 生物技术和医疗创新

生物技术和医疗创新将改善医疗保健，并提供新的治疗方法。个性化医疗和基因编辑技术将推动这一领域的发展。

4. 可持续技术

可持续技术将继续发展，以应对气候变化和资源有限性的挑战。太阳能、风能和储能技术等可再生能源将成为未来的主要能源来源。

5. 生活科学和环境科学

科技创新将有助于解决生态问题，包括气候变化、环境保护和可持续农业。

6. 全球合作

全球性问题将需要国际合作来解决。国际社区需要共同努力，以应对挑战，如气候变化、生物安全和网络安全。

7. 教育和技能发展

未来的工作将需要更高水平的技能，因此教育和技能发展将继续成为重要议题。人们需要适应不断变化的科技环境。

8. 伦理和社会问题

随着技术的发展，伦理和社会问题将成为关注焦点。社会需要制定准则和政策来引导创新的发展，确保它不危害公共利益。

总的来说，科技创新将继续塑造全球竞争的未来。它将改变经济、社会和政治格局，为全球社会带来机遇和挑战。适应并引领科技创新的国家、企业和个人将能够在竞争激烈的环境中取得成功。

二、数字化转型和产业发展

数字化转型，作为信息技术和通信技术的快速发展所催生的产物，已经深刻地改变了全球产业的面貌。这一转变不仅对企业和组织的运营方式产生了巨大影响，还给全球经济格局和就业市场带来了重大变革。本书将探讨数字化转型对产业发展的影响，探讨数字化转型的重要性、推动因素和未来趋势。

（一）数字化转型的重要性

数字化转型是指企业和组织借助数字技术和信息系统，重构其运营和管理方式，以提高效率、创新能力和市场竞争力。以下是数字化转型的重要性。

1. 提高效率和生产力

数字化转型使企业能够自动化和优化业务流程，从而提高生产力和效率。自动化和数字化工具可以减少人力成本和时间浪费，提高产品或服务的质量。

2. 增强市场竞争力

数字化转型有助于企业更好地理解市场需求，提供个性化的产品和服务，满足客户需求。这可以提高企业在市场上的竞争力。

3. 创新和新业务模式

数字化转型为企业创造了机会,以开发新的业务模式和增值服务。它推动了创新,为企业带来了新的盈利机会。

4. 更好的决策支持

数字化转型可以为企业提供更多的数据和信息,帮助领导层做出更明智的决策。数据分析和大数据技术可以提供洞察力,指导战略发展。

5. 全球化机会

数字化转型使企业能够更容易地拓展国际市场。跨境电子商务、数字广告和全球供应链管理都依赖于数字技术。

6. 适应未来挑战

数字化转型有助于企业更好地适应未来的挑战,如气候变化、可持续性问题和新兴市场机会。

(二)数字化转型的推动因素

数字化转型的实施受到多种因素的推动,包括以下几方面。

1. 技术发展

快速发展的数字技术,如云计算、大数据、人工智能、物联网和区块链等,为数字化转型提供了基础。这些技术的普及使企业能够更容易地采用数字化解决方案。

2. 市场需求

消费者和企业客户对个性化、实时和数字化服务的需求日益增加。企业为了满足市场需求,必须进行数字化转型。

3. 竞争压力

竞争日益激烈,企业需要不断提高效率和创新能力以保持竞争力。数字化转型可以帮助企业在竞争中脱颖而出。

4. 法规和合规性

法规和合规性要求对数据和信息进行管理和保护。企业必须进行数字化转型,以确保合规性,并避免法律责任。

5. 全球化

全球化使企业需要更好地管理全球供应链、跨国合作和国际市场。数字化工具和系统可以帮助企业实现全球化目标。

6. 社会变革

社会变革和文化转变也影响企业的运营方式。消费者对企业的社会责任和可持续性问题越来越关注,这对企业进行数字化转型提出了要求。

（三）数字化转型的影响

数字化转型对产业发展产生了深远影响，包括以下几个方面。

1. 制造业和物流

制造业采用自动化和智能制造技术，提高了生产效率和产品质量。物流和供应链管理受益于数字化技术，实现了更好的库存控制和运输效率。

2. 零售业

数字化转型推动了电子商务的崛起，改变了传统零售业的格局。消费者能够在线购物，并期望体验个性化的购物。

3. 金融业

金融领域采用了数字化技术来提供在线银行服务、支付解决方案和金融科技创新。区块链技术也影响了支付和资产管理。

4. 医疗保健

医疗保健行业采用了电子病历、远程医疗和数字诊断技术。患者能够更容易地访问医疗服务和医疗信息。

5. 教育

教育领域采用了在线教育和远程学习技术。学生能够获得全球各地的教育资源。

6. 能源和环境

能源产业采用了可再生能源技术，如太阳能和风能。数字化技术也在能源管理和监测方面发挥作用，有助于减少能源浪费和碳排放。

7. 媒体和娱乐

数字化转型改变了媒体和娱乐业的格局。流媒体服务、社交媒体和在线广告等数字化媒体形式崭露头角。

8. 农业和食品产业

农业领域采用了农业技术和智能农业解决方案，以提高农作物产量和资源利用效率。数字化技术也在食品生产和供应链中发挥作用。

9. 运输和物流

运输和物流业受益于物联网技术，以提高运输安全性和效率。自动驾驶车辆和智能交通管理系统正在改变交通方式。

10. 制药和生命科学

制药和生命科学领域采用了生物技术和大数据分析技术，以加速新药研发和生物医学研究。

数字化转型还促进了新兴行业的发展，如人工智能、虚拟现实、区块链和生物技术。这些领域的创新将继续改变各行各业，并为未来提供更多的机遇和挑战。

（四）数字化转型的未来趋势

数字化转型将在未来继续发展，以下是一些未来趋势。

1. 人工智能和机器学习

人工智能技术将不断发展，包括自动化、语音识别、图像处理和自然语言处理。它们将在医疗保健、金融和制造业等领域产生更大影响。

2. 大数据分析

大数据分析将继续改善企业的决策支持和运营管理。机器学习算法和预测分析将使企业具备更准确的洞察力。

3. 物联网

物联网技术将继续连接设备和物品，实现智能城市、智能家居和智能工厂。这将提高生活质量和资源利用效率。

4. 区块链技术

区块链将在金融、供应链管理和数字身份验证等领域发挥作用。它将提供更安全的交易和数据传输方式。

5. 可持续性

数字化转型将有助于提高能源效率、减少碳排放和推动可持续发展。可再生能源和能源管理技术将受到更多关注。

6. 网络安全

随着数字化转型的发展，网络安全将成为一个更大的问题。企业和组织需要加强网络安全措施，以防范数据泄露和网络攻击。

7. 人机协作

机器人和自动化系统将与人类协同工作，以提高生产力和服务质量。人机协作将在工业、医疗保健和客户服务等领域更多地应用。

8. 数字化教育

在教育领域，数字化转型将继续推动在线学习和教育技术的发展。学生将获得更多的在线资源和学习机会。

总的来说，数字化转型已经成为当今产业发展的主要趋势，它正在不断改变各行各业的运营方式。数字化技术的不断发展将为企业、组织和社会带来新的机遇，同时也需要解决新的挑战，如隐私保护、安全性和可持续性问题。适应数字化转型并利用其潜力的企业和国家将在未来取得竞争优势，同时改善社会生活和环境。

三、全球科技合作和竞争策略

全球科技合作与竞争策略是当今世界各国、企业和组织都需要深入思考的关键议题。科技的快速发展不仅推动了全球经济的增长，还对国际关系、国家安全和创新竞争产生了深远影响。本书将探讨全球科技合作与竞争的重要性、主要挑战和未来趋势，以及国际社会应对这些挑战的策略。

（一）全球科技合作与竞争的重要性

全球科技合作与竞争是当今世界的关键驱动力，具有多重重要性。

1. 推动全球经济增长

科技创新是经济增长的引擎。通过全球科技合作，国家可以共享知识、技术和资源，加速创新，从而促进全球经济的增长。

2. 国家安全

科技能力对国家安全至关重要。国家需要在军事和网络领域维护领先地位，以确保国家安全。同时，科技竞争还包括在关键技术领域维护技术优势，以确保国家的独立性和自主性。

3. 全球挑战

全球性问题，如气候变化、公共卫生和粮食安全，需要国际合作和科技创新来解决。科技合作可以帮助国际社会更好地应对这些挑战。

4. 社会发展

科技合作和创新可以改善人们的生活质量。医疗技术、清洁能源和数字化服务等领域的创新有助于提高社会福祉。

5. 国际关系

科技合作是国际关系的一部分，有助于建立信任和合作关系。通过共同解决技术问题，国际社会可以改善国与国之间的关系。

（二）全球科技合作与竞争的挑战

尽管全球科技合作与竞争有许多优势，但也伴随着一些挑战。

1. 知识产权和技术转移

科技合作可能导致知识产权纠纷和技术转移的问题。国家和企业需要确保知识产权得到保护，同时平衡技术共享和合作的需求。

2. 技术鸿沟

不同国家和地区在科技领域的发展水平存在差异，这导致了全球技术鸿沟。发展中国家通常面临技术获取的障碍，需要支持来缩小这一鸿沟。

3. 竞争和安全性

科技竞争可能导致国际局势紧张，特别是在军事和网络领域。技术竞争也可能引发安全问题，如网络攻击和数据泄露。

4. 政策和法规

国际合作需要协调政策和法规。不同国家的法律和政策差异可能导致障碍，需要谈判和合作来解决这些问题。

5. 伦理和社会问题

科技合作涉及伦理和社会问题，如隐私保护、生物技术伦理和人工智能的道德问题。国际社会需要共同制定伦理准则和政策，以引导科技创新的发展。

6. 资源限制

科技合作需要投入资源，包括资金、人才和设施。资源有限性可能限制了某些国家和组织的参与。

（三）未来趋势

未来，全球科技合作与竞争将继续演变，以下是一些未来趋势。

1. 全球价值链的重新构想

全球价值链已经在数字化时代发生了变化。企业和国家需要重新思考全球供应链和生产网络，以适应新的科技和数字化环境。

2. 数字化创新的加速

云计算、大数据、人工智能和物联网等数字技术将继续改变产业。企业需要不断投资数字化创新，以保持竞争力。

3. 科技合作的增加

国际科技合作将继续增加，特别是在应对全球性问题时。国家和组织需要加强合作，以共同解决挑战。

4. 技术领域的发展

人工智能、生物技术、清洁能源和数字化服务等领域将继续发展。这些领域的创新将在未来推动产业发展。

5. 人才流动

国际人才流动将在科技领域变得更加普遍。吸引和留住人才将成为国家和企业的竞争优势。

6. 国际标准和规范

国际标准和规范将继续成为全球科技合作的重要议题。统一标准有助于降低技术交流和合作的障碍，同时确保产品和服务的质量和安全性。

7. 数字治理

随着数字化技术的普及，数字治理将成为一个关键议题。国际社会需要共同制定数据隐私法规、网络安全准则和数字经济规则，以维护个人权利和国际安全。

8. 可持续性

可持续性将继续在全球科技合作与竞争中扮演重要角色。清洁能源、环境保护和可持续农业等领域的创新将受到更多关注，以应对气候变化和资源有限性挑战。

9. 社会责任

科技公司和研究机构将承担更大的社会责任。他们需要确保科技创新不仅仅追求经济利益，还关注社会公平、道德和伦理。

（四）国际社会的应对策略

国际社会需要采取一系列策略来应对全球科技合作与竞争的挑战，以促进科技的和平和可持续发展。

1. 加强国际合作

国际社会需要加强合作，共同应对全球性问题。这包括应对气候变化、公共卫生威胁和网络安全问题。多边组织如联合国、世界贸易组织和国际电信联盟等应发挥更大作用。

2. 促进技术转移

为了减小技术鸿沟，发达国家需要支持发展中国家的技术获取。这可以通过技术转让、技术援助和培训来实现。

3. 建立国际标准

国际标准和规范可以促进全球科技合作。国际标准组织和利益相关者应合作建立有关数据隐私、网络安全和环境可持续性等领域的标准。

4. 数字治理

国际社会需要制定数字治理政策，以管理数据隐私和网络安全。这涉及国际合作和多边协议，以确保全球数字空间的安全和稳定。

5. 教育和人才发展

为了满足科技创新的需求，国际社会需要加强教育和人才发展。这包括培训工程师、科学家和技术专家，以满足未来的技术挑战。

6. 社会伦理和责任

科技公司和研究机构需要更多地考虑社会伦理和责任。他们应制定道德准则，确保科技创新符合社会价值观。

7. 可持续性

国际社会应推动可持续技术的发展和应用，以应对气候变化和资源有限性问题。可再生能源、可持续农业和清洁技术等领域的创新将有助于实现可持续发展目标。

总的来说，全球科技合作与竞争是当今世界的重要议题，它涵盖了经济、国际关系、国家安全和创新等多个领域。国际社会需要共同努力，以确保科技的和平、可持续和公平发展，以应对全球性挑战和机遇。只有通过国际合作和协调，我们才能更好地利用科技的力量，创造更美好的未来。

第五节　国际化背景下的职业发展机会

一、跨文化职业机会

全球化和科技发展已经改变了现代职业景观，为人们提供了更广泛的跨文化职业机会。跨文化职业机会是指那些涉及不同文化、国家或地区之间的工作和职业发展机会。这种机会旨在促进文化交流、丰富职业经历，并加深全球人才的多元化。本书将探讨跨文化职业机会的重要性、优势、挑战和发展趋势，以及如何积极利用这些机会。

（一）跨文化职业机会的重要性

跨文化职业机会的重要性在当今全球化的世界日益显著。

1. 文化多元性

跨文化职业机会可以促使个人与不同背景的人合作，学习他们的文化、价值观和思维方式。这有助于增加文化敏感度和开放性，使个人更容易适应多元文化环境。

2. 职业发展

跨文化经验有助于扩大职业视野。它可以加速个人的职业发展，提供更广泛的领导和管理机会，以及在国际市场上竞争的能力。

3. 全球经济

跨文化职业机会有助于推动全球经济。它促进国际贸易、国际投资和国际合作，为企业创造更多的机会和市场。

4. 创新

多元文化团队可以促进创新。不同文化和背景的人员通常具有不同的思维方式和观点，这可以推动创新和问题解决。

5. 国际关系

跨文化职业机会有助于建立更好的国际关系。个人可以帮助减少跨文化误解和冲突，促进国家间的友好交往。

6. 文化交流

跨文化职业机会有助于促进文化交流。这有助于保护和传承世界各地的文化传统，同时推动文化创新和交流。

（二）跨文化职业机会的优势

参与跨文化职业机会有多重优势，包括以下几方面。

1. 语言和交流技能

参与跨文化职业机会可以提高语言技能和跨文化交流技能。这有助于更好地理解和沟通不同文化的人员。

2. 文化适应力

跨文化职业机会锻炼了文化适应能力。个人可以更容易适应不同文化的工作环境，包括工作习惯、社交礼仪和商务文化。

3. 全球视野

参与跨文化职业机会有助于拓宽个人的全球视野。人们可以更好地理解国际市场和全球经济趋势，从而更好地规划职业发展。

4. 人际关系

跨文化职业机会有助于建立国际性的人际关系。这可以促进国际合作、商业伙伴关系和友好交往。

5. 国际经验

参与跨文化职业机会提供了国际经验，这对于国际职业发展和国际就业机会至关重要。

6. 职业增长

跨文化职业机会通常与更广泛的职业增长机会相关联。人们可以在国际市场上寻找更多的职业机会，包括跨国公司、国际组织和国际非政府组织。

（三）跨文化职业机会的挑战

尽管跨文化职业机会具有吸引力，但也伴随着一些挑战。

1. 文化适应困难

适应不同文化的工作环境可能会带来挑战。人们可能需要时间来适应新的工作习惯和文化差异。

2. 语言障碍

语言障碍可能妨碍跨文化职业机会的发展。不同的工作环境可能需要掌握新的语言技能，这需要时间和努力。

3. 文化差异

不同文化之间的价值观和社交规则差异巨大。这可能导致文化冲突和误解，需要文化敏感度和解决问题的技能。

4. 远离家庭和社交圈

一些跨文化职业机会可能需要个人离开家庭和社交圈，前往新的国家或地区工作。这可能对个人和家庭生活产生压力。

5. 法律和法规

不同国家和地区的法律和法规可能不同。了解和遵守当地法律对于跨文化职业机会至关重要，但也具有挑战性。

6. 职业安全性

在跨文化环境中，职业安全性可能会受到影响。不同国家和地区的经济情况和就业法规有所不同，这可能影响就业机会和安全性。

（四）跨文化职业机会的发展趋势

跨文化职业机会的发展趋势已经显现，未来将继续演变。

1. 远程工作和虚拟团队

全球化和数字技术的普及已经推动了远程工作和虚拟团队的发展。这意味着人们可以在跨文化环境中工作，而不必实际前往其他国家或地区。

2. 国际就业机会

跨国公司和国际组织提供了广泛的国际就业机会。这些机会包括外派、国际分支机构、国际项目管理和跨国合作。

3. 跨文化培训

跨文化培训将变得更加重要。许多组织提供培训，以帮助员工适应不同文化的工作环境，提高文化敏感度和解决问题的能力。

4. 文化多元化

组织和企业越来越重视文化多元化。这意味着他们更倾向于招聘和提拔来自不同文化背景的人员，以促进创新，提高全球竞争力。

5. 国际交流和学习

学生和专业人士越来越倾向于在国际间进行学习和交流。这有助于提高文化理解，丰富国际经验。

6. 国际创业

越来越多的人选择在国际市场上创业。全球化的商业环境提供了创业机会，可以跨足国际市场。

（五）积极利用跨文化职业机会的策略

要积极利用跨文化职业机会，个人可以采取以下策略。

1. 学习新语言

学习新语言是扩大跨文化职业机会的关键。能够流利地沟通会打开更多的职业门路。

2. 文化敏感度

提高文化敏感度和理解能力。了解不同文化的价值观、礼仪和社交规则有助于更好地适应和工作。

3. 跨文化培训

参加跨文化培训课程，以提高文化适应能力、解决问题的技能和全球视野。

4. 建立国际网络

积极建立国际性的人际关系网络。这可以通过参加国际会议、加入国际组织和社交媒体平台来实现。

5. 国际实习

寻找国际实习和工作机会。这可以提供宝贵的国际经验和职业发展机会。

6. 文化研究

在前往新的文化工作之前，进行充分的文化研究。了解目标文化的背景、历史和社会环境。

7. 风险和机会

明智地权衡风险和机会。了解目标国家或地区的经济、政治和社会环境，以做出明智的决策。

总之，跨文化职业机会是当今全球化世界的一部分，它不仅提供了职业发展的机会，还有助于促进文化多元化、全球经济和国际友好交往。个人应积极利用这些机会，通过学习、适应和建立国际关系网络，提高他们在跨文化环境中的成功机会。这将有助于个人的职业发展，同时也有助于推动全球社会的进步和发展。

二、国际化职业规划

在当今全球化的世界中，国际化职业规划变得愈加重要。国际化职业规划是指通过跨越国界、文化和地理边界来规划和发展职业生涯，以实现更广泛的职业目标。这意味着追求国际工作机会、国际经验和国际视野，以增加个人的职业发展机会。本书将探讨国际化职业规划的重要性、步骤和策略，以及如何制定和实施一个成功的国际职业规划。

（一）国际化职业规划的重要性

国际化职业规划的重要性在当今全球化的背景下愈加突显。

1. 全球化趋势

全球化正在重塑商业和职业景观。跨国公司、国际组织和国际合作变得更加普遍，为国际化职业提供了更多机会。

2. 职业增长

国际化职业经验有助于扩大职业增长机会。国际经验通常被视为职业发展的加速器，可以提供更广泛的领导和管理机会。

3. 文化多元性

参与国际化职业可以增加文化多元性。与不同背景的人合作和工作有助于增加文化敏感度和开放性，从而使个人更容易适应多元文化环境。

4. 全球经济

国际化职业规划有助于推动全球经济。它能够促进国际贸易、国际投资和国际合作，为企业创造更多机会和市场。

5. 创新

多元文化团队通常更有创新能力。不同文化和背景的人员通常具有不同的思维方式和观点，这可以推动创新和问题解决。

6. 国际关系

国际化职业规划有助于建立更好的国际关系。个人可以帮助减少跨文化误解和冲突，促进国家间的友好交往。

（二）制定国际化职业规划的步骤

制定国际化职业规划需要经过一系列步骤，以确保个人能够成功实现跨国界的职业目标。以下是一些关键步骤。

1. 自我评估

个人需要进行自我评估，了解自己的兴趣、价值观、技能和职业目标。这有助于明确职业规划的方向和目标。

2. 设定职业目标

基于自我评估的结果，制定明确的职业目标。这些目标可以包括国际工作机会、国际经验或国际职业发展。

3. 市场研究

了解国际市场和行业趋势。这包括研究不同国家或地区的就业市场、行业需求和职业机会。

4. 教育和培训

根据职业目标，确定需要的教育和培训。这可能包括语言课程、跨文化培训、硕士学位或专业认证。

5. 建立国际网络

积极建立国际性的人际关系网络。这可以通过参加国际会议、加入国际组织、社交媒体平台等方式来实现。

6. 寻找国际机会

主动寻找国际工作机会、实习或志愿者机会。这可以通过职业网站、企业招聘渠道、大使馆或国际组织来寻找。

7. 文化准备

准备适应不同文化的工作环境。了解目标国家或地区的文化、工作习惯和商务礼仪，以便更好地适应。

8. 国际经验

积累国际经验，这可以包括国际实习、项目参与或外派工作。这有助于提高国际职业规划的可行性。

9. 职业发展计划

制订职业发展计划，明确职业目标、时间表和达成这些目标所需的步骤。

10. 终身学习

职业发展是一个终身学习的过程。不断更新和提升技能，以适应不断变化的国际职业环境。

（三）国际化职业规划的策略

为了实现国际化职业规划，个人可以采取以下策略。

1. 语言技能

学习和掌握一门或多门外语，特别是在国际工作环境中广泛使用的语言。

2. 文化敏感度

提高文化敏感度和理解能力。了解不同文化的价值观、礼仪和社交规则，以更好地适应多元文化环境。

3. 跨文化培训

参加跨文化培训课程，以提高文化适应能力、解决问题的技能和全球视野。

4. 建立国际网络

积极建立国际性的人际关系网络。这可以通过参加国际会议、加入国际组织和社交媒体平台等方式来实现。

5. 职业导师

寻找有经验的职业导师，向他们寻求建议和指导。职业导师可以分享他们的国际经验和职业智慧。

6. 国际实习和志愿者工作

寻找国际实习和志愿者工作机会，这可以提供宝贵的国际经验和职业发展机会。

7. 研究国际市场

持续研究不同国家或地区的就业市场和行业趋势，以找到合适的职业机会。

8. 职业发展计划

制订明确的职业发展计划，包括职业目标、时间表和达成这些目标所需的步骤。

9. 灵活性

保持灵活性和适应力。国际职业规划可能需要灵活地适应不同的工作环境和文化。

10. 文书材料

准备好优秀的简历和求职信，突出国际经验和技能。

11. 定期更新技能

国际化职业规划需要不断更新和提升技能，以适应不断变化的国际职业环境。

（四）国际化职业规划的成功案例

以下是一些成功的国际化职业规划案例，可提供启发和指导。

1. 国际商务经理

一个成功的国际商务经理从大学毕业后，学习了多门外语，并在国内外公司工作。他积累了国际市场分析和贸易谈判的经验，最终成为一家跨国公司的国际业务部门经理。

2. 国际志愿者

一名年轻的专业人士参加了国际志愿者项目，为一个非政府组织在发展中国家工作。通过这个经验，她获得了国际发展和项目管理的经验，最终成为国际组织的项目经理。

3. 跨文化教育者

一位跨文化教育者在多个国家生活和工作，教授不同文化背景的学生。他的国际经验和跨文化教育专业知识使他成为国际学校的教育总监。

4. 国际咨询师

一个成功的国际咨询师在国际咨询公司工作，为跨国公司提供业务咨询。他的多语言能力和全球业务洞察力使他成为国际市场的专家。

5. 国际发展专家

一位国际发展专家在多个国际组织和非政府组织工作，致力于解决全球发展问题。他的国际经验和领导力帮助他成为国际发展领域的专家。

这些案例表明，国际化职业规划可以实现多种职业目标，包括国际业务、国际发展、跨文化教育和国际咨询等。关键在于制定明确的职业规划目标，积极寻找国际机会，不断更新和提升技能，以及保持灵活性和适应力。

（五）国际化职业规划的挑战

国际化职业规划也伴随着一些挑战，包括以下几方面。

1. 文化冲突

跨国界工作可能会遇到文化冲突和误解。了解和尊重不同文化的价值观和礼仪至关重要。

2. 远离家庭和社交圈

国际化职业规划可能需要个人离开家庭和社交圈，前往新的国家或地区工作。这可能对个人和家庭生活产生压力。

3. 文书材料和面试

准备国际化职业的文书材料和面试可能需要更多的努力和时间，以突出国际经验和技能。

4. 逆文化冲击

在国际环境中工作可能会带来逆文化冲击，包括时差、文化适应和孤独感。

5. 竞争激烈

国际职业市场可能更具竞争性，需要更高的技能水平和市场竞争力。

尽管存在这些挑战，但通过明确的职业规划、充分准备和不懈努力，个人可以克服这些挑战，并实现国际化职业规划的成功。

国际化职业规划在当今全球化的世界中非常重要。通过明确的职业规划、积极的努力和适应，个人可以追求国际工作机会、国际经验和国际视野，以拓宽职业发展的范围。成功的国际化职业规划案例表明，不同领域的个人都可以从国际化职业规划中受益。然而，国际化职业规划也伴随着一些挑战，包括文化冲突、法律法规和竞争激烈等方面。克服这些挑战需要适应能力、灵活性和文化敏感度。

最重要的是，国际化职业规划是一个终身学习的过程。职业发展需要不断更新和提升技能，以适应不断变化的国际职业环境。因此，个人需要保持学习的激情，不断扩展自己的知识和经验，以实现国际化职业规划的成功。国际化职业规划可以为个人的职业生涯带来更多的机会、丰富的经验和全球视野，从而为未来的成功铺平道路。

三、跨国企业的职业发展路径

跨国企业是在全球范围内开展业务的大型企业，它们在不同国家和地区拥有子公司、分支机构和关联企业。这些企业通常在国际市场上具有重要的经济和社会影响力，提供了广泛的职业机会。在跨国企业中的职业发展路径是多样化和富有挑战性的，涵盖了各种领域，包括管理、技术、市场营销和人力资源等。本书将探讨跨国企业的职业发展路径，包括从入职到高级领导层的晋升，以及成功的职业发展所需的关键因素和策略。

（一）跨国企业的职业发展机会

跨国企业提供了广泛的职业发展机会，这些机会可分为不同的领域和层次。

1. 入职职位

大多数人开始他们的职业生涯都是在基础职位上，例如实习生、初级职员或技术支持。这些职位通常要求具备基本的技能和知识，如分析、沟通和团队合作。

2. 专业路径

对于那些有特定专业技能和知识的人，跨国企业提供了专业路径。这包括工程师、科学家、法律顾问和医疗专业人员等。在这些领域，职业发展通常涉及不断提高专业技能，可能需要获得相关的专业认证。

3. 管理路径

许多跨国企业有专门的管理发展路径，其中包括初级管理岗位，如项目经理、部门经理，以及高级管理岗位，如区域经理、总经理和首席执行官。管理路径通常要求具备领导力、战略规划和团队管理能力。

4. 国际派遣

一些跨国企业提供国际派遣的机会，这意味着员工可以在不同国家或地区的子公司工作。国际派遣通常是一种提供国际经验、拓宽视野和提升领导力的途径。

5. 跨国团队

跨国企业通常有跨国团队，这些团队由来自不同国家和地区的成员组成，致力于国际项目、国际市场营销或国际业务发展。加入跨国团队可以提供国际合作和领导经验。

6. 高级领导岗位

高级领导岗位通常包括总经理、副总裁和首席执行官等职位。这些职位要求具备高度的领导能力、战略规划和决策能力。

（二）跨国企业职业发展路径的阶段

跨国企业职业发展路径通常可以分为以下阶段。

1. 起始阶段

这是一个人职业生涯的起点，通常从实习或初级职位开始。在这个阶段，个人需要建立基本的职业技能、获得相关的知识和了解企业的运作方式。

2. 中级阶段

在中级阶段，员工可能会晋升到初级管理职位，如项目经理、部门经理或团队领袖。在这个阶段，他们需要进一步发展领导能力、战略规划和人际关系技能。

3. 高级阶段

进入高级阶段，员工可能会晋升到更高级的管理职位，如区域经理、高级副总裁或高级总监。这一阶段要求具备更高的领导能力、战略规划和决策能力。

4. 领导层

有些员工可能晋升到企业的高级领导层，如总经理、副总裁和首席执行官。这些职位需要高度的领导能力、战略规划和综合管理技能。

公司和行业的不同，职业发展路径的阶段和要求可能会有所不同。但总的来说，这些阶段代表了一个典型的跨国企业职业生涯的进展方向。

（三）成功的跨国企业职业发展策略

在跨国企业成功实现职业发展需要采取明智的策略和实践。以下是一些关键策略。

1. 建立强大的基础

从事任何领域的职业都需要坚实的基础。这包括学习和不断提高相关的专业技能、沟通技巧和领导力。

2. 国际经验

寻求国际经验，不论是通过国际派遣、跨国团队还是国际项目形式。

国际经验有助于拓宽视野、理解不同市场和文化，同时也提供了职业发展的机会。

3. 终身学习

跨国企业职业发展通常需要终身学习。不断更新和提高技能，跟随行业趋势，可以提高职业竞争力。

4. 职业规划

制定明确的职业规划，包括短期和长期目标。职业规划有助于指导个人的职业发展，确保朝着理想的方向前进。

5. 网络建设

积极建立人际关系网络，与同事、领导和行业专家保持联系。有强大的职业网络可以提供支持、建议和职业机会。

6. 领导力发展

领导力是在跨国企业中取得成功的关键。投资时间和精力来发展领导能力，包括团队管理、决策能力和战略规划。

7. 文化敏感度

跨国企业通常涉及不同文化之间的合作。提高文化敏感度、了解不同文化的价值观和礼仪对于成功的职业发展至关重要。

8. 自我营销

学会自我营销，包括编写出色的简历、求职信和面试技巧。这些工具帮助个人突出他们的技能和经验。

9. 追求多元化

跨国企业通常重视多元化。在职业生涯中追求多元化，包括在不同国家或地区工作，有助于增加个人的价值和吸引力。

（四）跨国企业职业发展的挑战

尽管跨国企业提供了丰富的职业发展机会，但也伴随着一些挑战。

1. 文化适应

在不同国家或地区工作可能需要适应新的文化、价值观和工作习惯。文化适应可能是一个挑战，需要时间和努力。

2. 国际移动性

国际派遣或在不同国家工作可能需要家庭和个人的国际移动。这可能对个人和家庭生活产生影响。

3. 竞争激烈

在跨国企业工作通常伴随着激烈的竞争。个人需要不断提高自己的技能和表现能力，以脱颖而出。

4. 工作压力

跨国企业通常有不同的工作文化和要求。适应新的工作环境和应对压力可能是一个挑战。

5. 法律和法规

跨国企业在不同国家和地区可能会面临不同的法律和法规。了解和遵守当地法律是至关重要的。

6. 家庭平衡

跨国企业职业发展可能对家庭平衡产生影响。个人需要找到适当的平衡，以满足家庭和职业的需求。

克服这些挑战需要适应能力、坚韧不拔和聪明的职业管理。个人需要制定职业发展计划，明确职业目标和应对挑战的策略。

跨国企业提供了丰富的职业发展机会，但成功的职业发展通常需要坚实的基础、终身学习、领导力和文化敏感度。建立强大的职业网络、自我营销和多元化的经验也是取得成功的关键。职业发展过程中会面临各种挑战，包括文化适应、国际移动性、竞争压力和法律法规，但通过适应能力和智慧的管理，这些挑战是可以克服的。

最重要的是，跨国企业的职业发展路径是多样化的，个人可以根据自己的兴趣、技能和目标来选择适合自己的道路。不同领域和不同阶段的职业发展都有其独特的特点和要求，但共同之处在于需要不断努力和自我提高，以实现个人职业目标。跨国企业的职业发展路径代表了全球职业机会的丰富性，对于那些愿意追求国际化职业生涯的个人来说，这是一个令人激动的领域。

第二章　国际化下的教育体系

第一节　教育体系的国际化趋势

一、跨国学生流动

随着全球化的不断发展，跨国学生流动已成为一个日益重要且广泛讨论的话题。这种现象涉及国际学生前往其他国家学习，以及跨国合作项目、国际学术研究和学术交流等各种形式。本书将探讨跨国学生流动的机遇和挑战，以及它对个人、教育机构和全球社会的影响。

（一）跨国学生流动的定义

跨国学生流动是指国际间学生在追求教育机会的过程中，跨越国界前往其他国家的现象。这种流动形式已经成为全球范围内的重要教育趋势，并在过去几十年里经历了显著的增长。跨国学生流动的定义不仅仅局限于学生的国际留学，还包括短期的交换项目、语言课程、文化交流和研究工作等。这一现象的背后有着多种动机和驱动因素，对国家、教育机构和个体学生都有广泛的影响。

（二）跨国学生流动的趋势

在过去几十年里，跨国学生流动呈现出显著的增长趋势。以下是一些关于跨国学生流动的重要趋势和数据。

1. 亚洲崛起

亚洲国家如中国和印度成为主要的国际学生输送国，向世界各地的国家派遣大量学生。这反映了亚洲国家迅速增长的经济和教育体系的提升。

2. 热门目的地

美国、英国、澳大利亚和加拿大等国家一直是热门的国际学生目的地，因为它们拥有高质量的教育体系和多元化的社会。

3. 在线教育的兴起

近年来，因为新冠疫情及迅速发展的在线教育技术，许多学生选择在家乡或在线上获得国际教育，而不必出国留学。这一趋势也在一定程度上改变了跨国学生流动的模式。

4. 留学政策变化

不同国家的留学政策对国际学生流动产生重大影响。一些国家放宽签证政策，以吸引更多的国际学生，而其他国家则采取更为严格的政策。

（三）跨国学生流动的机遇

跨国学生流动提供了多种机遇，不仅对个体学生有益，还对接受国家和全球社会产生积极影响。以下是一些与跨国学生流动相关的机遇。

1. 高质量教育

通过跨国学生流动，学生能够获得高质量的教育。他们可以选择世界各地著名大学和学院，接触卓越的教师、研究项目和学术资源。

2. 多元化的学术经验

学生在不同国家和文化中学习，与来自世界各地的同学互动，接触不同的学术观点和方法。这丰富了他们的学术经验，促使他们更加开放，具备全球化思维。

3. 文化体验

跨国学生流动为学生提供了与不同文化互动的机会。他们可以了解其他国家的习俗、价值观和生活方式，增强文化敏感性，培养跨文化沟通技能。

4. 语言技能提升

学生在留学国家学习和生活时，通常会提高他们的语言技能。这有助于他们获得更广泛的职业机会，尤其是在全球化的劳动市场上。

5. 国际职业发展

跨国学生流动可以为个人职业发展带来优势。具有国际学历和经验的毕业生通常更受欢迎，因为他们具备全球化视野和文化敏感性。

6. 人际关系建立

留学经历使学生能够建立国际性的人际关系网络。这对将来的职业和合作非常有价值。

7. 研究合作和创新

跨国学生流动促进了国际研究合作，为全球性问题的解决提供了新的视角和解决方案。

8. 国际文化交流

学生的流动也有助于国际文化交流和理解，打破文化壁垒，促进全球和平与合作。

9. 全球经济效益

接受国家通常从国际学生的学费、生活费和消费中受益，对国家的经济产生积极影响。

10. 国际市场洞察

通过留学，学生可以深入了解其他国家和市场，为将来的国际商务和市场开发提供宝贵的经验。

总之，跨国学生流动为学生提供了广泛的机遇，从高质量的教育和职业发展到文化体验和国际化视野。此外，它也对接受国家和全球社会的经济、文化和社会方面产生积极影响。因此，跨国学生流动被视为一种促进全球教育和国际合作的重要因素，对推动全球社会的发展和进步起着关键作用。

（四）跨国学生流动的挑战

跨国学生流动虽然提供了许多机遇，但也伴随着一些挑战，这些挑战可能会对学生、教育机构和接受国家产生一定的影响。以下是与跨国学生流动相关的一些挑战。

1. 经济压力

留学通常伴随着高额的学费、生活费用和其他费用。这可能使留学成为负担，尤其是对来自经济不发达地区的学生。学费和生活成本的高涨可能导致社会和经济不平等。

2. 文化适应

学生在新的文化和社会环境中学习和生活时，可能面临文化冲击和适应问题。这可能包括语言障碍、习俗和社交差异，以及对新环境适应困难。

3. 学术压力

留学生通常面临更大的学术压力，包括语言要求、不同的学术体系和教育方式。这可能导致一些学生感到焦虑和挫败。

4. 留学政策

不同国家的留学政策可能变化多端，包括签证要求、工作机会、居留许可和移民政策。这些政策的不确定性可能对学生产生影响，特别是对那些希望留在留学国家工作或定居的学生。

5. 社交孤立

孤立是一个普遍的问题，特别是对那些离开家乡、亲朋好友的学生。缺乏社交支持和情感联系可能对心理健康产生不良影响。

6. 法律和权益

学生在跨国学生流动过程中可能面临法律问题和权益问题。这包括签证问题、租房合同和工作权益等。学生需要了解并维护他们的法律权益。

7. 语言障碍

对于那些前往非本国语言国家留学的学生，语言可能是一个重要挑战。语言障碍可能会影响他们的学术表现、社交互动和适应速度。

8. 逆文化冲击

一些学生可能在留学后回国时面临逆文化冲击，因为他们需要重新适应自己的家乡文化和社会环境。

9. 国际安全问题

全球安全问题可能对跨国学生产生影响。政治紧张局势、自然灾害和疫情等因素可能导致学生的安全和福祉受到威胁。

10. 就业挑战

一些国际学生可能在留学国家找到工作，但也可能面临就业挑战，包括签证限制和竞争激烈的就业市场。

这些挑战需要学生、教育机构和政府采取措施来应对。教育机构可以提供支持服务，帮助学生适应新环境、解决学术问题，并提供心理健康支持。政府可以制定清晰的留学政策，确保学生的权益受到保护。学生也可以积极参与社交和文化活动，以改善人际关系。克服这些挑战有助于提高跨国学生流动的成功率，并最大程度地抓住机遇。

（五）跨国学生流动对教育机构的影响

跨国学生流动对教育机构有广泛的影响，这些影响可以涵盖学术、财务、文化和国际化等多个方面。以下是跨国学生流动对教育机构的主要影响。

1. 财政影响

跨国学生通常为教育机构带来重要的经济效益。他们支付高额的学费，购买住宿和膳食，购物及参与其他课外活动，这有助于机构的财务稳定。学费收入可以用于提供更多的学术资源、改善设施和支持研究项目等。

2. 多元化和国际化

接纳跨国学生有助于使教育机构更多元化和国际化。学生有不同的文化背景，丰富了学校的文化，为学术研究带来了不同的视角。这也有助于提高学校的国际声誉。

3. 学术声誉

吸引国际学生可以提高教育机构的国际声誉。这可以吸引更多的国际学者和合作伙伴，促进学术研究和合作项目的发展。

4. 研究合作和创新

跨国学生流动促进了国际研究合作。学生和教师之间的国际交流和合作有助于推动创新研究，解决全球性问题。

5. 提供多样化的学术课程

因为国际学生的需求多样化，教育机构通常提供多样化的学术课程和项目。这使学校能够更好地满足不同学生的需求。

6. 提供文化交流机会

国际学生的到来为本地学生提供了与不同文化交流的机会。这有助于打破文化壁垒，提高文化敏感性，培养跨文化沟通技能。

7. 国际招生竞争力

具有多样化学生群体和国际声誉的学校通常更有竞争力，吸引更多国际学生。这可以帮助学校在国际招生市场上脱颖而出。

8. 文化交流活动

学校通常会组织各种文化交流活动，包括国际节、文化展示和交流会。这有助于促进文化多样性，增进理解，丰富校园文化。

9. 全球校友网络

吸引国际学生有助于建立全球校友网络。这个校友网络可以为毕业生提供全球范围内的职业联系和机会。

然而，教育机构在吸引和接纳国际学生时也面临一些挑战，包括适应不同的教育体系、文化和语言差异，提供适当的支持服务，以及处理学生的法律和权益问题。教育机构需要采取措施来解决这些挑战，以确保跨国学生流动对学校和学生都产生积极影响。

（六）跨国学生流动对全球社会的影响

跨国学生流动对全球社会产生了多方面的影响，这些影响涵盖了经济、文化、社会和国际关系等多个领域。以下是跨国学生流动对全球社会的主要影响。

1. 跨文化理解与和平

跨国学生流动有助于增进不同国家和文化之间的理解和尊重。学生在跨国留学和生活中能够建立友谊，打破文化壁垒，促进国际和平与合作。

2. 文化交流和丰富性

学生的国际流动促进了文化交流，丰富了全球社会的文化多样性。这有助于保护和传承不同文化的独特特征。

3. 经济影响

跨国学生为接受国家带来了经济效益，包括学费、生活费、住宿和其他支出。这有助于支持当地经济，创造就业机会，有利于国家的财政。

4. 国际市场洞察

跨国学生为世界各地的企业和政府提供了有关不同国家市场的信息。这对国际商务和贸易关系非常有价值。

5. 全球领导力发展

跨国学生流动培养了全球领导力素养。学生学会与不同文化和背景的人相处，跨越语言障碍，解决国际问题。

6. 国际研究合作

跨国学生流动促进了国际研究合作。学生和教师之间的跨国合作有助于解决全球性挑战，如气候变化、健康危机和可持续发展。

7. 国际友谊和人际关系

学生在跨国学生流动中建立国际友谊和人际关系，这有助于促进国际友好和合作。这些关系对将来的外交和国际合作非常有价值。

8. 创新和知识传播

学生在国际学术环境中接触到最新的知识和创新思维，这有助于加速知识的传播和应用。

9. 全球社会参与

跨国学生通常在国际社会中更积极参与。他们可能参加国际组织、志愿活动和社会项目，为全球社会的改善作出贡献。

10. 教育平等

跨国学生流动有助于加强教育平等的意识。它为来自不同国家和社会背景的学生提供了平等的教育机会。

尽管跨国学生流动有很多积极影响，但也需要面临一些挑战，包括社会和经济不平等、文化冲突、文化失落感和国际安全问题。因此，政府、教育机构和国际社会需要合作以解决这些挑战，最大程度地发挥跨国学生流动的积极影响，促进全球社会的进步和发展。

总之，跨国学生流动是一个复杂且充满机遇的现象。它为个人提供了丰富的学术和文化体验，同时也对教育机构和全球社会产生了积极影响。尽管存在各种挑战，但跨国学生流动在全球范围内仍是主要趋势，这表明它在全球化时代的重要性和价值。

二、跨国教育合作

随着全球化的不断深化，跨国教育合作成为国际教育领域中的一个重要趋势。这种合作形式涵盖了不同国家和地区的教育机构之间的伙伴关系，从学术研究到学生交换，以及共同开设学位课程和在线教育项目等各个方面。跨国教育合作提供了丰富的机会，有助于拓宽教育领域的视野，推动知识的传播，同时也带来了一些挑战。本书将深入探讨跨国教育合作的重要性、不同形式和影响，以及成功开展这种合作所需的关键因素。

（一）跨国教育合作的重要性

跨国教育合作的重要性在全球化时代日益显著，因为它为各方带来多方面的益处，涵盖了经济、文化、社会和教育领域。以下是跨国教育合作的一些重要方面。

1. 知识传播和共享

跨国教育合作有助于知识的传播和共享。教育机构可以合作开展研究项目、交流学者和共享教材，从而促进知识的传播，加速科学进步和技术创新。

2. 全球竞争力

教育合作有助于提高国家和机构的全球竞争力。共同合作开展高质量的教育和研究项目，有助于吸引国际学生和学者，提升国际声誉。

3. 文化交流和理解

跨国教育合作有助于促进文化交流和理解。学生和学者的跨国流动可以加深对不同文化的了解，打破文化壁垒，促进全球社会的多元化。

4. 创新和解决问题

各国合作开展研究项目可以加速创新和解决全球性问题，如气候变化、健康危机和可持续发展。共同的研究努力有助于找到跨国性的解决方案。

5. 全球劳动力

跨国教育合作有助于培养具备全球视野和技能的劳动力。这有助于应对全球化的劳动市场需求，增加就业机会。

6. 国际合作与和平

教育合作可以促进国际和平与合作。学生和学者之间的交流有助于建立国际友谊和关系，减少国际紧张局势。

7. 经济效益

跨国教育合作通常为教育机构和国家带来经济效益。它可以帮助吸引国际学生、创造工作机会、增加学费收入和促进创新。

8. 适应全球挑战

教育合作有助于培养具备解决全球性挑战所需技能的人才。这些挑战包括全球健康、可持续发展和社会公平等领域的挑战。

9. 国际社会责任

跨国教育合作是一种国际社会责任，有助于国际合作和帮助其他国家和社会发展他们的教育系统。

总之，跨国教育合作对全球社会至关重要，因为它为知识传播、文化交流、经济增长、全球问题解决和国际合作提供了关键平台。在全球化的时代，更多的教育机构、国家和学者应该积极参与和支持跨国教育合作，以共同促进全球社会的进步和繁荣。

（二）不同形式的跨国教育合作

跨国教育合作可以采用多种不同的形式，以满足不同教育机构和国家的需求。以下是一些常见的跨国教育合作形式。

1. 学术交流计划

学术交流计划允许学生和教师在不同国家的教育机构之间交换。这些计划通常涵盖学期或学年，并允许学生获得国际学术经验、学者进行合作研究。

2. 双学位计划

双学位计划是两个或多个教育机构之间的合作，允许学生在两个不同国家的学校获得学位。学生可以在不同文化和教育系统中学习，获得双重学历。

3. 在线教育合作

在线教育合作允许学生在国际范围内参加在线课程。教育机构可以提供在线课程，吸引国际学生，同时学生也可以从远程地点参与课程。

4. 研究合作项目

教育机构可以合作进行研究项目，涵盖各种学科和领域。这些合作项目通常有助于解决全球性问题，如健康、环境和技术创新。

5. 学术合作协议

学术合作协议是教育机构之间的正式合作框架，可以包括学术交流、研究合作、师资培训和共享资源。

6. 国际课程合作

学校可以合作开发国际课程，为学生提供多样化的学术选择。这些课程可以由两个或多个学校合作设计和教授。

7. 校际合作

学校之间的校际合作可以包括共享图书馆资源、研究中心、实验室设施和其他学术资源。

8. 文化交流项目

教育机构可以合作开展文化交流项目，包括学生交流、艺术展示、文化节和文化活动，以促进文化理解和交流。

9. 国际志愿者项目

学校可以合作开展国际志愿者项目，为学生提供参与社会服务和发展项目的机会，帮助其他国家和社区。

10. 行业合作

行业和职业培训机构可以与教育机构合作，为学生提供实习、职业发展和行业认证机会。

这些不同形式的跨国教育合作有助于丰富教育体验，提高教育质量，促进国际合作，解决全球性问题，培养具备全球视野的学生和学者。它们为教育机构和国家提供了更多机会，以满足不断发展的全球教育需求。

（三）跨国教育合作的影响

跨国教育合作对个人、教育机构和全球社会产生广泛的影响，包括以下几方面。

1. 学生发展

学生通过参与跨国教育合作项目，拓宽了视野，提高了综合素质。他们培养了跨文化交流技能，增强了文化敏感度。

2. 教育机构

参与合作项目的教育机构提高了国际声誉，提供了高质量的教育和研究资源。这有助于吸引国际学生和学者，提高学校的国际竞争力。

3. 国际合作与和平

跨国教育合作有助于国际友好和合作关系的建立。它有助于减少文化偏见和误解，为国际和平与安全作出贡献。通过跨国教育合作，国际社会更容易就重要议题展开对话和合作，如全球卫生、气候变化、可持续发展等。

4. 知识传播与创新

跨国教育合作促进了知识的传播和创新。学术研究合作项目有助于解决全球性问题，推动科学研究的进步。同时，不同国家和地区的合作有助于知识的丰富和多样化。

5. 经济发展

跨国教育合作可以为国家的经济发展作出贡献。吸引国际学生和学者为目的地国家带来经济效益，包括学费、生活费和其他支出。此外，合作项目也有助于促进教育产业的发展，创造就业机会。

6. 人才流动

跨国教育合作有助于国际人才流动。学生和学者可以在不同国家的教育机构学习和工作，同时也有机会留在目的地国家，为国际劳动力市场提供人才。

7. 文化交流

跨国教育合作有助于文化交流和理解。学生、学者和教育工作者之间的交流促进了不同文化之间的互动和合作。这有助于减少文化偏见，增加对文化多样性的认可。

8. 教育改革

合作项目鼓励教育机构进行改革和创新。通过学习其他国家的最佳实践，教育机构可以提高教育质量，提供更灵活的课程和教学方法。

（四）跨国教育合作获得成功的关键因素

要实现成功的跨国教育合作，有一些关键因素需要考虑。

1. 清晰的目标和愿景

合作项目需要明确的目标和愿景，双方教育机构必须明白合作的价值和目的。

2. 相互尊重和平等合作

跨国教育合作应该建立在相互尊重和平等合作的基础上。双方需要平等地参与合作决策和项目管理。

3. 法律和法规遵守

合作项目需要遵守目的地国家的法律和法规，包括签证要求和学术准则。

4. 有效的沟通和合作

有效的沟通对于合作项目的成功至关重要。双方需要建立良好的沟通渠道，解决问题和困难。

5. 资源支持

合作项目需要足够的资源支持，包括资金、人力资源和设施。双方需要共同分担资源和责任。

6. 评估和改进

合作项目需要定期评估和改进。双方需要一起审查项目的成果和问题，以便做出调整和改进。

7. 文化敏感度

跨国教育合作需要文化敏感度。双方需要了解对方的文化和价值观，尊重差异。

8. 灵活性

教育合作项目需要灵活性，能够适应不同的环境和需求。双方需要能够适应变化和挑战。

跨国教育合作是国际教育领域中的一个重要趋势，它有助于知识传播、全球人才培养、国际友好与和平、经济发展和文化交流。成功的合作项目需要清晰的目标、相互尊重、遵守法律、有效沟通、资源支持、评估和改进、文化敏感度和灵活性。随着全球化的不断发展，跨国教育合作将继续在教育领域中发挥重要作用，推动全球教育的发展和进步。

三、教育体系国际化政策

全球化时代，国际化的教育政策已经成为各国政府的战略性重点之一。教育体系国际化政策旨在打破国界，促进国际学术合作，培养具有全球视野的学生，提高国家的国际竞争力。本书将探讨教育体系国际化政策的定义、动机、重要性、不同政策工具和其对教育体系、学生和国际社会的影响。

（一）教育体系国际化政策的定义

教育体系国际化政策是一种政府或教育机构采取的政策措施，旨在推动本国的教育体系与国际教育领域更加紧密地融合和互动。这些政策旨在加强国际合作、提高全球竞争力、促进跨文化交流、增进文化多元性，以及为本国学生和教育体系带来更多的机会和资源。教育体系国际化政策通常包括以下方面。

1. 国际合作

政策鼓励本国教育机构与国际学府和组织合作，开展学术研究项目、学术交流和共同课程开发。

2. 国际学生招生

政策支持吸引国际学生来本国学习，通常包括提供奖学金、学费减免和文化适应支持。

3. 国际学者和教育工作者招聘

教育体系国际化政策鼓励聘用国际学者和教育工作者，以提供不同的文化和学术视角，丰富教育环境。

4. 双学位计划和交换项目

政策支持本国学生参与双学位计划、学术交流和短期交换项目，以丰富他们的国际体验。

5. 国际课程

学校可以合作开发国际课程，以给学生提供更广泛的学术选择。

6. 外语教育

政策鼓励学校提供外语教育，以帮助学生获得跨文化沟通和国际化技能。

7. 国际研究项目

教育机构可以合作进行国际研究项目，涉及全球性问题的解决和国际合作。

8. 文化交流

政策支持学校组织文化交流活动、国际节、文化展示和交流会，以促进文化理解和交流。

9. 国际教育标准和认证

政策通常规定一系列国际教育标准和认证，以确保学校和课程的质量。

教育体系国际化政策的目标是提高国家的教育质量，加强国际竞争力，促进全球合作，培养具备全球视野和技能的学生，推动创新和解决全球性问题。这些政策通常需要政府、教育机构和国际组织之间的合作。

（二）教育体系国际化政策的动机

教育体系国际化政策的动机是多方面的，反映了国家和教育机构对全球化时代的需求和机遇。以下是一些常见的动机。

1. 提高国际竞争力

国际化教育政策有助于提高国家教育体系的国际竞争力。吸引国际学生和学者，建立国际声誉，推动本国教育体系的全球认可。

2. 创造经济机会

吸引国际学生为国家带来经济效益，包括学费、生活费、住宿和其他支出。这有助于增加本国经济收入、创造就业机会，支持当地企业和社区发展。

3. 促进文化交流

国际化教育政策有助于促进文化交流和理解。学生和学者的跨国流动有助于打破文化壁垒，增进对不同文化的理解。

4. 解决全球性问题

跨国教育合作和研究项目有助于解决全球性问题，如气候变化、健康危机和可持续发展。国际合作为解决这些挑战提供了平台。

5. 提高教育质量

吸引国际学生和学者有助于提高本国教育体系的质量。国际交流促进了学术和教育创新，提高了教育机构的竞争力。

6. 培养全球视野

国际化教育政策有助于培养具备全球视野的学生和教育工作者。他们将更好地理解和应对全球化时代的挑战和机遇。

7. 国际社会责任

国际化教育政策反映了国家对国际社会责任的承诺。它有助于帮助其他国家和社会发展他们的教育系统，促进全球社会的公平和繁荣。

8. 全球市场机会

教育机构通过国际化教育政策可以进入全球市场，提供在线课程、教育技术和咨询服务，创造商业机会。

9. 国际合作与和平

学生和学者之间的国际交流有助于建立国际友谊和关系，减少国际紧张局势，促进和平与合作。

总之，国际化教育政策的动机涵盖了教育、经济、文化、社会和国际关系等多个领域。这些政策反映了国家和教育机构对全球化时代的需求，以及对国际合作和全球社会发展的承诺。它们有助于推动全球社会的进步和繁荣。

（三）教育体系国际化政策的不同政策工具

教育体系国际化政策可以采用多种不同政策工具，以实现其目标，包括以下几种。

1. 国际学生招生

吸引国际学生是国际化教育政策的重要组成部分。政府可以通过提供奖学金、降低学费、简化签证流程等方式，鼓励国际学生前来学习。

2. 学术研究合作

政府可以推动国际学术研究合作项目，支持国内教育机构与国际合作伙伴开展联合研究项目。这有助于提高研究质量，推动科研成果的传播和应用。

3. 国际课程和学位课程

政府可以鼓励教育机构提供国际课程和学位课程，包括与国际高校的合作课程、全英文授课的硕士项目等。这有助于吸引国际学生和提高教育质量。

4. 多语言教育

多语言教育政策鼓励学校提供多语言教育，培养学生的语言技能。这有助于学生更好地适应全球化社会。

5. 学术交流计划

学术交流计划鼓励学生和教师在国际合作伙伴学校学习和工作。政府可以提供奖学金和支持，以鼓励学术交流。

6. 国际合作协议

政府可以促使国内高校与国际合作伙伴签署合作协议，共同开展学术研究、教育项目等。这有助于扩大合作网络。

7. 文化交流项目

文化交流项目包括学生和教师的文化交流、国际文化活动等。这有助于提高文化敏感度，增进国际友谊。

8. 国际化政策文件

政府可以制定国际化政策文件，明确政策目标和措施，鼓励教育机构积极参与国际化教育。

（四）教育体系国际化政策的影响

教育体系国际化政策对教育体系、学生和国际社会产生广泛的影响，包括以下几方面。

1. 提高教育质量

国际化政策有助于提高教育质量。国际合作项目和国际课程给学生提供了更广泛的学术资源和知识。

2. 促进知识传播与创新

国际化政策促进了知识的传播和创新。学术研究合作项目有助于解决全球性问题，推动科学研究的进步。

3. 培养全球视野的学生

国际化政策培养了具有全球视野的学生，他们具备跨文化背景和语言技能，更容易适应国际职场。

4. 经济效益

吸引国际学生和学者为国家带来了经济效益，包括学费、生活费和其他支出。国际化教育也促进了教育产业的发展，创造了就业机会。

5. 国际友好与合作

教育国际化有助于建立国际友好和合作关系，促进国际友谊。学生和学者之间的交流有助于减少文化偏见和误解，促进国际友好关系的建立。

6. 全球公民教育

国际化政策有助于推动全球公民教育，培养学生成为全球问题的解决者。学生对全球问题的兴趣增加，有助于全球挑战的应对。

7. 国际合作与和平

教育国际化促进国际友好和合作关系的建立，有助于国际和平与安全。它有助于减少文化偏见和误解，为国际友好关系的建立提供基础。

教育体系国际化政策是适应全球化时代的重要举措。这些政策旨在拓展教育的国际维度，提高教育质量，促进知识的传播和创新，培养具有全球视野的学生，增进国际友好与合作。国际化政策可以通过吸引国际学生和学者、学术研究合作、多语言教育和国际课程等多种政策工具来实施。这些政策产生了积极的影响，提高了国家的国际竞争力，促进了国际友好交流与合作，同时也为学生提供了更丰富的学术和文化体验。随着全球化的不断深化，国际化政策将继续在教育领域发挥重要作用，推动全球化教育的发展和进步。

第二节　教育政策与国际化

一、跨国教育政策

教育一直被认为是国家繁荣和社会进步的关键因素之一。然而，随着全球化的不断发展，跨国教育政策逐渐引起了广泛的关注。跨国教育政策，指的是各国政府制定的政策，以促进国际教育合作、学生和教育资源的跨国流动。这些政策涵盖了学生的国际交流、教育质量标准、学术合作和文化交流等多个领域。在本书中，将探讨跨国教育政策的重要性、挑战和机遇，以及一些成功案例。

（一）跨国教育政策的重要性

跨国教育政策的重要性在当今全球化时代日益显著，它对国际教育、国家和全球社会产生了多方面的影响。以下是跨国教育政策的重要性。

1. 全球竞争力

跨国教育政策有助于提高国家的全球竞争力。通过吸引国际学生和学者，建立高质量的教育机构，国家可以在国际舞台上取得更高的地位。

2. 经济增长

吸引国际学生为国家带来经济效益，包括学费、生活费和消费支出。这有助于促进国家的经济增长，创造就业机会，刺激相关产业。

3. 文化交流和理解

跨国教育政策促进了文化交流和跨文化理解。学生和学者的跨国流动有助于打破文化壁垒，促进国际社会的多元化和互相尊重。

4. 创新和科研

国际化教育政策有助于促进创新和科学研究。国际合作项目和研究合作有助于解决全球性问题，推动科技进步。

5. 国际社会责任

国际化教育政策反映了国家对国际社会的责任感。通过支持其他国家的教育系统，国际社会可以共同促进全球发展。

6. 国际关系和外交

跨国教育政策增进了国际友谊和人际关系，有助于缓解国际紧张局势，促进和平与合作。

7. 全球社会参与

跨国教育政策培养具备全球视野的学生和教育工作者，鼓励他们积极参与国际组织、志愿活动和社会项目，为全球社会的改善作出贡献。

总之，跨国教育政策的重要性涵盖了经济、文化、社会和国际关系等多个领域。这些政策有助于推动全球社会的进步和发展，为国家和全球社会创造更广泛的机遇和影响。

（二）跨国教育政策的挑战

跨国教育政策在实施和推动国际化教育时，可能面临一系列挑战。这些挑战可以涵盖政策、财政、文化、社会等多个领域。以下是一些跨国教育政策可能面临的挑战。

1. 政策一致性

不同政府和教育机构的政策可能不一致，导致难以实现国际教育的一体化。政策的不一致可能妨碍国际学生的流动和国际合作。

2. 财政挑战

吸引国际学生和学者需要资金投入，包括提供奖学金、设施改进、支持服务等。教育机构和政府可能会面临财政挑战，特别是在经济不稳定时期。

3. 文化差异

学生和学者的跨国流动会面临文化差异的挑战，包括语言、价值观、社会规范等。这可能需要提供文化适应和支持服务。

4. 教育质量

跨国教育政策需要确保吸引的国际学生获得高质量的教育。维护教育质量可能需要严格的监管和评估。

5. 学生权益

跨国学生的权益需要受到保护，包括签证政策、融入社会、课程质量、住宿条件等。政策需要确保学生的合法权益得到保障。

6. 文化冲突

学生和学者之间的文化冲突可能导致问题，包括跨文化误解、歧视和适应困难。政策需要考虑如何促进文化理解与和谐共处。

7. 政治稳定性

政治不稳定和国际关系紧张可能对跨国教育政策产生负面影响。政治因素可能妨碍国际学生和学者的流动。

8. 移民政策

移民政策可能会对国际学生的留学和学成后的就业产生影响。政策需要协调留学生的签证和工作许可。

9. 课程设计和内容

教育机构需要调整课程内容，以满足国际学生的需求。这可能需要修改教材、提供多语言课程等。

10. 教育技术

在线教育和远程学习的兴起为跨国教育提供了机会，但也涉及互联网访问、技术基础设施和数据隐私的问题。

解决这些挑战需要政府、教育机构和国际组织的合作，以确保跨国教育政策的有效实施，为国际学生和学者提供更好的教育和社会体验。

（三）跨国教育政策的机遇

跨国教育政策带来了多种机遇，不仅对国家和教育机构有利，还对学生、学者和全球社会产生积极影响。以下是一些跨国教育政策可能带来的机遇。

1. 国际学生流动

吸引国际学生有助于增加教育机构的多样性，提供更广阔的学术和文化视野。这为本国学生提供了与国际同学互动的机会，促进了文化交流和跨文化理解。

2. 国际合作

跨国教育政策鼓励教育机构之间的国际合作，包括共同研究项目、学术交流和双学位计划等。这有助于提高教育质量，推动创新，解决全球性问题。

3. 经济效益

吸引国际学生为国家带来经济效益，包括学费、生活费、住宿费用及其他支出。这有助于促进经济增长，创造就业机会，支持当地企业和社区。

4. 国际教育市场

跨国教育政策使教育机构能够进入国际教育市场，提供在线教育、教育技术和咨询服务。这创造了商业机会，有助于提高教育机构的可持续性。

5. 文化交流

吸引国际学生和学者促进文化交流，有助于增进对不同文化的理解。这有助于打破文化隔阂，促进全球和平与合作。

6. 创新和科学研究

跨国合作项目和研究合作有助于解决全球性问题和推动科学研究。这有助于找到全球性问题的解决方案，促进技术和知识创新。

7. 全球劳动力

跨国教育政策有助于培养具备全球视野和技能的劳动力。这有助于满足全球化时代劳动市场的需求，提高就业机会。

8. 社会责任和发展

通过国际化教育政策，国际社会有机会支持其他国家和社会发展他们的教育系统，促进全球社会的公平和繁荣。

总之，跨国教育政策提供了许多机遇，有助于丰富教育体验、促进文化交流、解决全球性问题、提高全球竞争力和为学生提供更广泛的机会。这些机遇有助于推动全球社会的进步和发展。

（四）成功的跨国教育政策案例

1. 澳大利亚

澳大利亚一直以来都是国际留学生的热门目的地。澳大利亚政府采取了一系列政策措施，鼓励国际学生前往澳大利亚留学。这些政策包括提供奖学金、简化签证流程、改善英语语言课程质量等。这些举措不仅吸引了大量国际学生，还为澳大利亚带来了巨大的经济收益。

2. 加拿大

加拿大也制定了一系列政策，以吸引国际学生前往加拿大留学。加拿大的成功在于其对多元文化的友好态度和开放的移民政策。政府为国际学生提供了许多留学机会，包括工作许可和移民途径，使他们更容易在加拿大定居。这些政策吸引了来自世界各地的国际学生，增加了国际化的教育体验，同时也促进了文化交流和经济增长。

3. 欧洲联盟

欧洲联盟通过"伊拉斯谟＋计划"等项目，鼓励成员国之间的学术合作和学生交流。这些项目为欧洲学生提供了许多留学机会，促进了跨国学术研究和文化交流。欧洲的一体化教育政策也使学生更容易在不同国家之间转移学分，从而获得更多的国际教育经验。

4. 中国

中国在吸引国际学生方面也取得了显著进展。中国政府提供奖学金和其他形式的财政支持，以吸引国际学生前往中国留学。中国的高等教育机构也在提高教育质量和国际化水平方面取得了显著进步。这些政策措施使中国成为了一个备受国际学生欢迎的留学目的地。

跨国教育政策在全球化的背景下变得越来越重要。它们不仅为国际学生提供了更广泛的教育机会，还促进了文化交流、学术合作和经济增长。然而，跨国教育政策也面临一些挑战，如教育质量标准的不一致、移民和签证政策问题及语言障碍。尽管如此，成功的案例表明，通过明智的政策制定和实施，这些挑战是可以克服的。

最后，为了实现跨国教育政策的潜在机遇，各国政府需要密切合作，分享最佳实践，并确保政策的可持续性。只有这样，跨国教育政策才能继续为全球社会的进步和繁荣作出贡献。跨国教育政策的发展将继续塑造未来的教育景观，为学生提供更多的机会，促进全球文化的多样性和相互理解。

二、教育领域的全球合作

教育被普遍认为是社会进步和全球繁荣的关键因素之一。然而，现代社会的挑战和机会已经超越了国家边界，这使得全球合作在教育领域愈加重要。本书将深入探讨教育领域的全球合作，分析其重要性、面临的挑战及带来的机遇。

（一）全球合作的重要性

1. 共同应对全球性挑战

全球性问题如气候变化、流行病、难民危机和贫困等影响着整个世界，而教育是解决这些问题的关键。全球合作可以推动跨国界的合作，共同应对这些挑战，通过提供知识和技能，培养全球公民，为解决全球问题作出贡献。

2. 知识共享

教育领域的全球合作有助于知识的跨国界传播。教育研究、最佳实践和创新在国际合作中得以分享，从而提高全球范围内的教育质量和效果。

3. 平衡教育机会

全球合作可以平衡世界各地的教育机会。通过合作项目和国际奖学金，学生可以获得更多留学机会，而那些生活在不发达国家的学生可以获得更好的教育资源。

4. 促进跨文化理解

全球合作也有助于促进跨文化理解。学生和教育工作者在跨国界的交流中有机会更深入地了解其他文化，打破偏见，促进和平与合作。

（二）全球合作的挑战

1. 文化和语言差异

文化和语言差异常常是全球合作的挑战之一。不同国家的文化和语言可能会导致沟通障碍，而且一些国家可能对其他国家的教育方法和价值观持怀疑态度。

2. 财政和资源限制

不同国家的财政和资源限制也是一个挑战。一些国家可能没有足够的经费来支持国际合作项目，或者缺乏必要的教育资源。这可能导致不平等的全球合作，影响教育的公平性。

3. 政治和地缘政治问题

全球合作可能会受到政治和地缘政治问题的干扰。政治局势紧张和冲突可能威胁到国际合作的稳定性，从而影响教育机会和知识共享。

4. 教育质量和标准

教育质量和标准的不一致也是一个挑战。不同国家的教育体系和标准存在差异，这可能导致学生之间的不平等，以及学分的难以转移。

（三）全球合作的机遇

1. 科技的崛起

科技的迅速发展为全球合作提供了前所未有的机会。互联网和在线教育工具使教育资源更容易访问，帮助学生和教育者跨越国界进行合作。

2. 国际合作项目

国际合作项目如"伊拉斯谟＋计划"和"国际合作学校"等为学生和教育工作者提供了跨国界的学术交流机会。这些项目促进了文化交流和全球意识的培养。

3. 全球发展目标

联合国的全球发展目标将教育视为实现全球繁荣和可持续发展的关键因素。全球合作在实现这些目标方面发挥着重要作用，包括提高教育质量、促进性别平等和减少贫困。

（四）成功的全球合作案例

1. 国际研究合作

国际研究合作是一个成功的案例，各国研究机构和大学在解决全球性问题方面展开了广泛的合作。例如，在应对气候变化方面，国际研究合作使得科学家能够共享数据、开展共同研究，并制定全球应对策略。

2. 联合国教科文组织（UNESCO）

UNESCO 是一个全球组织，致力于促进教育、文化和科学的国际合作。它的项目包括教育改革、文化遗产保护和科学研究，通过各种项目和活动推动了全球教育领域的合作。

3. 国际学术交流计划

国际学术交流计划如"伊拉斯谟＋计划"和"福布莱特计划"为学生提供了国际性的学习和研究机会。这些项目促进了跨文化理解，培养了全球意识，同时也为学生提供了在国际舞台上展示他们才能的机会。

4. 全球教育伙伴关系

一些国际组织、非政府组织和慈善机构积极参与全球教育合作。例如，比尔和梅琳达·盖茨基金会致力于改善全球教育机会，特别是在发展中国家。他们的合作项目已经在减少贫困和提高全球教育水平方面发挥了积极作用。

教育领域的全球合作是解决当今全球挑战和实现可持续发展的重要工具。尽管面临一些挑战，如文化差异、财政限制和政治问题，但全球合作的机遇也是显而易见的。科技的进步、国际合作项目和全球发展目标为全球合作提供了坚实的基础。

要推动教育领域的全球合作，政府、国际组织、教育机构和非政府组织需要共同努力，制定共同的愿景和战略。跨国界的教育合作将有助于提高教育质量、促进全球和平与理解，同时也为每个人提供了平等的教育机会。

在全球化的时代，教育不再受限于国家边界。全球合作将继续成为推动教育领域发展的引擎，有助于培养具备全球意识的学生和教育者，共同建设更加繁荣、公平与和平的世界。只有通过全球合作，我们才能共同面对全球挑战，创造更美好的未来。

三、教育体系多样性

教育被普遍认为是社会进步和文明发展的基石。然而，全球范围内的教育体系千差万别，表现出鲜明的多样性。这种多样性源于不同国家和文化的历史、价值观、政策和社会需求。本书将探讨全球教育体系的多样性，分析其起因、影响和价值。

（一）多样性的起因

多样性在社会、文化、人口和思想等多个领域中存在，其起因是多种复杂因素的交织。以下是导致多样性的一些主要起因。

1. 地理和自然因素

地球上的不同地理条件，如气候、地形和资源分布，导致了不同地区的文化和生活方式的多样性。例如，气候变化会影响食物、衣物和住房的选择，从而塑造了不同地区的文化。

2. 历史和移民

历史事件、迁徙和殖民主义等因素对文化多样性产生了重要影响。移民、贸易和征服导致了不同文化和民族之间的相互影响和融合。

3. 宗教和信仰

宗教和信仰系统对文化和价值观产生深远影响。不同宗教和教派的存在导致了宗教多样性，同时塑造了社会规范和价值观。

4. 语言

语言是文化和身份的重要组成部分，不同的语言导致了不同文化群体的存在。语言差异也可以促进多语言社会的形成。

5. 政治和制度

政治制度、法律和政策对社会多样性产生重大影响。民主、多元文化政策和权利保障可以促进文化和民族群体的和谐共处。

6. 科技和全球化

科技和全球化加速了信息传播、人员流动和文化交流。这导致了全球文化的互动和文化多样性的兴起。

7. 社会变革

社会变革，如性别平等运动、民权运动和社会正义运动，有助于消除歧视、使教育更具包容性和多样性。

8. 经济因素

经济条件、财富分布和职业机会也对社会多样性产生影响。不同经济地位和社会阶层的人可能有不同的文化和社会体验。

9. 教育和媒体

教育和媒体有助于传播信息、理念和文化。它们可以增加多样性，促进文化了解，同时也可能传播刻板印象，导致文化偏见。

总之，多样性是复杂社会和文化因素的结果，它丰富了社会、世界观和人际关系。尊重和促进多样性有助于促进社会的包容、和谐和创新。

（二）多样性的影响

多样性对社会、文化、经济和个体层面产生广泛的影响。这些影响可以是积极的，也可以是消极的，具体取决于如何处理和利用多样性。以下是多样性可能产生的一些影响。

1. 创新和创造力

多样性促进了不同思维和观点的交流，有助于创造性问题的解决和创新。不同背景和经验的个体可以带来新的观点和创意。

2. 经济增长

多样性可以促进经济增长。吸引多样性的人才和投资者有助于提高生产力、创造就业机会和刺激商业创新。

3. 文化丰富性

多样性丰富了文化和社会生活。不同的文化、宗教、音乐、美食和传统为社会带来多样的文化体验和艺术。

4. 社会和文化理解

多样性有助于促进跨文化理解与和谐共处。人们有机会学习和了解不同文化背景的人，减少偏见和歧视。

5. 社会创新

多样性激发社会创新。在社会和政策领域，不同的观点和经验可以带来新的解决方案，改进社会服务和公共政策。

6. 全球竞争力

在国际层面，多样性有助于提高国家和地区的全球竞争力。具备不同文化和语言技能的人更容易融入全球化的劳动市场。

7. 社会公平

多样性可以促进社会公平和包容。它有助于消除歧视，确保所有人都有平等的机会和权益。

8. 教育质量

学校和教育机构的多样性有助于提高教育质量。学生有机会接触不同背景和经验的同学，扩展他们的知识和视野。

9. 挑战和冲突

多样性也可能导致文化冲突和社会分歧。不同群体之间的价值观和兴趣可能不一致，导致冲突和紧张局势。

10. 文化交流

多样性促进了文化交流，但也可能导致文化混杂。这可能引发文化保护主义的担忧。

总之，多样性对社会有积极的影响，包括促进创新、经济增长、社会和文化理解。但它也带来了挑战，需要处理文化冲突、社会不平等和差异化等问题。重要的是，社会应该努力最大化多样性的积极影响，同时解决多样性可能导致的问题。

（三）多样性的价值

多样性在社会、文化、经济和个体层面具有重要的价值，对整个社会都具有丰富和积极的影响。以下是多样性的一些关键价值。

1. 创新和创造力

多样性鼓励不同背景、经验和思维方式的人相互交流。这有助于激发创新和创造力，促进新思想和解决方案的涌现。

2. 文化丰富性

多样性丰富了文化、艺术和传统。不同的文化、宗教、音乐、美食和艺术形式丰富了社会生活，提供了多种文化体验。

3. 社会理解与和谐共处

多样性有助于增进跨文化理解与和谐共处。人们有机会学习和了解不同文化和背景的人，减少偏见和歧视。

4. 经济增长

多样性可以促进经济增长。吸引多样性的人才和创业家可以提高生产力、促进创新和刺激经济。

5. 全球竞争力

具备多样性背景和多语言技能的个体更容易融入全球化的劳动市场。这有助于提高国家和地区的全球竞争力。

6. 社会创新

多样性激发社会创新。不同的观点和经验可以带来新的解决方案，改进社会服务和公共政策。

7. 文化交流

多样性促进文化交流，有助于人们更好地了解和欣赏其他文化。这有助于打破文化壁垒，促进全球和平与合作。

8. 个体发展

多样性提供了个体发展的机会。人们可以接触不同文化、观点和经验，扩展自己的知识和视野。

9. 教育质量

学校和教育机构的多样性有助于提高教育质量。学生有机会接触不同背景和经验的同学，从中获益。

总之，多样性的价值体现在它的积极影响，包括促进创新、文化丰富性、社会和文化理解。它对社会的繁荣和进步起到了关键作用，提供了更多的机会和视野。因此，社会应该鼓励和重视多样性，致力于最大程度地利用它的潜力。

（四）挑战与机遇

多样性带来了挑战和机遇，这两者通常是相互关联的。以下是多样性可能带来的一些挑战和机遇。

1. 挑战

（1）文化冲突和误解：不同文化之间的交流可能导致文化冲突和误解，包括语言障碍、文化差异和社会规范的不同。

（2）歧视和不平等：多样性可能导致歧视和不平等，因为一些人可能会因其背景而受到不公平待遇。

（3）社会分裂：多样性可能导致社会分裂，特别是当社会中的不同群体之间存在紧张关系时。

（4）管理挑战：在多元文化团队或组织中进行管理可能具有挑战性，因为需要处理不同文化和价值观的差异。

（5）团队合作问题：多样性可能导致团队合作问题，包括沟通障碍和冲突解决的复杂性。

（6）文化保护主义：一些人可能担心多样性会导致文化保护主义，损害本国文化和传统。

2. 机遇

（1）创新和创造力：多样性激发创新和创造力，因为不同思维方式和观点可以导致新的想法和解决方案。

（2）经济增长：吸引多样性的人才和创业家有助于促进经济增长，创造就业机会和创新。

（3）文化丰富性：多样性丰富了文化、艺术和传统，提供了多种文化体验。

（4）社会理解与和谐共处：多样性有助于增进跨文化理解与和谐共处，减少偏见和歧视。

（5）全球竞争力：具备多样性背景和多语言技能的人更容易融入全球化的劳动市场，提高国家的全球竞争力。

总之，多样性是一个复杂的议题，既带来了挑战，也提供了机遇。社会应该最大程度地利用多样性的潜力，同时解决可能出现的问题和挑战，以实现更加包容和繁荣的社会。

教育体系的多样性是全球教育领域的一项重要特征。这种多样性源自不同国家的历史、文化、政策和社会需求，对于满足不同学生的需求、保护文化传统和促进全球教育合作都具有重要意义。

尽管多样性带来了挑战，如课程认可问题和不平等，但它也带来了机遇，如丰富的知识传承和全球竞争力的提高。全球社会需要认识到教育体系的多样性是一个积极的特征，并致力于促进文化交流、教育合作和全球教育的公平性和可及性。

为了更好地应对全球挑战，不同国家和文化需要加强合作，分享最佳实践，推动教育创新，以满足不断变化的社会需求。多样性是我们的财富，而教育是实现个人和社会梦想的关键，因此我们应当共同努力，以确保每个人都有机会接受高质量的教育，无论他们来自何处。只有这样，我们才能建设一个更加充实与和谐的未来。

第三节　跨文化教育与多样性管理

一、跨文化学习经验

随着全球化的不断发展，跨文化学习经验变得越来越重要。这种经验使个人能够深入了解不同文化、价值观和生活方式，拓宽视野，提高跨文化理解能力，同时也为个人的成长和职业发展提供了丰富的机会。在本书中，将深入探讨跨文化学习经验的重要性、影响和价值，以及一些成功案例。

（一）跨文化学习的重要性

跨文化学习的重要性体现在多个层面，包括教育、社会、职业和个人发展。以下是跨文化学习的一些重要性。

1. 文化理解和尊重

跨文化学习有助于人们理解不同文化的价值观、信仰、社会规范和习俗。这促进了文化之间的互相尊重与和谐共处。

2. 跨文化沟通技能

跨文化学习有助于发展跨文化沟通技能，包括语言能力、非语言沟通和跨文化冲突解决。这对于国际商务、外交和社交互动至关重要。

3. 世界视野

跨文化学习扩展了个体的世界视野。通过了解不同文化和国家的历史、政治和社会问题，人们能够更好地理解全球化时代的复杂性。

4. 教育质量

在教育领域，跨文化学习有助于提高教育质量。学生有机会接触不同背景和文化的同学，从中受益，拓宽知识领域。

5. 职业机会

具备跨文化背景和经验的个体在国际职场中更具竞争力。他们能够适应不同文化的工作环境，处理跨文化合作和商务关系。

6. 解决全球性问题

跨文化学习有助于解决全球性问题，如气候变化、全球贫困和卫生危机。合作和理解不同文化间的差异是解决这些问题的关键。

7. 文化交流和艺术

跨文化学习促进了文化交流和跨文化艺术。这有助于促进文化多样性和丰富文化生活。

8. 全球公民意识

跨文化学习培养了全球公民意识，激发了个体参与全球社会、政治和经济事务的兴趣。

9. 个人成长

跨文化学习不仅有助于知识的积累，还有助于个人成长。它提供了挑战和机会，推动了自我发展和自我认知。

总之，跨文化学习是建立更包容、理解与和谐的全球社会的关键因素。它有助于个体、社会和国际社区的发展和进步，推动文化多样性和全球合作。

（二）跨文化学习的影响

跨文化学习对个体和社会产生深远影响，这些影响包括教育、职业、文化和社会层面。以下是跨文化学习可能产生的一些影响。

1. 个体层面影响

（1）文化理解和尊重：跨文化学习有助于促进文化理解和尊重。个体能够更好地理解不同文化的价值观、信仰、社会规范和习俗，并学会尊重这些差异。

（2）跨文化沟通技能：通过跨文化学习，个体发展了跨文化沟通技能，包括语言能力、非语言沟通和跨文化冲突解决。这使他们能够更有效地与不同文化背景的人合作和交往。

（3）世界视野：跨文化学习扩展了个体的世界视野。他们能够更好地理解全球化时代的复杂性，关注全球问题，参与国际事务。

（4）自我发展：跨文化学习挑战了个体的舒适区，推动了自我发展和自我认知。他们可能发现自己更具适应性和弹性，能够更好地处理新的环境和情况。

（5）个人成长：跨文化学习不仅增加了知识，还有助于个人成长。它提供了挑战和机会，提升了个体的独立性和自信心。

2. 社会层面影响

（1）跨文化合作与和谐共处：跨文化学习有助于建立和谐共处的社会。个体在社交和职业环境中更容易适应和与不同文化背景的人合作。

（2）全球竞争力：具备跨文化背景和经验的人在国际职场中更具竞争力。他们能够适应不同文化的工作环境，处理跨文化合作和商务关系。

（3）文化多样性和文化交流：跨文化学习促进文化多样性和文化交流。这有助于保护和传承各种文化，促进文化艺术交流。

（4）全球公民意识：跨文化学习培养了全球公民意识，激发了人们参与全球社会、政治和经济事务的兴趣。

（5）解决全球性问题：跨文化学习有助于解决全球性问题，因为它提供了人们合作解决气候变化、全球贫困、卫生危机等问题所需的工具。

总之，跨文化学习对个体和社会产生积极影响，有助于建立更包容、理解与和谐的全球社会，同时也提高了个体的文化敏感度、跨文化能力和全球竞争力。

（三）跨文化学习的价值

跨文化学习具有广泛的价值，不仅对个人有益，也对社会、经济和全球社会产生积极影响。以下是跨文化学习的价值。

1. 文化理解和尊重

跨文化学习有助于促进文化理解和尊重。个体能够更好地理解不同文化的价值观、信仰、社会规范和习俗，从而减少偏见和歧视。

2. 跨文化沟通技能

通过跨文化学习，个体发展了跨文化沟通技能，包括语言能力、非语言沟通和跨文化冲突解决。这些技能对国际业务和文化交流至关重要。

总之，跨文化学习为个人提供了丰富的知识和技能，有助于推动文化理解、跨文化合作和全球发展。它也有助于建立更包容、理解与和谐的全球社会，为解决全球性挑战提供了必要的工具。

跨文化学习对于个人的成长、全球社会的和平与繁荣，以及国际合作具有重要价值。通过跨文化学习，个人能够拓宽视野，增强跨文化理解能力，提高文化敏感度，培养全球公民意识，同时也丰富了个人的生活经历。

在全球化的背景下，跨文化学习被视为一项必备的技能。它有助于提高全球公民的素养，培养全球性的思维和视野，为全球挑战提供解决方案。跨文化学习不仅是个人成长的机会，也是建设更加和平、多元和繁荣的世界所必需的工具。

为了实现成功的跨文化学习，个人需要保持开放的心态，尊重不同文化的差异，积极参与跨文化交流和合作。同时，教育机构、政府和国际组织也应积极促进跨文化学习，提供支持和资源，以确保更多人能够获得这种宝贵的经验。

总之，跨文化学习经验是一个丰富多彩的旅程，它不仅影响个人的成长，也为全球社会的发展与和谐作出了贡献。通过开拓视野、提高文化敏感度和培养全球公民，跨文化学习有助于建设一个更加多元和互相理解的世界，促进全球和平与繁荣。只有通过跨文化学习，我们才能更好地应对全球挑战，实现全球社会的进步和共同发展。

二、跨文化沟通和多样性

在今天的全球化世界中，跨文化沟通和多样性管理变得至关重要。跨文化沟通是指在不同文化和语境中有效交流，而多样性管理涉及尊重和促进各种文化和背景的员工的合作。本书将深入探讨跨文化沟通和多样性的重要性，分析其挑战和机遇，并探讨如何有效管理这些关键因素。

（一）跨文化沟通的重要性

1. 促进全球合作

跨文化沟通是促进全球合作的关键。在全球经济、科技和政治领域，跨国界合作变得越来越普遍，而有效的跨文化沟通是实现这种合作的基础。不同国家和文化的人需要理解彼此，共同合作解决全球性问题。

2. 减少文化冲突

有效的跨文化沟通有助于减少文化冲突。误解和不当的言行可能导致紧张关系和冲突，而通过跨文化沟通，可以实现相互理解和尊重。

3. 提高全球竞争力

跨文化沟通能力是提高企业和组织的全球竞争力的关键因素。在国际市场上，企业需要能够与不同文化的客户和合作伙伴有效交流，以取得成功。

4. 促进跨文化交流

跨文化沟通也有助于促进跨文化交流。人们有机会分享自己的文化、价值观和经验，从而丰富彼此的知识和视野。

（二）跨文化沟通的挑战

1. 语言障碍

语言障碍是跨文化沟通的主要挑战之一。不同国家和地区的人们使用不同的语言，而语言障碍可能导致误解和交流困难。

2. 文化差异

文化差异也是挑战之一。不同文化有不同的价值观、习惯和礼仪，不了解这些差异可能导致冲突和误解。

3. 非语言沟通

非语言沟通，如身体语言、面部表情和姿态，也可能引发误解。不同文化可能对非语言信号有不同的解释，因此需要谨慎处理。

4. 时区和时间差异

跨文化沟通还面临时区和时间差异的挑战。在不同国家和地区，人们可能生活在不同的时区，这可能导致通信和协作的时间不协调。

（三）跨文化沟通的机遇

1. 文化多样性的创新

文化多样性为创新提供了机遇。不同文化的人带来了不同的思维方式和解决问题的方法，这有助于创造新的解决方案。

2. 跨文化团队协作

跨文化团队协作是一种机遇。多元文化团队能够将不同文化的观点和技能融合在一起，从而更好地完成任务和实现目标。

3. 国际市场拓展

跨文化沟通能力有助于企业拓展国际市场。通过与不同文化的客户和合作伙伴建立良好的关系，企业可以更好地满足国际市场的需求。

4. 文化交流和理解

跨文化沟通有助于文化交流和理解。通过互相学习和分享文化，人们可以更好地理解其他文化的特点，从而促进全球和平与合作。

（四）多样性的管理

1. 尊重和包容

多样性管理要求尊重和包容各种文化和背景的员工。企业和组织应制定政策和实践，以确保员工受到平等对待，并能够充分发挥其潜力。

2. 培训和教育

培训和教育是有效管理多样性的关键。员工需要了解不同文化的背景，学习如何与不同文化的人合作，以及如何避免偏见和歧视。

3. 多元文化团队

多元文化团队是管理多样性的有效方式。这些团队可以将不同的文化视角融合在一起，提高创新能力和绩效。

跨文化沟通和多样性管理在全球化时代扮演着至关重要的角色。它们不仅促进了全球合作、减少文化冲突、提高了全球竞争力，还为创新、文化交流和理解提供了机遇。

然而，跨文化沟通和多样性管理也面临挑战，如语言障碍、文化差异和时间差异。有效管理多样性需要尊重和包容、培训和教育，以及多元文化团队的支持。

在未来，跨文化沟通和多样性管理将继续发挥关键作用，为全球社会的繁荣与和平作出贡献。只有通过理解和尊重不同文化的差异，我们才能共同建设更加多元和包容的世界，解决全球性问题，实现共同发展。

三、教育中的多样性和包容性

教育是社会的支柱，同时也是塑造未来的工具。在一个不断发展和全球化的世界中，多样性和包容性在教育中变得愈发重要。多样性指的是学生和教育工作者来自不同文化、背景，拥有不同的能力的事实，而包容性则强调创造一个学习环境，能够满足所有学生的需求。本书将深入探讨教育中的多样性和包容性，探讨其重要性、影响和挑战，以及如何实施这些概念以建设更美好的未来。

（一）多样性和包容性教育的重要性

1. 推动社会进步

多样性和包容性在教育中的应用有助于推动社会的进步。通过提供平等的教育机会，不论学生的文化背景、性别、能力或性取向如何，社会都可以更好地利用所有人才。

2. 提高学生的表现

多样性和包容性教育有助于提高学生的表现。学生在一个支持他们的差异的环境中更有可能实现潜力，取得更好的成绩。

3. 培养全球公民

教育中的多样性和包容性有助于培养全球公民。学生能够更好地理解不同文化、背景和观点，从而更好地融入全球化的世界，为国际合作和理解作出贡献。

4. 减少不平等

多样性和包容性教育也有助于减少社会不平等。提供平等的教育机会可以减少社会的不平等。

（二）多样性和包容性教育的影响

1. 提高文化理解力

多样性和包容性教育有助于提高文化理解力。学生能够与来自不同文化背景的同学互动，更深入地了解其他文化的特点。

2. 培养同理心

包容性教育有助于培养同理心。学生学会尊重和理解其他人的感受和需求，从而建立更加和谐的社会关系。

3. 提高创新力

多样性和包容性教育有助于提高创新力。不同背景和观点的人能够带来不同的思维方式和解决问题的方法，从而促进创新。

4. 减少歧视和偏见

包容性教育有助于减少歧视和偏见。学生在一个尊重差异的环境中成长，更有可能成为开放思维的人，不会歧视其他人。

（三）多样性和包容性教育面临的挑战

1. 教育不平等

教育中的多样性和包容性也面临挑战。一些学生可能因为社会和经济原因无法获得高质量的教育，从而导致不平等。

2. 文化差异

文化差异是另一个挑战。不同文化可能有不同的教育价值观和方法，需要找到一种平衡，以确保所有学生都能从教育中受益。

3. 师资和资源不足

一些学校可能面临师资和资源不足的问题，这可能影响多样性和包容性教育的实施。老师需要接受培训，学校需要提供足够的资源，以满足所有学生的需求。

4. 社会偏见

社会偏见也可能妨碍多样性和包容性教育的实施。一些社会偏见可能导致对不同文化和背景的人的歧视，从而阻碍了包容性教育的进展。

（四）实施多样性和包容性教育的策略

1. 教育政策制定

政府和教育机构可以制定政策，以促进教育的多样性和包容性。这包括确保平等的教育机会，提供多元文化教育和培训，以及推动多样性和包容性教育的实践。

2. 师资培训

老师需要接受多样性和包容性的培训，以更好地满足不同学生的需求。这种培训可以帮助老师更好地理解文化差异，提高文化敏感度，并提供多元文化的教育方法。

3. 多元文化课程

学校可以设计多元化的课程，以反映不同文化的贡献和历史。这有助于提高学生的文化理解力，促进学生对不同文化的尊重。

4. 建立支持体系

学校和教育机构可以建立支持体系，以满足不同学生的需求。这包括提供心理健康支持、特殊教育服务和社会支持，以确保每个学生都能获得成功的机会。

（五）成功的案例

1. 芬兰的教育系统

芬兰的教育系统被广泛认为是多样性和包容性教育的成功案例。该国强调平等的教育机会，为每个学生提供免费教育，不论他们的背景如何。此外，芬兰的老师接受高质量的培训，能够满足不同学生的需求，从而使教育系统更具包容性。

2. 加拿大的多元文化教育

加拿大的多元文化教育也是一个成功的案例。该国的教育系统鼓励多元文化的教育方法，提供多种语言支持，以满足不同文化背景的学生的需求。这有助于提高学生的文化理解力和包容性。

3. 美国的特殊教育

在美国，特殊教育系统为不同能力水平的学生提供支持。特殊教育老师接受专门培训，以满足学生的需求，不论他们是否有残疾或其他问题。这种系统有助于提高包容性，并确保每个学生都能获得高质量的教育。

教育中的多样性和包容性是建设更美好未来的关键因素。通过提供平等的教育机会、培养文化理解力、减少不平等和减少社会偏见，多样性和包容性教育有助于社会的进步和个体的成长。

然而，多样性和包容性教育也面临挑战，如教育不平等、文化差异和社会偏见。为了实施多样性和包容性教育，政府、教育机构和学校需要制定政策、提供培训、设计多元文化课程，并建立支持体系。

　　成功的案例，如芬兰的教育系统、加拿大的多元文化教育和美国的特殊教育，证明了多样性和包容性教育的可行性和有效性。这些案例提供了启发，可以为其他国家和地区的教育系统提供借鉴。

　　在未来，多样性和包容性将继续在教育中发挥关键作用，为建设更加公平和包容的社会和更美好的未来作出贡献。只有通过理解和尊重不同文化的差异，我们才能共同实现教育的使命，培养有才华、有同理心的全球公民，推动社会的进步和繁荣。

第三章 国际化就业教育的关键概念

第一节 国际化就业教育定义

一、国际化就业教育的概念解释

国际化就业教育是指为了满足全球化时代就业市场的需求而进行的一种教育形式。它旨在培养学生的国际化职业技能和跨文化沟通能力，以便他们能够在国际化的劳动力市场中获得成功。本书将深入探讨国际化就业教育的概念、重要性、实施方式及未来趋势。

（一）国际化就业教育的概念

国际化就业教育是一种以培养全球职业竞争力为核心目标的教育方式。它不仅关注学术知识和专业技能，还强调跨文化和跨国界的素养。以下是国际化就业教育的几个关键概念。

1. 跨文化教育

国际化就业教育致力于培养学生跨越不同文化背景和价值观的能力。这包括培养学生的国际意识、文化敏感度和跨文化沟通技能。在全球化时代，跨文化教育变得至关重要，因为专业成功不仅取决于知识，还取决于与各种文化背景的人合作。

2. 语言能力

国际化就业教育通常要求学生具备跨文化交流所需的语言能力。这可能包括学习第二语言或英语，以便更好地适应国际职场。语言是文化的表现，具备多种语言能力有助于学生更好地理解和融入不同文化。

3. 国际经验

国际化就业教育鼓励学生积累国际经验，例如，在国外学习、实习或工作。这有助于学生了解不同文化、法规和商业实践，为他们在国际就业市场上寻求机会打下基础。国际经验还能够增加学生的自信心，拓宽他们的视野。

4. 全球职业发展

国际化就业教育的目标之一是为学生提供更广泛的职业发展机会。这可以包括就业咨询、国际就业机会的推介和职业发展培训。教育机构通常提供职业指导，帮助学生规划他们的职业道路，包括如何进入国际职场。

5. 国际合作和网络

学校、大学和教育机构通常与国际组织、跨国公司和其他教育机构建立合作关系，以提供国际化就业教育。这有助于学生获得国际职位和实习的机会。这种合作还能够帮助学生建立有价值的人际关系，为未来的职业发展提供支持。

6. 全球化技能

国际化就业教育注重培养学生的全球化技能，如解决问题、领导能力、团队合作和创新。这些技能对于在复杂多元的国际工作环境中取得成功至关重要。学生需要具备处理全球性挑战的能力，同时也需要适应迅速变化的国际市场。

（二）国际化就业教育的重要性

国际化就业教育的重要性不可忽视，因为在全球化的社会和经济环境中，国际化技能和经验对个人和社会都具有很大价值。以下是一些国际化就业教育的重要性。

1. 帮助个人获得国际竞争力

随着世界日益互联互通，雇主越来越重视国际化技能。接受国际化就业教育的个人更容易在国际市场上找到工作，因为他们具备了跨文化交流、跨国团队协作等必要的技能。

2. 促进文化理解和多元化

国际化就业教育有助于培养学生的跨文化敏感性，使他们更能够理解和尊重不同文化和背景的人。这有助于建立一个更包容和多元的劳动力市场，有助于减少歧视和促进文化融合。

3. 推动经济增长和创新

国际化教育培养了具有创新能力和全球视野的专业人才，这对于促进经济增长、提高国际竞争力至关重要。跨文化的交流和经验可以激发创新思维，促进不同国家之间的合作。

4. 增加就业机会

国际化就业教育可以增加学生的就业机会。许多跨国公司寻求具有国际化背景的员工，而且国际化技能也在各种行业中越来越受欢迎。

5. 培养全球公民

国际化就业教育有助于培养全球公民意识，鼓励学生关注全球问题，如气候变化、人权和社会公平。这种意识对于解决全球性挑战至关重要。

总之，国际化就业教育有助于培养具备全球视野和跨文化技能的专业人才，这些人更容易找到工作，为经济增长、社会多元化和全球合作作出贡献。因此，投资和支持国际化就业教育是非常重要的。

（三）实施国际化就业教育的方式

实施国际化就业教育需要采取多种策略和方法，以确保学生获得跨文化技能和经验。以下是一些实施国际化就业教育的方式。

1. 国际化课程和课程设计

（1）开发包含国际化元素的课程，如国际市场、跨文化管理和国际商务法律等，以便学生获得相关知识。

（2）提供外语课程和语言培训，以提高学生的语言技能。

2. 跨文化体验和交流

（1）鼓励学生参与国际交流项目、留学计划或实习，以获得跨文化体验和与不同文化背景的人交流的机会。

（2）组织跨文化活动，如文化节、国际演讲比赛和讲座，以增进学生对其他文化的理解。

3. 跨国合作和伙伴关系

（1）建立国际合作伙伴关系，与其他学校、企业和组织合作，以提供跨文化项目和经验。

（2）吸引国际学生和教师，以促进文化多样性和跨文化交流。

4. 跨文化教育资源

（1）提供图书馆资源、在线学习平台和多媒体教材，以支持跨文化教育。

（2）设立国际化学习中心或办公室，为学生提供咨询和支持。

5. 跨文化培训和指导

（1）提供跨文化培训，帮助学生适应不同文化环境，理解文化差异，并提升跨文化交际技能。

（2）提供职业发展指导，以帮助学生充分利用国际化技能，找到国际就业机会。

6. 跨文化项目和研究

（1）鼓励学生参与跨文化研究项目，了解国际问题和挑战。

（2）促使学生参与国际性社会服务项目，以培养全球公民意识。

7. 评估和反馈

（1）对国际化就业教育的实施效果进行评估，并根据反馈进行改进。

（2）收集学生反馈和成就，以持续改进国际化教育计划。

通过以上方式，学校和教育机构可以提供综合的国际化就业教育，帮助学生获得必要的技能和经验，以在全球化的职业环境中取得成功。这将有助于培养具备全球视野和跨文化能力的专业人才。

（四）未来趋势

未来趋势涵盖了各个领域，包括科技、经济、社会和环境。以下是一些可能的未来趋势。

1. 数字化转型和人工智能

数字化技术和人工智能将继续改变商业和社会，增强自动化、数据分析和智能决策能力。这将影响各行各业，包括制造、医疗保健、金融和教育。

2. 可持续发展和绿色技术

在应对气候变化的背景下，绿色技术和可持续发展将成为主要焦点。这包括可再生能源、清洁交通、可持续农业和循环经济。

3. 生物技术和基因编辑

生物技术的发展将给医疗和生物学带来革命性的进展。基因编辑技术可能会用于治疗遗传性疾病和增强人体能力。

4. 大数据和隐私保护

大数据分析将继续改变商业和政府决策，但隐私保护将成为一个重要议题。法规和技术解决方案将不断演进，以平衡数据的利用和个人隐私的保护。

5. 医疗保健创新

远程医疗、个性化医疗和数字健康监测技术将提高医疗保健的可及性和效率。

6. 教育技术

在线教育和远程学习将继续增长，提供更多教育机会。虚拟现实和增强现实技术可能改变教育方式。

7. 劳动力和职业

自由职业和远程工作模式将变得更加常见，而某些传统行业可能受到自动化的威胁。因此，终身学习和技能转型将变得更为重要。

8. 全球化和国际合作

全球挑战，如疫情和气候变化，需要国际合作来解决。国际组织和多边协议将继续发挥关键作用。

9. 人口变化

人口老龄化将给一些国家和地区带来挑战，而其他地方可能经历人口增长。这将影响养老金、医疗保健和劳动力市场。

这些趋势将不断演变，并互相交织在一起，塑造未来的社会、经济和科技环境。了解并适应这些趋势对于个人和组织来说都非常重要，以便在不断变化的世界中取得成功。

国际化就业教育是应对全球化时代就业市场需求的重要教育形式。它旨在培养具备国际竞争力、跨文化沟通能力和国际商务知识的职业人才，以满足全球化时代的挑战和机遇。

国际化就业教育的重要性在于提高学生的就业机会、促进跨文化理解、提高国际竞争力和减少全球化时代的不平等。通过实际经验、国际化课程、跨文化培训和国际交流，学生能够获得国际化的教育。

未来，国际化就业教育将继续发展，包括在线教育、全球教育合作、个性化学习和社会责任教育。成功的案例，如"伊拉斯谟＋计划"、国际文凭项目，证明了国际化就业教育的可行性和有效性。

通过国际化就业教育，我们可以为未来的职业人才培养和建设作出贡献，他们将能够更好地应对全球化时代的挑战，推动社会的发展和繁荣。只有通过国际化就业教育，我们才能为一个更加全球化、多元化和包容的未来做好准备。

二、国际化就业教育的目标与重要性

随着全球化的不断推进，国际化就业教育日益成为当今教育领域的热门话题。国际化就业教育旨在培养具备全球视野和国际职业技能的职业人才，使他们能够在国际化的劳动力市场中脱颖而出。本书将深入探讨国际化就业教育的目标及其在全球化时代的重要性。

（一）国际化就业教育的目标

1. 提供国际职业技能

国际化就业教育的首要目标是为学生提供国际职业技能。这包括国际商务知识、跨文化沟通技能、外语能力、全球市场洞察力和国际法律等方面的能力。通过掌握这些技能，学生能够更好地应对国际职业市场的需求，提高他们的竞争力。

2. 培养全球视野

国际化就业教育旨在培养具备全球视野的职业人才。这意味着学生能够理解和尊重不同文化、价值观和观点，同时也具备解决全球性问题的能力。通过全球视野，学生能够更好地融入国际化的工作环境，为全球性挑战提供创新性解决方案。

3. 提高跨文化沟通能力

跨文化沟通是国际化就业教育的重要目标之一。学生需要具备与来自不同文化背景的人合作和交流的能力。这包括了解不同文化的沟通方式、避免文化误解和解决跨文化冲突的技能。通过提高跨文化沟通能力，学生能够更好地应对国际工作环境的挑战。

4. 提供实际工作经验

国际化就业教育的目标之一是为学生提供实际工作经验。这包括实习机会、国际交流项目、跨国公司的合作和参与国际性的项目。通过实际经验，学生能够应用他们在课堂上学到的知识，培养实际工作能力，建立专业网络，为未来的职业生涯做好准备。

（二）国际化就业教育的重要性

1. 适应全球化劳动力市场

国际化就业教育的重要性在于适应全球化劳动力市场的需求。在全球化时代，就业市场已经不再受限于国界。公司和组织需要具备国际视野和国际职业技能的职业人才，以满足全球性业务需求。

2. 提高就业机会

国际化就业教育有助于提高学生的就业机会。具备国际职业技能的学生更有可能受雇于国际性的企业和组织。他们可以在国际市场上拥有更广阔的职业前景，从而增加了他们的就业机会。

3. 促进全球合作

国际化就业教育有助于促进全球合作。学生具备全球视野和跨文化沟通能力，能够更好地与来自不同文化背景的同事和合作伙伴合作。这促进了国际合作和理解，有助于解决全球性问题。

4. 减少全球性不平等

国际化就业教育还有助于减少全球性不平等。通过为不同背景的学生提供国际职业技能培训，教育系统可以减少社会和经济不平等，为每个人提供平等的机会。

（三）实施国际化就业教育的方式

1. 国际化课程

国际化就业教育的核心是国际化课程。这些课程通常包括国际商务、国际市场营销、跨文化沟通、外语技能和国际法律等内容。这些课程旨在为学生提供国际职业所需的知识和技能。

2. 实际经验

国际化就业教育通常强调实际经验。这包括实习机会、国际交流项目、跨国公司的合作和参与国际性的项目。通过亲身体验，学生能够应用他们在课堂上学到的知识，培养实际工作能力。

3. 跨文化培训

跨文化培训是国际化就业教育的重要组成部分。这种培训可以帮助学生更好地理解不同文化的差异，培养文化敏感性，提高跨文化沟通技能。

4. 国际交流

国际交流是国际化就业教育的关键元素。学生有机会在不同国家的学校学习，与来自不同文化背景的同学交往，获得国际化的经验。这种交流有助于拓宽学生的视野，增加他们的国际职业机会。

（四）未来趋势

1. 在线国际化教育

随着互联网的发展，在线国际化教育将成为未来的趋势。学生可以通过在线课程获得国际化的教育，无需离开家乡，这为更多人提供了国际化的教育机会。

2. 全球教育合作

全球教育合作将继续增加。学校和大学将加强国际合作，提供更多国际交流和实习机会，以丰富学生的国际经验。全球教育合作还将加强国际化课程的开发，以确保学生能够获得最新的国际商务知识和技能。

3. 个性化学习

未来，国际化就业教育可能会更加注重个性化学习。学生可以根据自己的兴趣、需求和目标选择课程，以满足他们的特定要求。

4. 可持续发展和社会责任

可持续发展和社会责任教育将成为国际化就业教育的一部分。学校将强调可持续发展和社会责任原则，培养具备社会使命感的职业人才，为社会和环境作出积极贡献。

国际化就业教育是应对全球化时代就业市场需求的关键教育形式。它旨在为学生提供国际职业技能、全球视野、跨文化沟通技能和实际工作经验，使他们能够在国际化的劳动力市场中获得成功。

国际化就业教育的重要性在于提高学生的就业机会、促进全球合作、培养全球视野和减少全球性不平等。通过实际经验、国际化课程、跨文化培训和国际交流，学生能够获得国际化的教育，为未来的职业生涯做好准备。

三、国际化就业教育的范围

国际化就业教育是应对全球化时代就业市场的需求而发展起来的一种教育形式。它旨在培养学生使其具备全球视野和国际职业技能，以便他们能够在国际化的劳动力市场中脱颖而出。国际化就业教育的范围广泛，涵盖了多个领域，包括教育、商业、科技、医疗和社会服务等。本书将深入探讨国际化就业教育的范围，以及在不同领域的具体应用。

（一）教育领域

在教育领域，未来也有一些明显的趋势和发展方向，这些趋势将影响学校、教育机构、教育者和学生。

1. 数字化教育

数字技术在教育中的应用将持续增加，包括在线课程、电子教材、虚拟教室和教育应用程序。这为学生提供了更多的学习途径。

2. 个性化学习

通过使用数据分析和人工智能，教育者可以更好地理解每个学生的需求，并提供个性化的学习计划和资源，以更好地满足他们的学术要求。

3. 在线教育和远程学习

远程学习将继续增长，特别是在成人继续教育领域。学校将提供更多在线学位课程。

4. 教育科技创新

虚拟现实和增强现实技术将改变教育体验，使学生能够更深入地参与学习。

5. 终身学习

快速变化的经济和技术环境将促使人们更多地投资于终身学习，以不断更新技能和知识。

6. 跨文化教育

培养跨文化意识和国际视野将成为教育的重要组成部分，以帮助学生适应全球化社会。

7. STEAM 教育

科学、技术、工程、艺术和数学教育将继续受到关注，以培养学生的创造力和问题解决能力。

8. 社会情感学习

培养学生的社交和情感技能将成为教育的核心，以应对心理健康和社交挑战。

9. 可持续教育

教育机构将更加注重可持续性教育和环境教育，培养学生的环保意识。

10. 在线评估和认证

在线评估和认证系统将成为教育的一部分，允许学生展示他们的技能和知识。

这些趋势将推动教育体系朝着更灵活、个性化、技术化和全球化的方向发展。教育者和决策者需要密切关注这些趋势，以确保教育系统能够满足未来的需求。同时，学生也需要积极适应这些变化，培养终身学习的意识和技能。

（二）商业领域

在商业领域，未来也存在一系列显著的趋势和发展方向，这将深刻影响企业和商业实践。

1. 数字化转型

数字技术将继续改变商业运营方式，包括自动化流程、大数据分析、云计算和物联网。企业需要积极采纳这些技术，以提高效率和客户体验。

2. 电子商务和在线零售

电子商务将继续增长，特别是在全球大流行病期间，人们更多地转向在线购物。企业需要加强在线销售和数字营销。

3. 可持续商业实践

可持续性和环保将成为商业的核心焦点。消费者越来越关注公司的环保和社会责任，企业需要采取可持续性举措。

4. 人工智能和自动化

人工智能将用于客户服务、数据分析、生产和其他业务领域。这将提高效率，但也可能对一些职业产生影响。

5. 供应链数字化

数字技术将改善供应链管理，提高物流和库存的效率，以应对全球供应链的挑战。

6. 个性化营销

大数据和人工智能将帮助企业提供更具个性化的产品和服务，满足消费者的个性化需求。

7. 远程工作和灵活性

远程工作模式将继续，企业需要适应这一趋势，并提供适当的支持和技术设施。

8. 全球化和国际市场

跨国企业将继续扩大其全球业务，涉足新市场，并应对国际贸易和地缘政治变化的风险。

9. 创新和竞争

企业需要不断创新以保持竞争力，这可能涉及产品、服务、商业模式和流程的创新。

10. 数据隐私和安全

数据安全和隐私将成为企业的首要任务。法规和消费者对于数据使用的合规性将更加重要。

11. 社会责任和多元化

企业需要积极关注社会责任，推动文化的包容和多元，以反映不同文化和价值观。

12. 智能合同和区块链

区块链技术将用于智能合同和供应链管理，提供更高的透明度和安全性。

这些趋势将对各种行业和企业产生广泛影响，强调了适应性和灵活性的重要性。企业需要不断追踪并适应这些变化，以保持竞争力并创造可持续的商业模式。

（三）科技领域

科技领域的未来发展激动人心，以下是一些可能性。

1. 人工智能的飞速发展

人工智能将继续取得巨大进展，包括自然语言处理、计算机视觉、深度学习和强化学习。这将应用于各种领域，如医疗保健、自动驾驶、客户服务和金融分析。

2. 量子计算

量子计算将改变计算机的能力，可用于解决目前无法解决的问题，如材料设计、密码学和复杂模拟。

3. 5G 和通信技术

5G 网络的普及将推动物联网的发展，加速云计算和实现更快的数据传输速度。

4. 生命科学和基因编辑

生命科学领域的进展将带来创新的医疗治疗方法、个性化医疗和基因编辑技术，用于治疗遗传性疾病。

5. 可持续技术

清洁能源技术、循环经济和可持续农业将推动环保和可持续性的发展，以减轻气候变化的影响。

6. 虚拟现实和增强现实

虚拟现实和增强现实技术将广泛应用于娱乐、教育、医疗保健和企业培训领域。

7. 自动驾驶和智能交通

自动驾驶汽车和智能城市技术将提高交通效率，减少交通事故，节省时间和资源。

8. 数据隐私和安全

随着数字技术的普及，数据隐私和网络安全将继续受到关注，法规和技术解决方案将继续发展。

9. 航空航天技术

航空航天技术将推动太空探索，包括登陆月球和火星，以及地球轨道旅行。

10. 教育技术

在线教育、远程学习和个性化学习技术将改变教育方式，使学习更具灵活性和全球性。

11. 人机交互和自然语言处理

更自然、智能的人机交互将改善用户体验，使计算机更容易使用。

12. 区块链技术

区块链将用于数据安全、智能合同和数字身份验证等方面，影响金融、法律和供应链等领域。

这些科技趋势将对社会、经济和文化产生深远影响，为应对全球性挑战和创造新机会提供了强大的工具。同时，他们也带来了一些伦理和社会问题，需要全球合作和审慎管理。

（四）医疗领域

医疗领域的未来发展趋势令人振奋，医疗领域的创新将改变医疗保健的方式，提高患者护理和医疗科技的效率。以下是一些可能的未来趋势。

1. 远程医疗和电子健康记录

远程医疗技术将继续发展，包括远程诊断、在线医生咨询和电子健康记录。这将提高医疗的可及性和医疗保健的效率。

2. 个性化医疗

基因组学和生物信息学的发展将推动个性化医疗的发展，使医生能够为每位患者制订精确的治疗计划。

3. 远程手术和机器人辅助手术

机器人辅助手术系统将继续改善手术的精确性和安全性，减少患者的创伤和康复时间。

4. 数字医疗设备和穿戴技术

可穿戴医疗设备将用于监测患者的健康，提供实时数据和警报，以提早发现疾病迹象。

5. 生命科学和基因编辑

生命科学的进展将带来新的治疗方法和疫苗，以应对传染性疾病和癌症等挑战。

6. 人工智能在医疗诊断中的应用

人工智能将在医学影像解释、疾病预测和医疗决策支持方面发挥重要作用，提高医疗保健的精确性和效率。

7. 生物打印和组织工程

3D 生物打印技术将用于制造人体器官和组织，推动移植和再生医学领域的发展。

8. 精准药物和疫苗

精准药物设计将推动新药和疫苗的研发，提高治疗效果。

9. 老龄化人口的挑战

随着人口老龄化的加速，医疗保健领域需要更好地满足老年人的医疗需求，包括慢性疾病管理和长期护理。

10. 心理健康护理

心理健康问题将被持续关注，促进心理治疗和支持服务的发展。

11. 可持续医疗保健

医疗设备的可持续制造和医院的环保措施将减少医疗保健对环境的影响。

这些发展方向将有助于提高医疗保健的质量、可及性和效率，但也可能引发伦理和隐私问题。因此，医疗专业人员、政策制定者和技术开发者需要密切合作，以确保这些创新为患者和医疗体系带来最大的好处。

（五）社会服务领域

社会服务领域的未来充满了重要的挑战和机会，以下是一些可能的未来趋势。

1. 数字化社会服务

社会服务机构将在服务中继续应用数字技术，包括在线咨询、虚拟支持和电子申请，以提高服务的可及性和效率。

2. 社会工作和心理健康支持

由于心理健康问题的不断增加，社会工作者和心理健康专业人员将扮演更重要的角色，提供心理治疗、支持和咨询服务。

3. 老年人护理

随着人口老龄化的加剧，社会服务领域需要提供更多的老年护理和长期护理服务，以满足老年人的医疗和日常生活需求。

4. 社区和包容性服务

社会服务机构将更多地关注社区发展和包容性服务，以帮助弱势群体融入社会。

5. 家庭和儿童服务

社会工作者将提供更多家庭和儿童服务，包括家庭支持、家庭治疗和儿童福利服务。

6. 社会创新

社会企业和非营利组织将探索新的社会创新方法，以解决社会问题，如贫困、无家可归和食品不安全。

7. 数字排除问题

确保数字服务的普及性将成为一个挑战，社会服务机构需要确保所有人都能访问在线服务。

8. 社会服务数据分析

数据分析将用于改进社会服务的规划和资源分配，以更好地满足需求。

9. 移民和难民支持

社会服务机构将需要提供更多支持来帮助移民和难民融入新社区，包括语言培训、文化适应和法律援助。

10. 社会服务职业的未来

社会服务职业将不断演变，需要适应新的挑战和需求，包括培训和教育的持续发展。

这些趋势将对社会服务领域产生深远影响，需要社会工作者、政策制定者和社会创新者共同合作，以确保社会服务系统能够满足不断变化的需求，并为弱势群体提供更好的支持和机会。

（六）旅游和酒店管理领域

旅游和酒店管理领域的未来将受到全球旅游趋势和技术创新的深刻影响。以下是一些可能的未来趋势。

1. 可持续旅游

可持续旅游和绿色旅行将成为主要关注点。旅游业将采取措施减少对环境的影响，包括减少塑料垃圾、能源效率改进和采用可再生能源。

2. 数字化客户体验

酒店和旅游公司将继续利用数字技术来提高客户体验，包括在线预订、移动支付、虚拟导游和智能客房。

3. 个性化旅游

基于数据分析和人工智能，旅游公司将提供更个性化的旅游套餐和建议，以满足不同游客的兴趣和需求。

4. 旅游与文化体验

文化旅游将增长，旅游者寻求更多与当地文化的互动，包括参与当地活动、学习当地手工艺和品尝当地美食。

5. 虚拟旅游

虚拟现实和增强现实技术将提供虚拟旅游体验，允许人们在不出门的情况下探索不同地方。

6. 食品旅游

食品旅游将增加，旅游者将前往各地品尝当地特色美食和餐厅。

7. 健康和健康旅游

健康旅游和健康度假将继续增长，人们寻求放松和提高健康水平的机会。

8. 空中出租和共享经济

空中出租和共享经济将继续改变旅行方式，旅行者可以租用民宿或与当地人共享体验。

9. 旅游安全和卫生标准

由于全球性卫生事件的影响，旅游和酒店管理领域将更加重视卫生和安全标准，以确保游客和员工的安全。

10. 在线评论和社交媒体的影响

旅行者在选择旅行目的地和住宿时将更多地依赖在线评论和社交媒体，这对旅游和酒店业的声誉和品牌管理至关重要。

这些趋势将在未来塑造旅游和酒店管理领域，要求相关行业不断适应新技术和消费者需求，以保持竞争力并提供更好的旅行体验。同时，也需要处理可持续性和伦理问题，以确保旅游业的可持续发展。

（七）工程和建筑领域

工程和建筑领域的未来充满了创新和挑战，以下是一些可能的趋势。

1. 可持续建筑和绿色技术

可持续建筑将继续发展，包括使用可再生能源、减少废弃物、改进建筑绝热和使用绿色材料。

2. 数字化设计和建筑信息模型（BIM）

数字技术和 BIM 将提高建筑设计和管理的效率，减少错误和改进沟通。

3. 智能建筑

智能建筑将使用自动化系统和传感器来提高能源效率、安全性和居住舒适度。

4. 建筑材料创新

新材料如碳纤维、高性能混凝土和可降解材料将推动建筑设计和施工的进步。

5. 城市化和城市规划

随着人口向城市迁移的加剧，城市规划和基础设施建设将成为关键挑战，包括交通、住房和水资源管理。

6. 数字化建设工地

数字技术将应用于建设工地，包括建筑机器人、3D 打印和无人机，以提高工程施工的效率。

7. 再循环和可持续拆除

再循环建筑材料和可持续拆除实践将减少建筑废弃物和资源浪费。

8. 新能源和基础设施

可再生能源和能源储存技术将为建筑和基础设施提供清洁能源供应。

9. 防灾和可持续性

建筑工程将更多地考虑抵御自然灾害和应对气候变化的策略。

10. 智慧城市

智慧城市技术将改善城市的管理、交通流动和资源分配。

11. 建筑与健康

由于对健康卫生的关切，建筑设计将更多地关注通风、空气质量和疾病传播的控制。

这些趋势将改变工程和建筑领域的方式，要求行业不断适应新技术和可持续性要求，以满足未来社会的需求，并确保建筑和基础设施的可持续性和安全性。

（八）文化和创意产业领域

文化和创意产业领域是多样性和创新的领域，充满了潜力。以下是一些可能的未来趋势。

1. 数字内容创作

数字化技术将继续推动文化和创意产业，包括数字艺术、虚拟现实、游戏开发和在线媒体制作。

2. 在线流媒体和娱乐

视频流媒体、音乐流媒体和数字阅读将继续崛起，提供内容订阅服务和在线娱乐。

3. 虚拟现实和增强现实

虚拟现实和增强现实技术将用于文化和创意产业，包括虚拟博物馆、互动艺术体验和增强现实应用。

4. 文化传统保护

文化遗产保护和数字文化存档将使用技术来保存和推广文化传统。

5. 文化多元性

文化多元性将成为重要议题，推动多元文化体验、文化交流和文化多样性。

6. 音乐和演出

音乐和演出产业将继续繁荣，包括音乐会、戏剧、电影和艺术展览。

7. 文化教育和培训

文化教育和培训将成为一个增长领域，包括音乐学校、艺术学院和创意写作工作坊。

8. 文化创业

创意产业将继续吸引创业家和自由职业者，推动文化创意项目的增长。

9. 社交媒体和网络营销

社交媒体将成为文化和创意产业的重要推广工具，帮助艺术家和创作者建立粉丝基础和推广作品。

10. 文化政策和法律

政府和法律体系将更多地关注文化政策和知识产权问题，以保护创作者的权益。

这些趋势将推动文化和创意产业的增长和创新，但也需要应对数字化挑战和知识产权问题。未来，文化和创意从业者需要继续适应新技术和市场需求，以创造有影响力的作品并推动产业的可持续性。

（九）国际非营利组织领域

国际非营利组织领域是一个充满社会影响力的领域，未来将面临一系列挑战和机会。以下是一些可能的未来趋势。

1. 数字化和数据驱动

非营利组织将更多地使用数字技术和数据分析来增强项目管理、资源分配和效益评估。

2. 可持续发展目标

国际非营利组织将继续支持联合国可持续发展目标，努力解决全球问题，如贫困、不平等、气候变化和公共卫生。

3. 社会创新

组织将鼓励社会创新，通过新方法和技术来解决社会问题，包括社会企业和创新项目。

4. 跨界合作

非营利组织将与政府、企业和其他非政府组织更密切合作，以共同解决全球性挑战。

5. 资源多样化

组织将不断寻求多样化的资金来源，包括捐赠、社会投资、企业合作和自负盈亏项目。

6. 危机管理

非营利组织将面对自然灾害、冲突和卫生紧急情况等挑战，需要具备危机管理和灾难响应的能力。

7. 公共关系和声誉管理

维护良好的声誉将成为关键，非营利组织需要有效的公共关系和危机沟通策略。

8. 社会媒体和宣传

社交媒体和数字营销将帮助组织更广泛地传播其使命和吸引支持者。

9. 反腐败和透明度

组织需要更多关注反腐败和透明度，确保捐赠资金的正确使用。

10. 志愿者和员工管理

吸引和管理志愿者和员工将成为组织成功的关键，需要提供培训和支持。

这些趋势将影响国际非营利组织的运营和使命推动。组织需要灵活适应新挑战和机会，同时继续追求社会正义、人权和可持续发展的目标。

（十）未来趋势

随着全球化的不断发展，国际化就业教育的范围将继续扩大。未来趋势包括以下几种。

1. 跨领域合作

国际化就业教育将鼓励跨领域合作，培养具备综合性知识和技能的职业人才。学生将学习如何在不同领域之间建立联系，解决全球性挑战。

2. 可持续发展

可持续发展将成为国际化就业教育的核心。学生将学习如何应对全球性环境问题，推动可持续发展，履行社会责任。

3. 数字化教育

数字化教育将在国际化就业教育中发挥重要作用。学生将通过在线课程、虚拟实习和数字化工具获得国际职业技能。

国际化就业教育的范围广泛，涵盖了教育、商业、科技、医疗、社会服务、旅游和酒店管理、工程和建筑、文化和创意产业、非营利组织等多个领域。它旨在培养学生的全球视野、国际职业技能，增加学生的实际工作经验，使他们能够在国际化的劳动力市场中成功就业。

国际化就业教育的范围随着全球化的推进不断扩大，适应不同领域的需求。这反映了全球化时代的多元性和复杂性，以及各行各业对具备国际视野和国际职业技能的专业人才的需求。通过不同领域的国际化就业教育，学生可以选择适合自己兴趣和职业目标的领域，获得相应的知识和技能。

未来，国际化就业教育将继续发展，促进跨领域合作和数字化教育的应用。学校和教育机构将不断调整和更新课程，以适应不断变化的国际化劳动力市场的需求。国际化就业教育将继续为学生提供适应全球化时代的职业技能和机会，同时推动跨领域和综合性的教育。

总之，国际化就业教育的范围广泛，涵盖了各种领域，为学生提供了适应全球化时代的知识和技能。无论是在教育、商业、科技、医疗、社会服务、旅游和酒店管理、工程和建筑、文化和创意产业领域，还是非营利组织领域，国际化就业教育都能够为学生提供国际职业所需的竞争力，使他们能够在全球化时代的就业市场中脱颖而出。通过不断适应新兴领域和趋势，国际化就业教育将继续为学生的职业发展提供支持，推动社会的全球化和多元化。

第二节　跨文化沟通与全球领导力

一、跨文化沟通技巧

在今天的全球化时代，跨文化沟通已经成为我们日常生活和职业生涯中的重要组成部分。无论是在国际商务、跨国团队合作、国际旅行中，还是在跨文化交往中，跨文化沟通技巧都是至关重要的。本书将深入探讨跨文化沟通的重要性，并提供一系列实用的跨文化沟通技巧，帮助个人更好地理解和应对不同文化之间的差异。

（一）跨文化沟通的重要性

跨文化沟通的重要性在当今全球化的世界愈发凸显。以下是一些关于为什么跨文化沟通至关重要的原因。

1. 文化多样性

世界上有许多不同的文化和价值体系。了解和尊重不同文化的差异有助于建立更好的关系，避免误解和冲突。

2. 国际业务和合作

在国际商务、国际关系和国际合作中，跨文化沟通是成功的关键。它有助于建立信任、解决问题和达成共识。

3. 拓展市场

对于企业来说，跨文化沟通能够帮助他们进入新市场、理解当地消费者的需求，并制定适应性更强的营销策略。

4. 多元化工作场所

现代工作场所通常具有多元文化的特点，了解跨文化沟通有助于员工之间更好地合作，提高团队的绩效。

5. 全球化媒体

跨文化沟通能帮助人们更好地理解来自不同文化的信息，避免误解或歧视。

6. 政治和外交关系

国际外交和政治关系需要良好的跨文化沟通，以促进国际合作、协商和冲突解决。

7. 文化教育

跨文化沟通有助于提高文化意识，培养跨文化技能，这对于教育和文化交流非常重要。

8. 减少刻板印象

跨文化沟通可以帮助打破关于其他文化的刻板印象和偏见，促进更平等和尊重的关系。

9. 个人和职业发展

掌握跨文化沟通技能有助于个人职业发展，增加就业机会，提高职业满意度。

总之，跨文化沟通不仅有助于避免误解和冲突，还有助于促进全球合作、促进文化交流，以及促进经济和社会的繁荣。因此，它对于个人、组织和社会都至关重要。

（二）跨文化沟通技巧

跨文化沟通技巧对于建立有效的跨文化关系至关重要。以下是一些技巧，可以帮助您更好地应对不同文化背景的人。

1. 尊重文化差异

首先要意识到不同文化有不同的价值观和礼仪，尊重这些差异是建立信任和良好关系的关键。

2. 学习关于目标文化的知识

了解有关目标文化的一些基本知识，包括文化价值观、习俗、宗教、历史和社会背景，可以帮助您更好地理解对方。

3. 学习目标语言

虽然不一定需要精通对方的语言，但学习一些常用的表达和礼仪用语可以让交流更加顺畅。

4. 积极倾听

倾听对方的观点和看法，并提出问题以促进深入的理解。避免中断对话，尊重对方的发言权。

5. 非言语沟通

注意非言语信号，如面部表情、姿势、眼神接触和肢体语言。这些信号在不同文化中可能有不同的含义。

6. 提出开放性问题

避免过于直接或冒犯性的问题，而是提出开放性问题，鼓励对方分享他们的观点和经验。

7. 避免使用俚语和幽默用语

俚语和幽默用语可能在某些文化中不被理解或被误解，因此最好避免使用它们。

8. 注意沟通方式

了解不同文化中关于沟通方式的差异，包括是否需要使用正式的称呼、是否需要行使礼仪等。

9. 主动请教

如果您不确定如何正确行事，可以主动请教对方或其他有经验的人，以确保您不会犯错误。

10. 接受反馈

如果有人提供反馈，尤其是关于您的文化敏感性，要感激并接受反馈，并尝试改进。

11. 适应性和灵活性

在与不同文化的人交往时，要有适应性和灵活性，愿意调整自己的行为以满足对方的期望。

12. 建立信任和关系

在跨文化沟通中建立信任和积极的关系非常重要。要展现出开放、尊重和友好的态度。

最重要的是，跨文化沟通是一个学习的过程，不断改进和适应的过程。通过尊重、理解和包容不同文化，您可以建立更好的关系，避免误解和冲突，从而实现更有效的跨文化沟通。

（三）跨文化沟通的应用

跨文化沟通的应用广泛，不仅限于国际交流，还包括各个领域的国内和国际层面。以下是跨文化沟通在不同应用领域中的例子。

1. 国际商务

在国际商务中，跨文化沟通对于建立商业关系、谈判协议和推动国际贸易至关重要。了解不同文化的商业习惯、礼仪和谈判方式可以帮助企业更成功地进入国际市场。

2. 国际外交

外交官员需要精通跨文化沟通，以处理国际政治和外交关系。他们需要理解不同国家和地区的文化差异，以促进国际合作和解决国际争端。

3. 跨文化团队合作

跨国公司和国际组织通常由来自不同国家和文化背景的员工组成。有效的团队合作需要跨文化沟通技巧，以确保团队的协调合作。

4. 教育

在教育领域，教师和学生可能来自不同的文化背景。教师的授课内容需要适应不同的文化，以确保有效的学习。

5. 医疗保健

在医疗保健领域，医生和护士需要与来自不同文化的患者交流，理解他们的健康需求和文化信仰，以提供最佳的医疗护理。

6. 国际旅游

在旅游业中，旅行者和旅游工作者需要跨文化沟通技巧，以提供最佳的旅行体验，同时尊重目的地国家的文化和习惯。

7. 媒体和广告

媒体和广告公司需要了解不同文化的审美观和文化价值观，以创建能够吸引和连接不同文化受众的内容。

8. 社会服务和非营利组织

社会服务工作者和非营利组织需要适应不同文化的客户和受益者，以提供更有效的支持和服务。

9. 国际文化交流

在文化交流领域，艺术家、表演者和文化使者需要借助跨文化沟通来传递文化价值观和推广文化遗产。

跨文化沟通的广泛应用，不仅有助于解决国际问题，还有助于促进国内各领域的合作和理解。它有助于减少误解、促进和谐，以实现跨文化社区和国际社会的繁荣和稳定。

（四）挑战与克服

跨文化沟通可能会面临一些挑战，但通过采取适当的策略和技巧，这些挑战是可以克服的。以下是一些常见的挑战和应对方法。

1. 语言障碍

语言是最明显的跨文化沟通挑战之一。克服语言障碍的方法包括学习对方的语言，使用翻译工具，或者选择使用通用的国际语言（如英语）。

2. 文化误解

文化差异可能导致误解，因为不同的行为和言辞可能在不同文化中有不同的含义。为了避免误解，要学习和尊重不同文化的习惯和礼仪。

3. 非言语沟通

非言语信号，如面部表情、姿势和肢体语言，在不同文化中可能有不同的解释。要小心理解和使用这些信号，以避免误导对方。

4. 时间观念

一些文化更加注重时间的准确性，而其他文化则更加富有弹性。要了解对方的时间观念，并尊重他们的时间表。

5. 冲突解决

不同文化可能有不同的冲突解决方式。有些文化可能更加倾向于妥协，而有些文化则可能更加倾向于坚持自己的立场。了解这些文化差异，寻求共同点，并采取灵活的方法来解决冲突。

6. 文化敏感性

在跨文化环境中，文化敏感性是一种必要的品质。要对不同文化的人们敏感，了解他们的需求和期望，并以尊重和包容的态度对待他们。

7. 跨文化培训

接受跨文化培训可以帮助人们更好地理解和应对不同文化的挑战。这种培训可以提供有关文化差异的知识和实用技巧。

8. 倾听和学习

倾听和学习是跨文化沟通的关键。尊重对方的观点，向他们学习，并积极提问以了解他们的文化。

9. 积极的态度

积极的态度可以帮助克服跨文化沟通挑战。要展现出开放、友好和尊重的态度，这有助于建立信任和良好的关系。

跨文化沟通可以带来许多好处，但也需要面对挑战。通过适应和学习，人们可以更好地应对这些挑战，建立成功的跨文化关系。

跨文化沟通技巧是在全球化时代取得成功的关键。无论是在国际商务、跨文化团队合作、国际旅行还是文化交流中，跨文化沟通技巧帮助我们更好地理解和应对不同文化之间的差异。通过尊重和理解对方，学习对方的语言，主动倾听，了解沟通风格，以及培养文化敏感性，我们可以建立更好的关系，解决挑战，获得更丰富的体验。

最重要的是，跨文化沟通技巧是可学习和培养的。通过教育、培训和实践，我们可以不断提高自己的跨文化沟通能力，为更广泛的文化交流和合作做好准备。在一个日益全球化的世界中，跨文化沟通技巧是实现成功的不可或缺的工具。

二、国际领导力发展

国际领导力发展是当今全球化时代中备受重视的领域。随着全球化趋势的加速推进，组织和企业不再仅限于国内市场，而是积极扩展到国际市场。在这个背景下，国际领导力的重要性变得愈发显著，因为领导者需要能够跨越国界、文化和语言的障碍来有效管理多元化的团队和实现组织的国际目标。本书将探讨国际领导力的定义、发展的重要性，以及实现国际领导力发展的策略和方法。

（一）国际领导力的定义

国际领导力是一种领导者在跨越国际界限时展现的能力，以有效地管理国际化的工作和多元化的团队。国际领导者必须具备跨文化敏感性、全球化视野、有效的跨文化沟通技能和全球商业洞察力。国际领导力的关键特征包括以下几点。

1. 跨文化敏感性

国际领导者必须了解和尊重不同文化的差异，包括价值观、礼仪、社交规范和沟通方式。他们应该能够适应不同文化环境，避免误解和冲突。

2. 全球化视野

国际领导者需要具备全球化视野，了解全球市场的趋势和机会。他们应该能够制定国际战略，适应不同国家和地区的法规和标准。

3. 跨文化沟通技能

良好的跨文化沟通技能是国际领导力的核心。这包括语言能力、主动倾听、理解不同文化的沟通风格和适应不同语境的能力。

4. 全球商业洞察力

国际领导者需要了解国际商务和贸易，包括国际市场趋势、竞争情况和全球供应链。

（二）国际领导力发展的重要性

国际领导力发展对于组织和个人都具有重要性，特别是在全球化的世界中。以下是国际领导力发展的重要性。

1. 全球化业务环境

随着企业和组织越来越多地参与国际业务，国际领导力成为成功的关键因素。国际领袖必须具备处理不同文化、法规和市场的能力。

2. 多元文化团队

国际领袖通常需要领导来自不同文化背景的团队。他们必须能够建立多元文化团队，促进协作，解决文化差异和促进创新。

3. 全球市场机会

国际领袖可以帮助组织利用全球市场的机会，扩大业务，并实现全球增长。他们需要了解不同市场的需求、竞争情况和机会。

4. 国际关系和外交

在政府、国际组织和非政府机构等领域，国际领导力对于推动国际关系、协商和解决全球问题至关重要。

5. 创新和知识传播

国际领袖通常促进知识和创新的传播，帮助组织更好地适应新的全球挑战和机会。

6. 全球问题的解决

全球性问题，如气候变化、贫困、流行病和难民危机，需要跨国合作。国际领袖发挥着重要的角色，帮助解决这些问题。

7. 国际文化交流

国际领袖通过文化交流和外交活动，帮助促进国际理解、尊重与和平。

8. 社会影响力

国际领袖通常在社会和政治领域具有广泛的影响力，可以倡导社会变革、可持续发展和社会正义。

9. 跨文化沟通和谈判

国际领袖必须具备跨文化沟通和谈判的技能，以处理国际关系、贸易谈判和冲突解决。

总之，国际领导力发展是为了适应全球化世界的需求，帮助组织和个人更好地应对全球挑战和机会。具备国际领导力技能的领袖能够更好地推动组织和社会的发展，促进国际合作与和平。

（三）国际领导力发展的策略和方法

国际领导力发展是一项复杂的任务，涉及各种策略和方法，以帮助领导者更好地适应全球化环境。以下是一些国际领导力发展的策略和方法。

1. 跨文化培训

提供跨文化培训是发展国际领导力的基础。这种培训可以帮助领导者了解不同文化的价值观、通信方式和商业习惯。它还可以提供有关国际关系和地区差异的知识。

2. 多元文化团队管理

培训领导者在多元文化团队中工作的能力是至关重要的。他们需要了解如何建立和管理多元文化团队，促进协作，解决潜在的冲突，并推动创新。

3. 国际经验

通过赴国际分公司工作、参与国际项目，领导者可以积累国际经验，更好地理解国际业务和文化。

4. 语言学习

学习目标国家的语言可以帮助领导者更好地融入当地社区，建立关系，并理解文化细微差异。

5. 文化敏感性

培养文化敏感性是国际领导力的关键。这包括尊重不同文化的习惯和信仰，以及了解和尊重对方的文化。

6. 国际关系建设

建立国际关系网络对于国际领导者非常重要。参与国际组织、商会、政府和非政府组织等可以帮助建立广泛的国际关系。

7. 全球问题意识

领导者需要了解和关注全球问题，如气候变化、贫困、流行病和难民危机。他们可以积极参与解决这些问题，展现全球责任感。

8. 跨文化沟通技巧

学习跨文化沟通技巧是发展国际领导力的一部分。这包括倾听、适应和使用非言语沟通技巧，以更好地与不同文化的人合作。

9. 全球化战略

制定全球化战略对于企业领导者至关重要。这包括国际市场分析、国际化业务计划和全球竞争战略的制定。

10. 反馈和改进

接受反馈并不断提升国际领导力技能是发展过程的一部分。领导者应寻求建议，并愿意调整自己的行为以更好地适应国际环境。

这些策略和方法可以帮助领导者更好地发展国际领导力，以应对全球化世界中的挑战和机会。国际领导力是一个不断学习和成长的过程，可以提高领导者在国际环境中的效力。

（四）国际领导力的挑战和克服方法

国际领导力面临各种挑战，但通过适当的方法和策略，这些挑战是可以克服的。以下是一些国际领导力面临的挑战及相应的克服方法。

1. 文化差异

文化差异可能导致误解和冲突。不同的文化价值观、礼仪和沟通风格可能对领导者构成挑战。可以通过以下方法克服挑战。

（1）学习和尊重不同文化的习惯和价值观。

（2）接受跨文化培训，以提高文化敏感性。

（3）建立多元文化团队，以促进文化多样性。

2. 语言障碍

语言是国际沟通中的一大障碍。语言不通常导致信息失真和误解。克服语言障碍有以下方法。

（1）学习对方的语言或使用通用的国际语言（如英语）。

（2）使用翻译工具或借助翻译人员来帮助理解。

（3）采用简明清晰的语言，避免使用复杂的俚语和术语。

3. 时区差异

国际领导通常需要与位于不同时区的团队协作，时区差异可能导致沟通和协作的问题。克服时区差异的方法有以下几种。

（1）制定明确的工作时间表，以便在不同时区之间协调会议和沟通。

（2）使用在线协作工具，以便异地团队随时访问共享信息。

（3）考虑采用灵活的工作时间安排，以满足全球团队的需求。

4. 国际法规和合规性

国际业务通常受到不同国家的法规和合规性要求的影响，领导者需要了解和遵守这些法规。克服方法有以下几种。

（1）寻求法律顾问或专业人员的建议，以确保遵守各国法规。

（2）实施透明的合规性措施，以减少法律风险。

（3）建立法规合规性培训计划，以确保员工了解合规性要求。

5. 国际关系管理

处理国际关系和协商合作需要良好的外交技能，以确保成功的谈判和合作。克服方法有以下几种。

（1）学习外交和谈判技巧，包括建立信任、寻求共同点和解决争端。

（2）建立国际关系网络，与外交官员、政府官员和国际组织代表建立联系。

（3）参与国际事务和合作，以增进国际合作。

6. 全球问题的处理

国际领导者通常需要处理全球性问题，如气候变化、贫困和流行病，这些问题需要跨国合作来解决。克服这些问题的方法有以下几种。

（1）积极参与国际合作和倡导全球问题的解决。

（2）支持和参与可持续发展和社会责任项目。

（3）建立合作伙伴关系，共同解决全球问题。

国际领导力的发展需要不断学习和适应，以应对不断变化的国际环境。通过培养跨文化敏感性、学习外交技能、建立国际关系和参与全球性问题的解决，领导者可以更好地应对国际领导力的挑战。

国际领导力的发展对于组织和领导者本人都具有重要意义。随着全球化的不断推进，国际领导力成为成功的关键。国际领导者需要具备跨文化敏感性、全球化视野、跨文化沟通技巧和全球商业洞察力。国际领导力发展可以通过教育、培训、国际经验、文化敏感性培养和全球思维等策略来实现。

国际领导力的发展不仅有助于组织在国际市场中取得成功，还有助于领导者个人的职业发展。国际领导者通常享有更广泛的职业机会、更高的薪酬水平，以及更丰富的职业经验。在全球化的时代，国际领导力不仅是一种竞争优势，也是一种必备的领导素质。因此，组织和领导者都应该积极投资和发展国际领导力。

三、国际企业文化理解

国际企业文化是指组织内部的价值观、信仰、规范、传统和行为方式，涵盖了员工之间的相互关系及与外部环境的互动。在全球化时代，国际企业文化理解变得尤为重要，因为跨国企业必须管理多元化的团队，适应不同文化背景的客户和合作伙伴，以及在全球范围内建立可持续的业务关系。本书将深入探讨国际企业文化的概念、重要性，以及如何理解和管理国际企业文化。

（一）国际企业文化的概念

国际企业文化是组织内部和外部因素的综合反映。它包括了以下要素。

1. 价值观和信仰

国际企业文化塑造了组织的核心价值观和信仰，包括对品质、诚信、创新和客户满意度等的看法。

2. 规范和行为方式

国际企业文化定义了员工在工作中的行为方式，包括与同事、客户、上级和下属的互动方式，以及如何应对挑战和冲突。

3. 传统和仪式

国际企业文化还包括了组织内部的传统和仪式，如年度庆典、奖励仪式和团队建设活动，这些活动有助于强化文化和凝聚团队。

4. 与外部环境的互动

国际企业文化不仅关乎内部员工之间的关系，还涉及组织与客户、合作伙伴、竞争对手和政府等外部利益相关者的互动。

国际企业文化的发展是一个长期过程，通常受到组织的价值观、领导者的影响，以及外部环境的变化。国际企业文化可以是开放、创新和多元化的，也可以是保守、传统和稳定的。不同组织的文化特征各异，因此理解国际企业文化需要深入研究和观察。

（二）国际企业文化的重要性

国际企业文化对组织的成功和可持续发展具有深远的影响。以下是国际企业文化的重要性所在。

1. 员工参与和忠诚度

有强烈文化的组织往往吸引并保留更多的员工，因为员工能够在这种文化中找到共鸣和认同感。文化对员工忠诚度和工作满意度产生积极影响。

2. 组织目标的实现

国际企业文化有助于员工理解组织的使命、愿景和价值观。这种共同理解推动员工朝着组织的战略目标努力工作。

3. 创新和适应性

开放和创新的文化鼓励员工提出新想法和解决方案，适应快速变化的环境。这种文化有助于组织更好地适应市场的变化。

4. 跨文化团队的管理

国际企业文化的理解和共鸣有助于跨文化团队更好地协作。团队成员能够理解和尊重不同文化的差异，减少误解和冲突。

5. 客户关系和品牌价值

组织的文化也反映在客户和合作伙伴的互动中。积极的文化有助于建立积极的客户关系，提高品牌价值。

（三）理解国际企业文化的方法

理解国际企业文化是一个复杂的过程，需要采取多种方法和策略。以下是一些方法，帮助领导者和员工更好地理解和参与国际企业文化。

1. 观察和参与

观察组织的日常运作，参与各种文化活动，如员工培训、团队建设活动和庆祝活动。这有助于员工更深入地了解文化。

2. 与领导者交流

领导者通常是文化的缔造者，他们的信仰和行为方式对文化产生深远的影响。与领导者交流，了解他们的愿景和期望，以及他们对文化的看法，有助于员工更好地理解文化的核心。

3. 员工反馈和调查

组织可以定期收集员工的反馈，通过匿名调查或定期面对面会议，以了解他们对文化的看法。这有助于发现文化中存在的问题和改进的空间。

4. 跨文化培训和教育

提供跨文化培训和教育，帮助员工了解不同文化的差异，以及如何有效地在国际环境中工作。这有助于提高员工的文化敏感性和跨文化沟通技能。

5. 文化观察者和文化使者

指定文化观察者和文化使者，他们的任务是监督和促进文化的实践。他们可以帮助确保文化得到贯彻和落实，同时也可以作为员工的人脉资源和导师。

6. 国际交流和文化交流

组织可以鼓励员工参与国际交流项目，与来自不同文化背景的同事合作，以亲身体验不同文化的差异。这种经历有助于拓宽员工的国际视野。

7. 多元化的团队和领导层

建立多元化的团队和领导层有助于促进不同文化背景的交流和合作。多元化团队可以提供不同的视角，促进创新和跨文化理解。

（四）跨国企业文化管理

跨国企业文化管理是确保不同国家分支机构和团队在一致性文化下运作的挑战。以下是跨国企业文化管理的关键策略。

1. 全球一体化

确保国际企业文化是一致的，以便员工在全球范围内都能理解和认同它。全球一体化要求在组织各个层面推动文化的一致性，包括价值观、行为准则和沟通。

2. 本土化

尽管文化一致性很重要，但也需要允许一定程度的本土化。这意味着允许不同分支机构根据其特定的文化和市场要求进行文化定制。

3. 跨文化培训和教育

提供跨文化培训，帮助员工理解国际企业文化，以及如何在不同文化背景下工作。这种培训有助于减少文化差异导致的误解和冲突。

4. 文化使者和沟通

指定文化使者，他们的任务是在分支机构之间传递文化的价值观和行为准则。此外，有效的内部沟通也是确保文化传达的关键。

5. 监测和调整

定期监测文化的实践和效果，根据需要进行调整和改进。文化是一个不断发展的过程，需要根据组织的需求和外部环境的变化进行适时的调整。

（五）跨国企业文化的挑战

跨国企业文化管理也会面临一些挑战。以下是一些可能出现的挑战和应对方法。

1. 文化差异

不同国家和地区的文化差异可能导致误解和冲突。为了克服这一挑战，组织需要提供跨文化培训，帮助员工理解和尊重不同文化的差异。

2. 领导者的文化差异

领导者在不同国家和地区可能会对文化产生不同的影响。这可能导致分支机构之间的文化差异。为了应对这一挑战，组织需要确保领导者能够理解并支持国际企业文化。

3. 语言和沟通障碍

跨国企业经常需要处理语言和沟通障碍。为了克服这一挑战，组织可以提供语言培训和多语言沟通工具，以便员工能够更好地交流。

4. 文化转型的复杂性

对于已经存在多年的组织来说，文化的改变可能非常复杂。文化的转型需要时间和坚定的决心。为了应对这一挑战，组织需要建立清晰的愿景和目标，并积极推动文化的改变。

国际企业文化理解是成功的跨国企业运作的关键。它对员工参与和忠诚度、组织目标的实现、创新和适应性、跨文化团队的管理，以及客户关系和品牌价值产生深远的影响。理解国际企业文化的方法包括观察、与领导者交流、员工反馈和调查、跨文化培训和教育、文化观察者和文化使者、国际交流和文化交流，以及多元化的团队和领导层。

跨国企业文化管理需要平衡全球一体化和本土化，确保文化的一致性，同时允许一定程度的定制。跨国企业文化的挑战包括文化差异、领导者的文化差异、语言和沟通障碍，以及文化转型的复杂性。这些挑战需要组织采取适当的策略和方法来应对。

最终，成功的跨国企业将能够建立一种积极的国际企业文化，提升员工的参与度和忠诚度，支持组织目标的实现，鼓励创新和适应性，有效管理跨文化团队，建立积极的客户关系，并提升品牌价值。通过理解、管理和塑造国际企业文化，组织能够在全球化的竞争中取得成功。

第三节　跨文化适应与文化敏感性

一、跨文化适应策略

随着全球化的不断发展，跨文化适应成为生活和工作中越来越重要的技能。无论是个人还是组织，都需要面对多元文化的挑战和机会。跨文化适应是一种能力，包括理解和尊重不同文化的差异，以及在多元文化环境中有效地工作和生活的能力。本书将探讨跨文化适应的重要性，不同的跨文化适应策略，以及如何培养这一能力。

（一）跨文化适应的重要性

跨文化适应是在不同文化背景下实现成功与和谐的关键能力。以下是跨文化适应的重要性所在。

1. 全球化的趋势

随着全球化的推动，各种组织和行业都不再受限于国家边界。在这个全球化的时代，无论是在国际工作环境中还是与跨文化客户和合作伙伴互动，跨文化适应都是成功的关键。

2. 多元文化的工作场所

组织越来越多地拥有多元文化的员工团队。跨文化适应有助于员工在多元文化环境中协作、解决问题和创造价值。

3. 跨文化沟通

良好的跨文化适应能力有助于建立有效的跨文化沟通。这对于解决误解、冲突和建立积极关系至关重要。

4. 国际商务

对于从事国际商务的专业人士，跨文化适应能力是成功的基石。这包括了解不同国家的商务文化、礼仪和惯例，以及在不同文化环境中建立商业关系。

5. 文化教育

在教育领域，跨文化适应有助于教师和学生更好地理解不同文化的差异，促进国际教育和文化交流。

（二）跨文化适应策略

跨文化适应需要一系列策略和技能，帮助个人和组织更好地理解和应对不同文化的挑战。以下是一些跨文化适应策略。

1. 文化敏感性培养

了解和尊重不同文化的差异是跨文化适应的基础。个人和组织可以通过文化培训、文化学习小组和文化交流来提高文化敏感性。

2. 学习和研究

深入了解不同文化的历史、价值观、习惯和社会结构。这种学习可以通过阅读、研究和参与文化活动来实现。

3. 跨文化沟通技能

良好的跨文化沟通技能是跨文化适应的关键。这包括语言能力、主动倾听、理解不同文化的沟通风格，以及适应不同语境的能力。

4. 开放心态

开放心态有助于个人更好地接受新的观念和想法。这意味着愿意接受不同文化的观点，而不是仅仅坚守自己的观念。

5. 文化交流

通过与不同文化背景的人建立联系，参与文化交流和文化活动，有助于更深入地理解其他文化，建立友谊和合作关系。

6. 适应性和弹性

适应不同文化环境，处理不同文化的挑战需要适应性和弹性。这意味着能够在不同情况下调整自己的行为和决策。

（三）跨文化适应的培养方法

跨文化适应能力可以通过培养和锻炼来提高。以下是一些培养跨文化适应能力的方法。

1. 跨文化培训和教育

组织可以为员工提供跨文化培训，帮助他们了解不同文化的差异，以及如何在跨文化环境中工作。这种培训可以包括文化教育、跨文化沟通和跨文化管理。

2. 国际经验

获取国际经验是提高跨文化适应能力的有效途径。这包括在国际市场工作、参与国际项目、或在国际分支机构工作。国际经验有助于了解不同文化的差异，建立全球化视野，以及提高跨文化沟通技能。

3. 文化交流项目

组织可以鼓励员工参与文化交流项目，与不同文化背景的人建立联系。这种项目可以包括文化交换学生计划、国际志愿者项目和文化活动参与。这些项目有助于拓宽视野，深入了解其他文化，建立友谊，促进互相尊重。

4. 跨文化导师和教练

个人可以寻找跨文化导师或教练，他们可以指导和辅导，帮助个人更好地理解和应对不同文化的挑战。导师可以分享他们的经验和知识，提供建议和反馈。

5. 多元文化团队

在多元文化团队中工作有助于培养跨文化适应能力。与来自不同文化背景的团队成员一起工作，学习他们的习惯和行为方式，有助于提高文化敏感性和跨文化沟通技能。

6. 文化学习小组

个人和组织可以创建文化学习小组，定期聚在一起讨论不同文化的话题，分享观点和经验。这种小组有助于深入了解其他文化，建立文化敏感性。

（四）跨文化适应的挑战

跨文化适应并不总是容易的，会面临一些挑战。以下是一些常见的跨文化适应挑战和应对方法。

1. 文化差异

不同文化的价值观、信仰、习惯和社会规范可能导致误解和冲突。为了克服这一挑战，个人需要深入了解其他文化的差异，并采取尊重和包容的态度。

2. 语言障碍

语言障碍可能导致跨文化沟通的困难。学习其他语言或依赖翻译工具是克服语言障碍的方法。此外，使用清晰、简单的语言进行沟通，避免使用俚语和隐喻，可以帮助减少语言障碍。

3. 文化冲突

文化冲突可能会在跨文化环境中出现，包括不同文化的冲突解决方式、沟通风格和工作方式。为了克服文化冲突，个人需要学习冲突解决技能，以及适应不同文化的工作方式。

4. 文化冲击

文化冲击是在新文化环境中感到不安、困惑和不适应的情感。为了应对文化冲击，个人需要有耐心、灵活性和适应性，同时寻求支持和帮助。

跨文化适应是在全球化时代生活和工作中至关重要的技能。了解和尊重不同文化的差异，拥有跨文化沟通技能，以及培养文化敏感性是提高跨文化适应能力的关键。通过跨文化培训、国际经验、文化交流项目、跨文化导师和教练，以及多元文化团队的合作，个人和组织可以提高跨文化适应能力。

跨文化适应能力有助于解决文化差异、促进跨文化沟通、建立友谊和合作关系，以及在全球化的竞争中取得成功。无论是在国际工作环境中还是日常生活中，跨文化适应都是建立互相尊重与和谐共处的关键。因此，个人和组织都应该积极培养和提高这一重要的能力。

二、文化敏感性的重要性

文化敏感性是指对不同文化背景的人、价值观、信仰、习惯和行为方式的理解、尊重和敏感性。在全球化时代，文化多样性成为了现实，跨文化交流和合作已经成为日常生活和工作中的常态。因此，文化敏感性已经成为至关重要的技能，不仅对个人，也对组织和社会都具有深远的影响。本书将探讨文化敏感性的概念、文化敏感性在不同领域中的重要性，以及如何培养和提高这一技能。

（一）文化敏感性的概念

文化敏感性是指个体或组织对不同文化之间的差异性和多样性表现出尊重、理解和适应的能力。这个概念强调了对文化多样性的认可，以及在各种文化背景下进行有效沟通、互动和协作的能力。文化敏感性不仅仅涉及理解不同文化的价值观、信仰、风俗习惯和社会规范，还包括了对这些差异性的尊重和接受。文化敏感性的关键要素包括以下几个。

1. 跨文化意识

了解和认识不同文化之间的差异和相似之处，以避免刻板印象和偏见。

2. 尊重多样性

接受不同文化的差异，不将一种文化视为优等或劣等，而是将其视为一种丰富和有价值的经验。

3. 跨文化交流能力

能够在不同文化背景下进行有效的沟通，包括语言、非语言和跨文化交际技巧。

4. 文化适应性

在不同文化环境下适应并表现出尊重当地习惯和规范的能力。

5. 理解不同文化的差异

文化敏感性包括了对不同文化的差异有深刻的理解。这些差异可以涵盖语言、宗教、价值观、传统、社会规范、礼仪等方面。

6. 尊重和包容性

文化敏感性要求个体和组织对不同文化的差异表现出尊重和包容性。这意味着不歧视、不偏见，不将自己的文化标准强加给其他人。

7. 跨文化沟通

文化敏感性涉及有效的跨文化沟通。这包括语言能力、理解不同文化的沟通风格，以及倾听和表达的技能。

8. 文化适应能力

文化敏感性还包括适应不同文化环境的能力。这意味着在不同文化情境下能够调整行为和决策，以适应文化差异。

文化敏感性在各种领域都很重要，包括国际商务、教育、医疗保健、社交互动和跨文化合作。在全球化的今天，文化敏感性对于建立积极的人际关系、避免误解和冲突及推动跨文化合作至关重要。

文化敏感性的发展通常需要教育和培训，以帮助个体和组织提高他们的跨文化意识和交流能力，以更好地适应多元化的社会和全球化的环境。

（二）文化敏感性的重要性

文化敏感性对于个人、组织和社会都具有重要性。以下是文化敏感性的重要性所在。

1. 跨文化交流和合作

文化敏感性是实现跨文化交流和合作的关键。在多元文化的环境中，个体和组织需要理解并尊重不同文化的差异，以建立积极的关系和实现共同目标。

2. 文化冲突解决

文化敏感性有助于解决文化冲突。在跨文化环境中，文化差异可能导致误解和冲突。文化敏感性使个体能够更好地理解冲突的根本原因，采取合适的解决方法。

3. 国际商务和经济发展

在国际商务领域，文化敏感性是成功的关键。了解不同国家和地区的商务文化、礼仪和习惯，有助于建立积极的商业关系，提高商业成功的机会。

4. 教育和跨文化学习

在教育领域，文化敏感性有助于学生更好地理解不同文化的差异，提高跨文化学习的效果。这促进了国际教育和文化交流。

5. 全球领导力

全球领导力要求领导者具备文化敏感性。在跨国企业中，领导者需要理解并尊重不同文化的员工和客户，以有效地领导和管理。

6. 社会和文化多样性

在多元文化的社会中，文化敏感性有助于建立和谐的社会关系。尊重和包容性是建立社会和文化多样性的关键。

（三）文化敏感性在不同领域中的应用

文化敏感性在不同领域中都具有广泛的应用。以下是一些领域中文化敏感性的应用。

1. 商务和国际关系

在国际商务领域，文化敏感性有助于建立积极的商业关系。了解不同国家的商务文化、礼仪和惯例，以及在不同文化环境中工作的技能，是成功的关键。

2. 教育和教学

教育领域要求教师和学生能够理解和尊重不同文化的差异。文化敏感性有助于提高教学的效果，鼓励学生在多元文化环境中学习。

3. 医疗保健

在医疗保健领域，文化敏感性是提供高质量医疗服务的关键。医疗从业者需要理解患者的文化背景，以提供更有效的医疗保健。

4. 国际援助和发展

在国际援助和发展项目中，文化敏感性有助于理解受援国家的文化和社会环境。这有助于制订更有效的发展计划，以满足当地社区的需求。

5. 政府和公共政策

文化敏感性在政府和公共政策领域中也扮演着重要的角色。政府需要理解不同文化背景的公民的需求和关切，以制订公平和包容的政策。

5. 国际关系和外交

在国际关系和外交领域，文化敏感性对于处理国际事务至关重要。外交官员需要理解不同国家的文化和政治系统，以有效地谈判和合作。

（四）培养和提高文化敏感性

文化敏感性是一种可以培养和提高的技能。以下是一些方法和策略，帮助个人和组织提高文化敏感性。

1. 跨文化培训

提供跨文化培训是提高文化敏感性的一种有效方法。这种培训可以涵盖文化差异的理解、跨文化沟通技能、冲突解决和文化适应能力的提高。

2. 文化学习和研究

通过深入学习和研究不同文化的历史、价值观、习惯和社会结构，可以提高文化敏感性。这可以通过阅读、参与文化研究项目和文化交流来实现。

3. 文化交流项目

参与文化交流项目是提高文化敏感性的有效方式。这包括交换学生计划、国际志愿者项目和文化活动参与。通过亲身体验不同文化，个体可以更深入地了解其他文化的差异。

4. 跨文化导师和教练

寻找跨文化导师或教练可以提供个体指导和建议，帮助他们更好地理解和应对不同文化的挑战。导师可以分享他们的经验和知识，提供反馈和建议。

5. 多元文化团队

在多元文化团队中工作有助于提高文化敏感性。与来自不同文化背景的团队成员一起工作，学习他们的习惯和行为方式，有助于提高文化敏感性和跨文化沟通技能。

6. 语言学习

学习其他语言是提高文化敏感性的有效途径。语言是文化的一部分，通过学习其他语言，个体可以更深入地理解其他文化的沟通方式和表达习惯。

文化敏感性是在全球化时代生活和工作的至关重要的技能。了解和尊重不同文化的差异，拥有跨文化沟通技能，以及培养文化敏感性是提高跨文化适应能力的关键。通过跨文化培训、文化学习和研究、文化交流项目、跨文化导师和教练，以及多元文化团队的合作，个人和组织可以提高文化敏感性。

文化敏感性有助于解决文化差异、促进跨文化沟通、建立友谊和合作关系，以及在多元文化的社会和全球化的竞争中取得成功。因此，文化敏感性不仅是一个重要的个人技能，也是一个关键的社会和组织能力，应该得到积极培养和提高。

三、跨文化冲突解决技巧

在全球化的今天，跨文化冲突已经成为生活和工作中常见的问题。不同文化背景、价值观、习惯和传统可能导致误解、不适和冲突。有效解决跨文化冲突对于个人、组织和国际合作至关重要。本书将探讨跨文化冲突的概念、常见的跨文化冲突类型，以及一系列跨文化冲突解决技巧和策略。

（一）跨文化冲突的概念

跨文化冲突是指在不同文化背景下由于文化差异、不同的期望、通信问题等因素而引发的冲突。这些冲突可能出现在各种情境中，包括国际商务、国际关系、多元文化的工作场所、国际合作等。跨文化冲突可能涉及不同文化之间的价值观、信仰、礼仪、习惯、语言等方面的差异。跨文化冲突通常表现为以下几方面。

1. 价值观冲突

不同文化可能拥有不同的价值观和伦理观念，这可能导致冲突，例如在道德和伦理问题上。

2. 语言和沟通冲突

语言障碍和沟通差异可能导致误解和冲突。不同文化的语言和沟通风格可能会导致信息不准确传达或解读。

3. 文化差异

不同文化的社会规范、礼仪和习惯之间的差异可能导致不适和冲突。例如，在某些文化中的礼貌行为可能在其他文化中被视为冒犯。

4. 信仰和宗教冲突

宗教信仰和实践的差异可能引发冲突，尤其是在宗教敏感的话题上。

5. 文化身份冲突

个体可能会在不同文化之间的身份认同上产生冲突。他们可能感到自己既属于自己的文化，又属于另一种文化，这可能导致冲突感。

（二）跨文化冲突解决技巧

为了有效解决跨文化冲突，个人和组织可以采取一系列技巧和策略。以下是一些跨文化冲突解决技巧。

1. 文化敏感性

了解不同文化的差异是解决跨文化冲突的关键。个人和组织应培养文化敏感性，以更好地理解和尊重不同文化的差异。

2. 跨文化沟通技巧

良好的跨文化沟通技巧是解决冲突的基础。这包括语言能力、主动倾听、理解不同文化的沟通风格，以及适应不同语境的能力。

3. 冲突解决技能

学习和应用冲突解决技能是解决跨文化冲突的关键。这包括冲突的识别、沟通技巧、协商和妥协能力，以及解决冲突的决心。

4. 文化中立性

解决跨文化冲突时，个人和组织应尽量保持文化中立。这意味着不偏袒任何一方，而是寻求公平和公正的解决方案。

5. 文化教育和培训

组织可以提供文化教育和培训，帮助员工了解不同文化的差异，以及如何在跨文化环境中工作。这种培训可以提高员工的文化敏感性，掌握跨文化冲突解决技巧。

6. 多元文化团队

在多元文化团队中工作有助于掌握跨文化冲突解决技巧。与来自不同文化背景的团队成员一起工作，学习他们的习惯和行为方式，有助于提高文化敏感性和冲突解决技能。

（三）跨文化冲突解决策略

除了基本的冲突解决技巧外，还存在一些特定的策略，可用于解决跨文化冲突。

1. 文化中介人

雇佣或寻找拥有文化敏感性的文化中介人，他们可以协助解释文化差异、化解误解，促进双方的理解。

2. 跨文化协商

在解决跨文化冲突时，采用协商的方法是有效的。这需要各方坐下来，开放而诚实地讨论各自的观点和需求，以找到共同的解决方案。

3. 文化妥协

在某些情况下，可能需要进行文化妥协，以解决冲突。这意味着各方都愿意放弃一些自己的文化传统或习惯，以满足对方的需求，以达成和解。

4. 冲突预防

预防跨文化冲突同样重要。组织可以采取措施，例如制定清晰的跨文化沟通准则、提供文化教育培训、建立多元文化团队，以减少潜在的冲突。

5. 文化感知性反馈

在解决冲突时，鼓励各方提供文化感知性反馈。这可以促使各方更好地了解彼此的文化背景，以及如何更好地相互协作。

6. 多方参与

对于复杂的跨文化冲突，多方参与可能是解决问题的有效方法。这包括各方利益相关者，以确保各方的需求得到考虑。

（四）跨文化冲突解决的重要性

跨文化冲突解决的重要性体现在以下方面。

1. 维护和谐关系

有效的跨文化冲突解决有助于维护和谐的跨文化关系。这对于国际商务、国际合作和多元文化的工作场合至关重要。

2. 提高效率

未解决的跨文化冲突可能会导致生产效率下降，沟通困难，以及工作不和谐。解决冲突可以提高工作效率。

3. 促进创新

通过有效解决跨文化冲突，各方可以分享不同文化背景的观点和经验，这有助于创新和问题解决。

4. 减少成本

未解决的冲突可能导致法律纠纷和其他成本，包括员工流失、项目延误等。解决冲突有助于减少这些成本。

5. 改善声誉

具备良好的跨文化冲突解决声誉可以吸引更多的国际合作伙伴和客户，提高组织的声誉。

跨文化冲突是在全球化时代的生活和工作中不可避免的现象。了解如何解决这些冲突是至关重要的，无论是在国际商务、国际关系、多元文化的工作场合还是国际合作中。文化敏感性、跨文化沟通技巧、冲突解决技能，以及特定的解决策略都是成功解决跨文化冲突的关键。

跨文化冲突解决有助于维护和谐的关系、提高效率、促进创新、减少成本，以及改善声誉。通过培养和应用这些技能和策略，个人、组织和国际社会可以更好地应对跨文化冲突，实现更加和平、协作和成功的未来。

第四节 国际化职业技能与知识

一、国际化就业所需的技能

国际化就业已成为全球化时代的常态。随着科技和交通的进步，跨国公司、国际组织和国际项目等提供了大量的国际就业机会。为了在这个竞争激烈的全球就业市场中取得成功，个体需要具备一系列国际化就业所需的技能。本书将探讨这些关键技能，并讨论如何培养和发展它们。

（一）国际化就业所需的技能

国际化就业需要更多的技能和素养，以适应不同国家和文化的工作环境。以下是一些国际化就业所需的关键技能。

1. 跨文化沟通技能

这是国际化就业中至关重要的技能。个体需要能够有效地与来自不同文化背景的人合作。这包括了语言能力、理解不同文化的沟通风格，以及尊重和适应不同文化的能力。

2. 语言技能

除了母语之外，掌握一门或多门外语可以大大增加国际就业的机会。多语言能力有助于跨文化沟通、文化适应和国际项目的管理。

3. 文化敏感性

了解和尊重不同文化的差异是关键。文化敏感性有助于避免冲突，建立积极的国际关系，以及更好地理解不同文化的商务习惯和社会规范。

4. 国际商务知识

理解并具备国际商务的基本知识是国际化就业的基础。这包括了国际市场、贸易法规、海关程序、国际金融和货币政策等方面的知识。

5. 全球意识

个体需要关注全球事务、政治、经济、社会和文化趋势。了解全球问题和挑战有助于在国际就业中更好地定位自己。

6. 跨文化领导能力

在国际团队和项目中具备领导能力是非常重要的。领导者需要能够协调不同文化的团队成员，制定战略，以及解决跨文化冲突。

7. 创新和问题解决能力

在国际就业中，创新和问题解决能力非常重要。个体需要能够应对复杂的挑战，找到创新的解决方案。

8. 适应性和弹性

国际化就业可能需要频繁地搬迁或出差，个体需要适应不同的文化和环境。弹性是适应不同情况和取得成功的关键。

9. 国际项目管理技能

对于从事国际项目的个体，项目管理技能是必不可少的。这包括了项目规划、执行、监控和报告等方面的能力。

10. 国际法律和合同知识

在国际商务中，了解国际法律和合同是至关重要的。这有助于避免法律纠纷，确保合同的履行。

（二）培养和发展国际化就业技能

培养和发展国际化就业所需的技能需要一定的努力和计划。以下是一些方法和策略，帮助个体提高他们的国际化就业技能。

1. 语言学习

学习一门外语是培养国际化就业技能的关键。这可以通过语言课程、在线学习和语言交流来实现。

2. 跨文化沟通培训

参加跨文化沟通培训有助于提高沟通能力和文化敏感性。这些培训可以提供理论知识和实际技巧，以更好地与不同文化背景的人合作。

3. 国际商务教育

取得国际商务相关的学位或证书可以增加对国际商务和市场的理解。这可以通过正规学校、在线教育或专业培训机构来实现。

4. 文化体验

参与文化交流项目、国际志愿者项目或跨国公司的实习可以获得实际的文化体验。这有助于更深入地了解不同文化的差异。

5. 跨文化导师和教练

寻找有经验的跨文化导师或教练可以提供个人指导和建议，帮助提高国际化就业技能。

6. 全球问题关注

关注全球问题和趋势，包括政治、经济、社会和环境问题，有助于培养全球意识。

7. 国际项目参与

参与国际项目或国际商务活动可以提供实践经验，帮助培养国际项目管理技能。

8. 创新和问题解决培训

参加创新和问题解决培训有助于提高解决复杂问题的能力。这可以包括创意思维、团队合作和解决问题的技巧。

9. 跨文化领导培训

如果个体有领导角色，可以考虑参加跨文化领导培训。这种培训可以学习领导多元文化团队的技能和策略。

10. 国际法律和合同课程

学习国际法律和合同知识可以通过法律学院、专业培训或在线课程来实现。

（三）国际化就业的重要性

国际化就业的重要性体现在以下方面。

1. 全球竞争力

具备国际化就业技能的个体更有竞争力。他们可以在全球就业市场中脱颖而出，获得更多的机会。

2. 更广泛的职业机会

国际化就业技能打开了更广泛的职业机会。个体可以在国际公司、国际组织、国际项目、国际咨询等领域找到工作。

3. 跨文化领导

具备跨文化领导能力的个体可以在国际公司中担任高级管理职位。他们可以领导多元文化的团队，推动全球业务增长。

4. 国际合作

国际化就业技能有助于国际合作和外交。这对于国际组织、政府机构和国际非政府组织非常重要。

5. 文化多样性

国际化就业有助于促进文化多样性。这有助于打破文化隔阂，促进全球社会的和谐和理解。

6. 全球问题解决

具备国际化就业技能的个体可以更好地参与解决全球问题，如气候变化、人权问题、贫困等。

国际化就业已成为现代就业市场的一部分，对于个体和组织来说，具备国际化就业技能至关重要。这些技能包括跨文化沟通、语言能力、文化敏感性、国际商务知识、全球意识、跨文化领导能力、创新和问题解决能力、适应性和弹性、国际项目管理技能，以及国际法律和合同知识。

国际化就业不仅为个体提供更多的职业机会，增加全球竞争力，还有助于国际合作、文化多样性的促进，以及解决全球问题。通过积极培养和发展这些技能，个体可以更好地适应国际就业环境并取得成功。国际化就业技能是通向全球职业生涯的关键。

二、跨文化商业知识

在全球化时代，跨文化商务知识成为了商界成功的关键因素之一。跨文化商业知识涉及理解和应对不同国家和文化之间的差异，以确保跨国公司、国际合作和国际贸易等商务活动的成功。这些知识和技能包括文化差异的理解、跨文化沟通、国际法律和合同、全球市场、国际营销等。本书将探讨跨文化商业知识的重要性及如何培养和应用这些知识。

（一）跨文化商业知识的重要性

跨文化商业知识对于全球化时代的商界至关重要，其重要性体现在以下几个方面。

1. 解决文化差异

跨文化商业知识有助于理解不同国家和文化之间的差异。这包括文化、价值观、信仰、社会习惯、礼仪等方面的差异。了解这些差异可以帮助企业避免冲突，建立良好的合作关系。

2. 拓展市场

了解不同文化的市场需求和偏好，使企业能够更好地定制产品和服务，以满足全球市场的需求。这有助于企业扩大国际市场份额。

3. 跨文化沟通

跨文化沟通技能是跨文化商业知识的一部分。有效的跨文化沟通有助于建立信任、解决问题、促进商务关系，而不是产生误解和冲突。

4. 降低风险

跨文化商业知识有助于降低国际商务中的风险。了解国际法律、国际合同和贸易规则可以避免法律纠纷和经济损失。

5. 国际合作

跨文化商业知识有助于国际合作和伙伴关系的建立。企业可以更好地合作、创新和共同发展，以应对全球挑战。

6. 国际竞争力

具备跨文化商业知识的企业更具国际竞争力。他们能够更好地应对全球竞争，进入新市场，发展全球业务。

（二）跨文化商业知识的要素

跨文化商业知识涵盖了多个要素，其中一些要素如下。

1. 文化差异理解

了解不同国家和文化之间的文化差异是跨文化商业知识的核心。这包括价值观、信仰、社会结构、礼仪、传统等方面的差异。

2. 跨文化沟通

良好的跨文化沟通技能是跨文化商业知识的一部分。这包括了语言能力、非语言沟通、适应不同的沟通风格，以及有效地解释和传达信息。

3. 国际法律和合同

了解国际法律、国际合同和贸易规则是重要的。这包括了关于国际贸易法、知识产权法、劳动法等法律问题的知识。

4. 全球市场和市场研究

了解全球市场趋势、市场需求和竞争情况是跨文化商业知识的一部分。企业需要了解不同国家和地区的市场，以制定市场战略。

5. 国际金融和货币政策

了解国际金融市场、货币政策和国际经济动态是重要的。这可以帮助企业管理国际财务风险。

6. 国际营销

了解国际营销策略、全球品牌管理和国际广告是跨文化商业知识的一部分。这有助于企业在国际市场上推广产品和服务。

7. 全球供应链管理

了解全球供应链、国际物流和国际采购是重要的。这有助于确保供应链的高效运作和产品的交付。

（三）培养和发展跨文化商业知识

为了培养和发展跨文化商业知识，个体和企业可以采取以下措施。

1. 文化教育和培训

参加文化敏感性培训和跨文化沟通课程有助于个体理解文化差异，提高跨文化沟通技能。

2. 国际商务教育

学习国际商务和国际市场的知识，可以通过正规学校、在线课程和商业学院来实现。

3. 国际经验

参与国际实习、国际志愿者项目、跨国公司的工作或国际商务旅行有助于个体获得实际国际经验。这种实际经验可以让个体亲身体验不同国家和文化的商业环境，了解国际市场的机会和挑战。

4. 全球市场研究

定期跟踪全球市场趋势和竞争情况，以了解国际市场的需求和机会。这可以通过市场研究、数据分析和行业报告来实现。

5. 学习国际法律和合同

学习国际法律和合同可以通过法律学院、在线课程和专业培训来实现。这有助于了解国际商务中的法律义务和风险。

6. 跨文化沟通实践

参与跨文化沟通实践，如语言交流、国际交流项目或国际商务会议，有助于提高沟通技能。

7. 全球视野

阅读国际新闻、参加国际商务论坛、关注全球问题，可以增强全球意识、拓宽国际化视野。

8. 国际商务网络

参与国际商务组织、商会和社交网络，与国际业界专业人士建立联系，分享经验和见解。

跨文化商业知识是在全球化时代取得商业成功的关键。它包括文化差异的理解、跨文化沟通、国际法律和合同、全球市场、国际营销、国际金融、全球供应链管理等方面的知识和技能。具备这些知识和技能的个体和企业更具国际竞争力，能够更好地应对全球市场的机会和挑战。

通过文化教育和培训、国际商务教育、国际经验、全球市场研究、学习国际法律和合同、跨文化沟通实践、全球视野和国际商务网络，个体和企业可以积极培养和发展跨文化商业知识。这将有助于在全球化商业环境中取得成功，并建立强大的国际商务关系。跨文化商业知识是通向国际商业成功的不可或缺的路径。

三、跨国企业职业技能发展

跨国企业在全球经济中发挥着关键作用。这些企业跨足多个国家，拥有复杂的全球供应链、多元文化的员工队伍，以及各种国际市场。为了在这个竞争激烈的环境中成功，跨国企业员工需要不断发展和提高职业技能。本书将探讨跨国企业职业技能的重要性，以及如何培养和发展这些技能。

（一）跨国企业职业技能的重要性

跨国企业职业技能的重要性在以下几个方面得到体现。

1. 全球竞争力

跨国企业需要在国际市场中保持竞争力。员工具备跨国企业职业技能可以帮助企业适应不断变化的国际市场。

2. 国际业务知识

跨国企业员工需要了解国际商务、国际市场、国际贸易法规、海关程序等知识。这种知识可以帮助企业在全球市场中顺利运营。

3. 跨文化沟通

在跨国企业中，员工通常会与不同文化背景的同事和客户打交道。跨文化沟通技能有助于建立有效的关系和合作。

4. 全球供应链管理

跨国企业涉及复杂的全球供应链。员工需要掌握供应链管理技能，以确保产品的高效交付。

5. 国际项目管理

国际项目通常涉及多个国家和团队。员工需要具备项目管理技能，以确保项目按时交付、预算合理。

6. 全球战略

跨国企业需要制定和执行全球战略。员工需要了解全球市场趋势、竞争对手，以帮助企业取得成功。

（二）跨国企业职业技能的要素

跨国企业职业技能包括以下要素。

1. 国际业务知识

这包括了国际市场、国际贸易法规、国际经济和货币政策等方面的知识。

2. 跨文化沟通

良好的跨文化沟通技能是至关重要的。这包括了语言能力、非语言沟通、文化敏感性等方面。

3. 国际项目管理

国际项目管理技能包括项目规划、执行、监控和报告等。

4. 全球供应链管理

了解供应链的各个环节，以确保产品的高效交付。

5. 国际法律和合同

了解国际法律、国际合同和贸易规则，以确保企业合法运营。

6. 全球战略

制定和执行全球战略，考虑全球市场趋势和竞争对手。

7. 国际市场研究

定期分析国际市场趋势和竞争情况，以帮助企业制定市场战略。

（三）培养和发展跨国企业职业技能

为了培养和发展跨国企业职业技能，员工和企业可以采取以下措施。

1. 继续教育和培训

参加国际商务课程、项目管理培训、供应链管理课程等有助于提高跨国企业员工的职业技能。这些课程通常提供了实际的知识和工具，帮助员工更好地应对复杂的国际业务环境。

2. 跨文化沟通培训

参与跨文化沟通培训，如跨文化沟通工作坊、语言课程等，有助于提高员工的跨文化沟通技能。这些培训通常涵盖了语言、文化差异、非语言沟通等方面。

3. 国际项目经验

参与国际项目可以提供宝贵的实际经验，帮助员工了解国际项目管理和国际业务操作。这种经验有助于员工在国际项目中更好地发挥作用。

4. 文化敏感性培训

参与文化敏感性培训有助于员工更好地理解和尊重不同文化的差异。这有助于避免文化冲突，并建立更强大的国际商务关系。

5. 行业研究和知识分享

阅读国际商务和行业相关的报告、研究和新闻，以了解行业趋势和竞争情况。员工还可以参与行业协会和社交网络，与同行分享知识和经验。

6. 全球市场分析

定期进行全球市场分析，以了解市场需求、竞争对手和机会。这有助于企业制定更有效的市场战略。

7. 国际商务网络

参与国际商务组织、商会和社交网络，与国际业界专业人士建立联系，分享经验和见解。

跨国企业职业技能的发展是在全球经济中取得成功的关键。这些技能包括国际业务知识、跨文化沟通、国际项目管理、全球供应链管理、国际法律和合同、全球战略、国际市场分析等。通过继续教育和培训、跨文化沟通培训、国际项目经验、文化敏感性培训、行业研究和知识分享、全球市场分析和国际商务网络，员工和企业可以积极培养和发展这些技能。这将有助于企业在全球市场中取得成功，实现竞争优势，并建立强大的国际业务关系。跨国企业职业技能的发展是通向全球商业成功的不可或缺的路径。

第五节　跨国企业与全球就业机会

一、跨国企业的就业机会

跨国企业是在全球范围内开展业务的企业，它们通常在多个国家设有分支机构或子公司，并拥有跨国供应链、国际市场、多元文化的员工团队，以及全球性的业务战略。跨国企业的存在不仅对全球经济产生深远影响，还为求职者提供了广泛的就业机会。本书将探讨跨国企业的就业机会，包括各种职业领域和相关技能，以及如何在这一领域取得成功。

（一）跨国企业的多元领域就业机会

跨国企业在各个行业和领域都提供了广泛的就业机会。以下是一些主要领域，其中跨国企业为求职者提供了丰富的工作机会。

1. 国际商务和国际市场营销

跨国企业通常需要专业人士来负责国际市场营销活动、国际贸易和跨国销售。这包括市场分析、市场战略制定、全球品牌管理和国际市场拓展等方面的工作。

2. 供应链管理和物流

全球供应链管理是跨国企业的核心职能之一。求职者可以在供应链规划、采购、运输和仓储等领域找到工作机会。

3. 国际金融和财务

跨国企业需要财务专业人士来负责全球财务运营、国际财务报告、外汇风险管理和国际投资等任务。

4. 人力资源和跨文化管理

跨国企业通常拥有多元文化的员工团队，因此需要专业人士来负责人力资源、员工培训、文化多样性和跨文化沟通等方面的工作。

5. 国际项目管理

国际项目经理在跨国企业中扮演关键角色，他们负责跨国项目的规划、执行、监控和报告。这些项目可能涉及多个国家和团队。

6. 国际法律和法律合规

跨国企业需要法律专业人士来处理国际法律事务、合同起草、合规监管和纠纷解决等领域的工作。

7. 全球市场研究和战略分析

全球市场研究员和战略分析师负责分析国际市场趋势、竞争情况和机会，以帮助企业制定战略。

8. 科技和信息技术

跨国企业需要 IT 专业人士来负责全球信息技术基础设施管理、网络安全、数据分析和软件开发等工作。

9. 全球公共关系和国际传媒

跨国企业通常需要专业的公共关系和传媒团队来管理国际品牌形象、传媒关系，进行跨国宣传。

10. 环境和可持续发展

跨国企业在全球范围内开展业务，需要专业人士来管理可持续发展项目，负责全球环保问题。

（二）跨国企业就业的技能和要求

为了在跨国企业中成功就业，求职者需要具备一系列关键技能和要求，这些技能和要求包括以下几方面。

1. 跨文化沟通能力

跨国企业员工需要能够与不同文化背景的同事和客户有效沟通。这包括语言能力、文化敏感性和跨文化沟通技能。

2. 国际业务知识

求职者需要了解国际市场、国际贸易法规、全球经济、国际金融等领域的知识。

3. 项目管理能力

跨国企业通常涉及复杂的国际项目，需要员工具备项目管理技能，包括规划、执行、监控和报告。

4. 全球供应链管理

了解供应链的各个环节，以确保产品的高效交付和全球物流畅通。

5. 国际法律和法规知识

了解国际法律、贸易法规和合规要求，以确保企业合法运营。

6. 全球市场分析和战略制定

能够分析全球市场趋势、竞争情况和机会，以制定全球战略。

7. 文化敏感性

了解和尊重不同文化的差异，以建立良好的国际商务关系。

8. 多语言能力

对于国际职位，多语言能力通常是一个巨大的优势，因为它可以帮助员工更好地与国际同事和客户合作。

（三）如何在跨国企业找到就业机会

为了在跨国企业找到就业机会，求职者可以采取以下措施。

1. 构建国际化的简历和求职信

在简历中突出强调与国际业务相关的经验、技能和教育背景。求职信应强调对跨国企业的兴趣和承诺。

2. 参加国际业务和行业活动

参加国际商务展览、行业会议和网络活动，以扩展职业网络并了解行业趋势。

3. 就业网站和职业社交媒体

使用专业的就业网站和职业社交媒体平台，来寻找跨国企业的招聘信息，同时建立联系。

4. 求职网站和招聘中介

利用在线求职网站和招聘中介，搜索跨国企业的职位，并提交申请。

5. 校园招聘和实习

如果你还在校园，可以参与校园招聘活动和申请跨国企业的实习机会，这将增加你的就业机会。

6. 个性化申请

针对每个跨国企业的职位申请定制你的求职材料，强调与职位要求相关的技能和经验。

7. 面试准备

在面试前充分准备，研究公司的背景、文化和价值观，以及相关的行业和市场情况。

8. 语言和跨文化培训

如果你正在寻求国际职位，可以考虑提高语言技能，并参加跨文化培训以增加你的竞争力。

跨国企业为求职者提供了丰富的就业机会，覆盖了多个职业领域和技能要求。为了在这一领域找到就业机会，求职者需要具备跨文化沟通能力、国际业务知识、项目管理能力、全球供应链管理知识、国际法律和法规知识、全球市场分析和战略制定能力、文化敏感性和多语言能力等技能。

通过构建国际化的简历、参与国际业务和行业活动、使用就业网站和职业社交媒体、校园招聘和实习、个性化申请、面试准备及跨文化培训，求职者可以提高在跨国企业中就业的机会。

成功案例分析表明，个人技能、知识和努力在跨国企业就业中发挥着关键作用。面对激烈的竞争，积极的求职者可以通过不断提高自己的技能和知识，积累相关经验，以及寻找适合自己兴趣和职业目标的机会，实现在跨国企业的成功就业。

对于那些寻求在跨国企业就业的人来说，要牢记不仅技能和知识重要，还需要展现出适应不同文化、具备国际视野和全球思维的能力。跨国企业通常更愿意雇佣那些能够适应多元文化环境并且能够为公司在全球市场中作出贡献的个人。因此，除了具体的职业技能，具备跨文化能力和全球意识也是成功就业的关键要素。

跨国企业的就业机会在全球经济中发挥着关键作用，它们为求职者提供了多元化和有吸引力的职业选择。随着全球化的不断发展，跨国企业的需求将继续增长，因此，对于有志于在国际舞台上实现职业成功的个人来说，这是一个充满机遇的领域。

二、国际化职业发展路径

国际化职业发展是指个体在全球范围内追求和建立职业生涯的过程。国际化职业发展路径涉及跨国工作机会、跨文化技能的发展，以及国际职位的追求。在全球化背景下，越来越多的人希望拥有国际化的职业，因为这不仅可以增加职业机会，还可以拓宽个人视野，提升职业满足度。本书将探讨国际化职业发展路径，包括必要的技能和策略，以及成功案例和建议。

（一）国际化职业发展的重要性

国际化职业发展在当今全球化的经济中变得越来越重要。以下是一些国际化职业发展的重要性。

1. 增加职业机会

国际化职业发展可以为个体提供更广泛的职业机会。跨国公司、国际组织和全球性非营利机构通常提供各种各样的国际职位，这些职位可能涉及不同的行业和领域。

2. 提升职业满足度

对于那些渴望在国际环境中工作的人来说，国际化职业发展可以提高职业满足度。它有助于满足职业目标和追求新的挑战。

3. 拓宽个人视野

国际化职业发展提供了机会，可以了解不同文化、语言和商业环境，从而拓宽个人视野和增加跨文化敏感性。

4. 薪资和福利

在某些情况下，国际职位可能提供更高的薪资和更好的福利，尤其是在一些高风险或需要特殊技能的地区。

5. 建立全球网络

国际化职业发展有助于建立全球性的职业网络，这对于将来的职业发展和机会非常重要。

（二）国际化职业发展的必要技能

国际化职业发展需要特定的技能和素质，以下是一些必要的技能。

1. 跨文化沟通

良好的跨文化沟通技能是国际化职业发展的基础。这包括语言能力、非语言沟通、文化敏感性和跨文化交际能力。

2. 国际业务知识

了解国际市场、国际贸易法规、国际经济、外汇和全球市场趋势等方面的知识对国际化职业发展至关重要。

3. 适应性和弹性

国际工作环境可能会带来各种挑战，求职者需要具备适应性和弹性，能够应对不同的文化、工作方式和时区差异。

4. 国际项目管理

对于那些在国际项目中工作的人来说，项目管理技能尤为重要，包括规划、执行、监控和报告。

5. 多语言能力

会说多种语言是国际化职业发展的巨大优势，因为它可以帮助员工更好地与国际同事和客户合作。

6. 文化敏感性

了解和尊重不同文化的差异，以避免文化冲突并建立强大的国际商务关系。

7. 全球市场分析和战略制定

能够分析全球市场趋势、竞争情况和机会，以制定全球战略。

（三）国际化职业发展的策略

为了实现国际化职业发展，个体可以采取以下策略。

1. 学习外语

学习外语是国际化职业发展的重要一步。选择一种或多种在国际工作环境中有用的语言，并努力掌握。

2. 获取相关学历

在国际化领域工作通常需要相关学历和专业背景，可以考虑获取国际商务、国际关系、国际发展或相关领域的学位。

3. 积累国际经验

通过参与国际项目、实习或志愿者工作，积累国际经验。这有助于建立国际职业发展的基础。

4. 寻找国际职位

主动寻找国际职位，包括在跨国公司、国际组织、外交部门、跨国非营利组织等领域。

5. 建立全球网络

参与国际行业会议、商务交流活动和社交网络，与国际业界专业人士建立联系。

6. 拓展职业技能

持续拓展和提升所需的职业技能，包括跨文化沟通、项目管理、国际市场分析等方面的技能。

7. 制定职业目标

设定明确的国际职业发展目标，并制订计划来实现这些目标。这包括短期和长期的职业规划。

8. 寻求反馈

不断寻求反馈，了解自己的职业发展进展，并根据反馈做出调整。

（四）总结

国际化职业发展是一个具有挑战性但充满机会的领域。通过努力学习和积累国际经验，积累跨文化技能，建立全球职业网络，以及明确自己的职业目标，个体可以在国际化职业发展中取得成功。国际化职业发展将带来更多的职业机会、提升职业满足度、拓宽个人视野和建立全球性的职业网络。通过不断学习和努力，每个人都有机会在国际舞台上实现自己的职业生涯，为全球社会和经济作出贡献。

国际化职业发展路径是一个充满挑战和机会的旅程，它要求个体具备不断学习、适应和持之以恒的素质。在不断追求国际化职业发展的过程中，个体将不断增长自己的技能和知识，为实现更广泛的职业目标和个人成就打下坚实的基础。

三、跨国企业的全球招聘策略

跨国企业在全球范围内拥有广泛的业务，因此，它们需要制定全球招聘策略，以满足各地不同市场的需求，并确保获得高素质的全球性人才。跨国企业的全球招聘策略不仅包括招聘，还涵盖了人才管理、文化融合和员工发展等方面。本书将深入探讨跨国企业的全球招聘策略，包括策略的重要性、关键因素和成功案例。

（一）全球招聘策略的重要性

全球招聘策略对于跨国企业十分重要，以下是一些理由。

1. 获得全球性人才

跨国企业需要吸引和招聘在各个国家和地区具有不同技能和经验的员工。一个成功的全球招聘策略可以帮助企业获得高素质的全球性人才，以满足业务的不同需求。

2. 文化多样性

跨国企业通常在多个国家运营，因此需要建立具有文化多样性的员工团队。拥有来自不同背景和文化的员工可以帮助企业更好地理解和服务不同国家的客户和市场。

3. 降低劳动力成本

通过在全球范围内寻找具有竞争力的人才，跨国企业可以降低劳动力成本。在某些国家，拥有高素质的员工可能成本更低。

4. 创新和竞争优势

拥有不同文化和背景的员工可以促进创新，带来新思维，这有助于企业在全球市场上保持竞争优势。

5. 员工发展和保留

通过提供全球职业发展机会，跨国企业可以吸引和保留最优秀的员工。这有助于员工满意度和忠诚度的提高。

（二）全球招聘策略的关键因素

跨国企业的全球招聘策略包括多个关键因素，需要综合考虑和管理。以下是一些关键因素。

1. 市场研究

了解各个国家和地区的劳动力市场，包括竞争情况、人才供应和需求、薪资水平等。这有助于企业确定最有利的招聘地点。

2. 法规和法律合规性

不同国家和地区的劳动法规和法律要求可能不同，跨国企业需要确保其招聘和雇佣实践合法合规。

3. 文化适应性

跨国企业需要考虑员工在不同文化环境中的适应性。招聘策略应包括文化培训和支持，以帮助员工适应新的文化和工作环境。

4. 多语言要求

跨国企业通常需要员工具备多语言能力，以便在不同国家和地区进行有效的沟通。招聘策略应包括语言要求和培训。

5. 全球品牌知名度

跨国企业的全球品牌知名度对吸引全球性人才非常重要。公司的声誉和价值观会影响员工的选择。

6. 人才管理系统

跨国企业需要建立有效的人才管理系统，以吸引、培养、管理和留住员工。这包括绩效评估、培训和发展计划、晋升机会等。

7. 多元化和包容性

全球招聘策略应鼓励多元化和包容性。跨国企业需要确保他们的员工团队具有不同的背景和技能，以促进创新和多样性。

8. 员工发展和晋升

跨国企业应提供员工发展和晋升机会，以激励员工的职业发展。这有助于员工忠诚度的提高。

（三）建议和总结

为了制定成功的跨国企业的全球招聘策略，以下是一些建议。

1. 市场研究

在拓展新市场之前，进行广泛的市场研究，了解当地劳动力市场的特点和需求。

2. 多语言要求

对于需要跨国沟通的职位，可以考虑要求员工具备多语言能力。提供语言培训以帮助员工提升语言技能。

3. 文化培训和支持

提供文化培训和支持，以帮助员工适应新的文化环境，并减少文化冲突。

4. 多元化和包容性

鼓励多元化和包容性，确保员工团队具有不同的文化和背景。这有助于促进创新和多样性。

5. 员工发展和晋升

为员工提供发展和晋升机会，以鼓励员工追求职业发展。这有助于提高员工满意度和忠诚度。

总之，跨国企业的全球招聘是一个复杂的过程，需要仔细考虑各种因素。成功的全球招聘策略可以帮助企业获得高素质的全球性人才，提高文化多样性，降低劳动力成本，促进创新和竞争优势。通过不断学习和改进招聘实践，跨国企业可以在全球范围内获得成功。

第四章　国际化就业教育的挑战与机遇

第一节　跨文化教育的挑战

一、跨文化沟通障碍

跨文化沟通是在不同文化背景下进行有效交流的过程。在全球化时代，跨文化沟通变得越来越重要，因为各种文化背景的人们需要相互交往和合作。然而，跨文化沟通并不总是容易的，因为不同的文化、价值观、习惯和语言差异可能会造成障碍。本书将探讨跨文化沟通的障碍，包括文化差异、语言障碍、非言语沟通、刻板印象和文化冲突，以及如何克服这些障碍。

（一）文化差异

文化差异是跨文化沟通的主要障碍之一。不同的文化有不同的价值观、信仰、社交规范和礼仪，这可能导致误解和冲突。以下是一些常见的文化差异。

1. 时间观念

一些文化强调准时，而其他文化可能更加弹性，对时间的看法不太严格。这可能导致在会议或约会上的不同期望，引发沟通障碍。

2. 礼貌和尊重

不同文化对待礼貌和尊重的方式不同。例如，一些文化可能强调正式的称呼和礼仪，而其他文化更加随和。

3. 身体接触

一些文化可能更愿意在交流中使用身体接触，例如握手或拥抱，而其他文化可能更注重个人空间和距离。

4. 表达情感

不同文化可能以不同的方式表达情感。有些文化可能更愿意表达情感，而其他文化可能更加保守或控制情感的表达。

克服文化差异的关键是了解和尊重不同文化的差异，积极学习和适应当地文化，避免刻板印象。

（二）语言障碍

语言障碍是跨文化沟通的另一个重要障碍。不同的语言和方言可能会导致误解和交流困难。以下是一些常见的语言障碍。

1. 语言障碍

当沟通双方不使用共同的语言时，语言障碍可能会出现。这可能需要翻译或借助外部工具来解决。

2. 口音和发音

不同地区和国家的人可能具有不同的口音和发音，这可能导致理解上的困难。

3. 词汇和语法

语言中的词汇和语法差异可能会导致误解。同一个词在不同语境下可能具有不同的含义，或者语法结构可能不同。

4. 非语言语境

语言障碍不仅仅限于语言本身，还包括非语言语境，如语速、语调、音量和语言的身体表达。

克服语言障碍的方法包括学习和掌握其他语言，使用翻译工具，降低语速和语调，以及多次确认理解。

（三）非言语沟通障碍

非言语沟通障碍是跨文化沟通的另一个重要方面。非言语沟通包括肢体语言、面部表情、眼神接触和声音语调等。不同文化对非言语沟通的解释和重要性可能会有差异，导致误解。以下是一些常见的非言语沟通障碍。

1. 肢体语言

不同的肢体语言可能在不同文化中传达不同的含义。例如，一个手势在一个文化中可能表示赞扬，而在另一个文化中可能表示侮辱。

2. 面部表情

面部表情在不同文化中可能有不同的解释。一种表情可能在一个文化中表示高兴，而在另一个文化中表示愤怒。

3. 眼神接触

眼神接触的重要性因文化而异。一些文化鼓励直接的眼神接触，而其他文化可能认为这是无礼的。

4. 声音语调

声音的语调和音量也可能在不同文化中产生不同的效果。高声和低声可能分别表示兴奋和冷漠。

克服非言语沟通障碍的关键是学习和尊重其他文化的非言语沟通规范。同时，注意自己的非言语信号，以确保它们传达正确的信息。

（四）刻板印象

刻板印象是一种对不同文化背景的人们产生的固定化、偏见性的看法。刻板印象可能导致对他人的误解和歧视。以下是一些与刻板印象相关的问题。

1. 文化刻板印象

人们可能会根据他们对不同文化的固有偏见形成刻板印象。这可能导致对其他文化的误解和偏见。

2. 性别刻板印象

不同文化中可能存在性别刻板印象，例如对男女在社会和职业角色上的固定看法。这可能导致性别歧视。

3. 年龄刻板印象

不同年龄段的人可能会受到刻板印象的影响，这可能导致对不同年龄段的人的误解和偏见。

克服刻板印象的方法包括教育、文化敏感性培训、与不同背景的人交往和学习更多关于其他文化的信息。

（五）文化冲突

文化冲突是因文化差异引发的争执和冲突。文化冲突可能会干扰跨文化沟通，并对人际关系和合作产生负面影响。以下是一些常见的文化冲突。

1. 价值观冲突

不同文化可能有不同的价值观和道德观念，这可能导致在价值观上的冲突。

2. 沟通风格冲突

不同文化的人可能有不同的沟通风格，如直接与间接、高度礼貌与直接表达等，这可能导致沟通冲突。

3. 决策方式冲突

不同文化可能在决策方式上有差异，如集体决策与个人决策，这可能引发冲突。

克服文化冲突的关键是意识到文化差异，并采取妥善的沟通和解决冲突的策略。这包括尊重不同文化的方式，并尝试理解和妥协。

（六）克服跨文化沟通障碍的方法

克服跨文化沟通障碍需要一系列策略和方法。以下是一些克服跨文化沟通障碍的方法。

1. 文化敏感性培训

提供文化敏感性培训，以帮助员工了解不同文化的差异和共同点，以及如何有效地与不同文化的人交往。

2. 积极学习和适应

积极学习并适应当地文化，包括语言、礼仪、习惯和价值观。尝试理解和尊重不同文化。

3. 倾听和提问

倾听对方的观点，提问以澄清和理解，确保双方都在同一个频道上。

4. 降低语速和语调

慎重选择语速和语调，以确保顺畅的沟通。避免使用本地俚语和难以理解的口音。

5. 使用多种沟通方式

使用多种沟通方式，包括书面、口头、视觉和非言语沟通，以确保信息的准确传达。

6. 建立信任和关系

通过建立信任和积极的关系来促进跨文化沟通的成功。建立互相尊重的关系可以减少潜在的文化冲突。

跨文化沟通障碍是在全球化时代面临的重要挑战之一。理解和克服这些障碍对于建立成功的跨文化关系和合作至关重要。通过文化敏感性培训、积极学习和适应、倾听和提问、降低语速和语调、使用多种沟通方式、建立信任和关系，我们可以有效地克服跨文化沟通障碍，促进对文化多样性的理解和尊重。在全球化时代，跨文化沟通的能力将变得越来越重要，对于个人和组织都将产生积极影响。

二、文化差异的影响

文化差异是指不同文化群体之间在价值观、信仰、社交规范、习惯、语言和行为等方面的差异。这些文化差异可以在个体和社会层面产生深远的影响。本书将深入探讨文化差异的影响，包括对沟通、社会互动、商业、教育、身份认同和心理健康的影响。

（一）文化差异对沟通的影响

文化差异对沟通方式和效果产生显著影响。以下是文化差异对沟通的一些影响。

1. 语言和语言风格

不同文化对语言的使用和语言风格有不同的要求。例如，一些文化可能更注重正式的语言和礼貌用语，而其他文化可能更偏好直接和随和的语言风格。这可能导致误解和不适。

2. 非言语沟通

不同文化可能对非言语沟通（如肢体语言、面部表情和眼神接触）赋予不同的含义。一种姿势或表情在一个文化中可能表示高兴，而在另一个文化中可能表示不满。这可能导致沟通问题和误解。

3. 时间观念

不同文化对时间的看法不同。一些文化强调准时，而其他文化可能更弹性。这可能导致时间安排上的冲突和不适。

4. 礼仪和尊重

文化差异还涉及礼仪和尊重的差异。不同文化可能对礼貌、礼物的接受和表达感谢的方式有不同的规范。这可能导致社交互动中的不适。

文化差异的影响对于跨文化沟通至关重要。了解并尊重不同文化的沟通规范是建立成功跨文化关系的关键。

（二）文化差异对社会互动的影响

文化差异也对社会互动产生深远的影响。以下是一些文化差异对社会互动的影响。

1. 社交规范

不同文化具有不同的社交规范。一些文化强调社交礼仪，如礼物的赠送和接受，而其他文化可能更加随和。这可能导致社交互动中的不适和误解。

2. 家庭和社会结构

不同文化可能对家庭和社会结构有不同的看法。一些文化可能更加注重家庭价值，而其他文化可能更加强调个体自由。这可能导致家庭关系和社会角色的差异。

3. 宗教和信仰

宗教和信仰在不同文化中具有不同的重要性。宗教和信仰可能影响道德观念、价值观和社会规范。这可能导致宗教和信仰冲突，或者在社会互动中表现出不同的信仰方式。

4. 礼仪和礼物

礼仪和礼物的使用在不同文化中也有不同的规范。了解如何正确赠送和接受礼物，以及遵循社交规范是建立良好社交关系的重要因素。

文化差异对社会互动产生深刻的影响，因为它们涉及个体在社会中的角色、责任和期望。了解不同文化的社交规范和期望有助于建立尊重与和谐的社会关系。

（三）文化差异对商业的影响

文化差异对商业领域产生广泛的影响。以下是一些文化差异对商业的影响。

1. 商务礼仪

不同文化具有不同的商务礼仪。了解如何进行商务会议、交往和洽谈对于建立商业关系至关重要。

2. 谈判和决策

不同文化对谈判和决策方式有不同的期望。一些文化可能更加倾向于集体决策，而其他文化可能更加注重个体决策。这可能导致在商务谈判中的差异和挑战。

3. 时间观念

不同文化对时间的看法也会影响商业领域。一些文化可能更注重准时，而其他文化可能更为弹性。这可能导致时间管理和计划上的冲突。

4. 跨国合作

跨国合作需要处理不同文化的挑战。了解并尊重不同文化的期望和规范是跨国合作成功的关键。

文化差异在商业领域中具有实质性的影响。跨国公司需要考虑如何适应并尊重不同文化的商业规范，以建立成功的商业关系。

（四）文化差异对教育的影响

文化差异对教育领域的影响同样显著，它影响学生、教育体系和教育方法。以下是一些文化差异对教育的影响。

1. 学习风格和方法

不同文化可能有不同的学习风格和方法。一些文化可能更加重视记忆和背诵，而其他文化可能更注重实践和体验。这可能导致学生在教育环境中的适应困难和学业成绩的差异。

2. 教育价值观

不同文化对教育的价值观有不同的强调要点。一些文化可能强调学术成就和竞争，而其他文化可能更注重合作和社会技能。这可能影响学生的学术动机和目标。

3. 教育体系

不同国家和文化的教育体系可能有不同的结构和要求。这可能导致国际学生在不同文化的教育体系中的挑战和适应困难。

4. 教育技术和资源

不同文化可能对教育技术、资源的可用性和使用方式有不同的期望。这可能影响学校的设施、教材和教育技术的使用。

文化差异对教育领域的影响需要考虑学生的多样性和背景。教育机构需要采取文化敏感性的方法，以满足不同学生的需求，并提供资源和支持以促进学生的成功。

（五）文化差异对身份认同的影响

文化差异还可以影响个体的身份认同。以下是一些文化差异对身份认同的影响。

1. 双重文化身份

移民和跨文化个体可能面临双重文化身份的挑战。他们需要在原文化和新文化之间寻找平衡，这可能导致身份认同的困扰和冲突。

2. 多元文化认同

一些个体可能具有多元文化认同，即他们同时认同多个文化背景。这可以丰富他们的人际关系和世界观，但也可能导致身份认同上的复杂性。

3. 文化冲突

不同文化的价值观和期望可能导致文化冲突。这可能使个体感到困惑和焦虑，因为他们需要在不同文化背景下保持一致。

文化差异对身份认同的影响是一个复杂的议题。个体可能需要时间来探索和塑造他们的身份认同，以适应多元文化社会的挑战。

（六）文化差异对心理健康的影响

文化差异也对个体的心理健康产生深远的影响。以下是一些文化差异对心理健康的影响。

1. 文化冲突和压力

个体在不同文化中的角色和期望可能导致文化冲突和压力。这可能对心理健康产生负面影响，如焦虑和抑郁。

2. 社会支持

不同文化可能对社会支持的期望有所不同。一些文化可能更强调社会支持和亲密关系，而其他文化可能更注重独立性。社会支持对于心理健康至关重要。

3. 心理治疗和咨询

不同文化可能对心理治疗和咨询的接受方式和期望有所不同。了解并尊重个体的文化背景对于提供有效的心理健康服务至关重要。

文化差异对心理健康的影响需要考虑个体的多样性和背景。心理健康专业人员需要采取文化敏感性的方法，以提供符合个体需求的治疗和支持。

文化差异对个体和社会产生广泛的影响。在沟通、社会互动、商业、教育、身份认同和心理健康领域，文化差异都具有重要的作用。理解和尊重不同文化的差异是建立和维护健康的人际关系和社会和谐的关键。在全球化时代，跨文化教育和文化敏感性的培训变得越来越重要，以帮助个体和组织更好地应对文化差异的挑战。同时，文化差异也丰富了我们的社会和世界，为多元性和包容性社会的建设提供了机会和挑战。

三、跨文化适应的困难

跨文化适应是指个体或群体从一个文化背景适应到另一个文化背景的过程。在全球化的时代，跨文化适应变得越来越常见，因为人们经常需要在不同的文化环境中工作、生活和学习。尽管跨文化适应对于拓宽视野、促进文化交流和丰富个人经历非常重要，但它也伴随着一系列困难和挑战。本书将探讨跨文化适应的困难，包括文化冲突、语言障碍、社交孤立、心理适应困难和身份认同问题，以及如何克服这些困难。

（一）文化冲突

文化冲突是跨文化适应中常见的困难之一。不同文化之间的价值观、信仰、社交规范和习惯可能产生冲突，导致个体感到困惑和不适。以下是一些文化冲突的示例。

1. 价值观冲突

不同文化对道德和伦理价值观的理解和重视不同。例如，一个文化可能强调个人自由和竞争，而另一个文化可能更注重社区和合作。这种差异可能导致冲突和不理解。

2. 社交规范冲突

社交规范在不同文化中也有不同的期望。一些文化可能更加注重礼貌和礼仪，而其他文化可能更注重直接和坦率。这可能导致社交互动中的不适和误解。

3. 宗教和信仰冲突

不同文化的宗教和信仰体系也可能产生冲突。宗教和信仰对于行为、仪式和价值观具有重要影响，不同文化的宗教信仰可能导致冲突。

克服文化冲突的方法包括文化敏感性培训、开放对话和尊重不同文化的方式。理解不同文化的背景和价值观可以帮助个体更好地应对文化冲突。

（二）语言障碍

语言障碍是跨文化适应中的另一个重要困难。当个体不熟悉目标文化的语言或方言时，他们可能会面临沟通困难、社交孤立和文化误解。以下是一些语言障碍的示例。

1. 语言沟通问题

不懂目标文化的语言会导致沟通问题，使个体难以表达自己、理解他人，从而增加了交流的困难。

2. 文化误解

语言不仅是词汇和语法，还包括文化的隐含含义和习惯用语。不了解这些文化细节可能导致文化误解。

3. 社交孤立

语言障碍可能导致个体感到社交孤立，因为他们无法轻松地与当地人交往和参与社交活动。

克服语言障碍的方法包括学习目标文化的语言，使用翻译工具，与会说英语的人建立联系，以及参与语言交流课程。

（三）社交孤立

跨文化适应还可能导致社交孤立。当个体远离家乡、家人和朋友，来到一个陌生的文化环境时，他们可能会感到孤独和脱离社交网络。以下是一些导致社交孤立的因素。

1. 离乡背井

离开家乡和亲朋好友，到一个陌生文化中，使个体感到孤独和思乡。

2. 文化差异

不熟悉目标文化的社交规范和期望可能导致个体在社交互动中感到不适。

3. 社交网络建设

建立新的社交网络可能需要时间，因而在新文化中感到孤立。

克服社交孤立的方法包括积极参与社交活动、主动建立联系、加入社交团体和组织，以及与当地人建立深厚的友谊。

（四）心理适应困难

跨文化适应还可能导致心理适应困难。个体可能经历文化冲突、孤立和不适应，这可能对心理健康产生负面影响。以下是一些导致心理适应困难的因素。

1. 文化冲突的压力

处理文化冲突和文化差异可能导致个体感到压力和焦虑。他们可能不确定如何适应新的文化背景。

2. 身份认同问题

跨文化适应可能引发身份认同问题。个体可能感到困惑，不知道他们在不同文化中应该如何定位自己。

3. 文化冲突的情感负担

文化冲突可能导致个体感到情感负担，如愧疚、困惑和愤怒。这些情感可能对心理健康产生负面影响。

克服心理适应困难的方法包括心理咨询和支持，积极的心态和应对压力的策略，以及积极参与社交活动以建立支持系统。

（五）身份认同问题

跨文化适应还可能引发身份认同问题。个体可能面临困惑，不确定如何在不同文化背景中塑造自己的身份认同。

克服身份认同问题的方法包括自我探索和反思，接受多元文化认同，以及与其他有类似经历的人建立联系，分享经验和策略。

（六）克服跨文化适应困难的方法

克服跨文化适应困难需要一系列策略和方法。以下是一些克服跨文化适应困难的方法。

1. 文化敏感性培训

接受文化敏感性培训，以了解不同文化的差异和共同点。这有助于个体更好地理解和尊重其他文化。

2. 学习目标文化的语言

学习目标文化的语言可以提高个体在文化中的适应性，减少语言障碍。

3. 参与社交活动

积极参与社交活动，加入社交团体和组织，以建立新的社交网络，减轻社交孤立感。

4. 心理咨询和支持

寻求心理咨询和支持，以处理文化冲突、心理适应困难和身份认同问题。

5. 自我探索和反思

积极进行自我探索和反思，以理解自己的价值观、信仰和身份，应对身份认同问题。

6. 多元文化教育

参与多元文化教育，了解不同文化的历史、传统和贡献，促进文化多样性的理解和尊重。

跨文化适应是一个复杂的过程，伴随着各种困难和挑战。文化冲突、语言障碍、社交孤立、心理适应困难和身份认同问题都可能对个体的跨文化适应产生负面影响。然而，通过采取适当的策略和方法，个体可以克服这些困难，建立成功的跨文化关系，丰富个人经历，并促进文化多样性的理解和尊重。

在全球化时代，跨文化适应能力越来越重要。不仅个体需要适应不同文化背景，组织和社会也需要更加多元化和包容。为了更好地应对跨文化适应困难，我们需要加强文化教育和培训，提高人们的文化敏感性，鼓励开放对话，以建立一个更加多元和包容的社会。

最重要的是，跨文化适应是一个学习和成长的过程。个体应积极寻求支持、探索新的文化体验，以及反思自己的观点和价值观。通过努力克服困难，跨文化适应可以成为一个丰富和充实的旅程，带来新的视野、机会和人际关系。

第二节　全球经济不确定性

一、全球金融波动

全球金融市场的波动是一个常见且影响深远的经济现象。金融市场波动可以对各个国家和地区的经济产生重大影响，从而使全球经济体系产生连锁效应。本书将深入探讨全球金融波动的定义、原因、影响，以及如何管理和减轻金融市场波动对经济的负面影响。

（一）全球金融波动的定义

全球金融波动是指金融市场价格、汇率、利率和资产价格的波动，通常在短时间内发生。这种波动可以涉及股票市场、货币市场、债券市场及商品市场。全球金融波动通常表现为市场价格的大幅波动，包括股票价格的急剧下跌、汇率的大幅波动、利率的剧烈上升或下降，以及商品价格的快速波动。

全球金融波动的原因多种多样，可以包括政治事件、经济指标的发布、自然灾害、货币政策变化、全球经济衰退等。这种波动可以在短期内引发恐慌性卖出，导致市场崩盘，也可以对长期投资和经济增长产生重大影响。

（二）全球金融波动的原因

全球金融波动的原因是多方面的，以下是一些常见的原因。

1. 政治事件和地缘政治冲突

政治事件，如选举、政策变革、政治动荡及国际地缘政治冲突，都可能引发金融市场的不确定性和波动。投资者通常对政治不确定性和风险产生恐慌性反应，导致市场波动。

2. 经济数据和指标

经济数据的发布，如就业数据、通货膨胀率、国内生产总值等，对金融市场产生重大影响。意外的经济数据可能导致市场价格剧烈波动，因为投资者试图调整其投资组合以适应新的经济前景。

3. 货币政策

中央银行的货币政策变化，包括利率决策和量化宽松政策，会影响汇率和债券市场。这种政策变化可能引发市场的不确定性，从而导致价格波动。

4. 自然灾害和环境因素

自然灾害如飓风、地震、洪水等，以及环境因素如气候变化和资源短缺，都可能对商品市场产生影响。商品价格的波动可以使全球经济产生连锁效应，尤其是食品和能源价格的波动。

5. 全球经济趋势

全球经济趋势，如经济增长、贸易关系、全球供应链的变化等，会影响全球金融市场。全球经济放缓或复苏可能导致市场价格的波动。

6. 技术因素

高频交易、算法交易和电子交易平台的广泛使用，加速了金融市场的波动。这些技术因素可以导致市场价格在极短时间内剧烈波动。

（三）全球金融波动的影响

全球金融波动对经济产生多方面的影响，以下是一些主要影响。

1. 股票市场

股票市场可能受到全球金融波动的直接影响。市场价格的大幅波动可能导致投资者的恐慌性卖出，从而压低股票价格。这可能对个人和机构投资者的财富产生负面影响，降低股票市场的整体价值。

2. 货币市场

汇率的大幅波动可以对货币市场产生重大影响。货币贬值或升值可能导致国际贸易关系的变化，影响国际企业的盈利和风险管理。此外，汇率波动也会影响国际投资组合的价值。

3. 债券市场

利率的剧烈波动可能对债券市场产生重大影响。债券价格和债券收益率之间存在反向关系，因此利率上升可能导致债券价格下跌，从而影响债券投资者的回报。

4. 商品市场

全球金融波动也可能使商品市场产生连锁效应。商品价格的波动，特别是能源和粮食价格的波动，可能导致通货膨胀和成本上升，从而影响全球经济的健康。

5. 经济增长

长期的金融波动可能对经济增长产生影响。市场的不稳定性和不确定性可能导致企业推迟投资和雇佣决策，从而减缓经济增长的速度。

6. 金融稳定性

全球金融波动可能对金融体系的稳定性产生影响。金融市场的崩盘可能导致银行业风险，从而对金融体系产生负面影响。

7. 社会影响

全球金融波动还可能对社会产生广泛的影响。失业率上升、个体财富减少和退休计划受损等，都可能导致社会不满和不安定。

（四）管理和减轻全球金融波动的方法

管理和减轻全球金融波动对经济的负面影响是政府、中央银行和国际组织的重要任务。以下是一些方法。

1. 宏观经济政策

政府可以采取宏观经济政策来应对金融波动。这包括货币政策、财政政策和结构性政策。中央银行可以使用货币政策来稳定通货膨胀率和维护金融体系的稳定性。财政政策可以用于刺激经济增长或应对经济放缓。结构性政策可以用于改进金融监管和提高市场透明度。

2. 国际合作

国际合作对于减轻全球金融波动非常重要。国际金融机构和中央银行可以共同努力，以应对全球性的金融问题。国际货币基金组织和世界银行可以提供金融支持和技术援助，帮助国家渡过金融危机。

3. 监管和监督

更严格的金融监管和监督可以降低金融市场的不稳定性。监管机构可以确保金融机构遵守规定，减少风险暴露。此外，监管机构可以引入新的规则和标准，以提高市场的透明度和稳定性。

4. 金融教育和投资者保护

提高金融教育水平并保护投资者的权益非常重要。投资者需要了解金融市场的风险，以做出明智的投资决策。政府和金融机构可以提供教育和信息，以帮助投资者更好地理解金融市场。

5. 多元化投资组合

个人和机构投资者可以通过多元化投资组合来降低金融市场波动的风险。多元化意味着将资金分散投资到不同的资产类别和市场中，从而降低单一投资的风险。

6. 应急计划

个人和企业可以制订应急计划，以应对金融市场的波动。这包括制定投资策略、规划财务安全网、设定风险阈值等。

全球金融波动是金融市场不可避免的现象，但可以通过适当的政策和措施来管理和减轻其对经济的负面影响。政府、中央银行、国际组织及个人和机构投资者都有责任和机会参与应对全球金融波动的努力。通过宏观经济政策的协调、国际合作、更严格的监管、金融教育和多元化投资策略，可以降低金融市场波动对经济的冲击。

然而，重要的是要认识到，金融市场波动不是一成不变的，它可能受到多种因素的影响，包括全球经济的复杂性和不确定性。因此，及时的监测和灵活的政策响应是必要的，以适应新的挑战和机会。

最终，金融市场波动是金融体系的一个固有特征，它对经济的稳定性和发展产生深远的影响。通过合理的管理和政策措施，可以最大程度地减轻其负面影响，以实现更加稳定和繁荣的全球经济。同时，个人和机构投资者也应对金融市场的波动有清晰的认识，并采取适当的风险管理策略，以保护自己的财富。

二、贸易争端与政治不稳定性

贸易争端和政治不稳定性是国际关系中两个复杂而紧密相关的问题。它们既相互影响又相互加剧，对全球经济和政治格局产生深远的影响。本书将深入探讨贸易争端和政治不稳定性之间的关系，分析它们的根本原因、影响及可能的解决途径。

（一）贸易争端的根本原因

贸易争端的根本原因可以追溯到多种因素，其中包括经济利益、政治竞争和文化差异。以下是一些主要的原因。

1. 经济利益

国家之间的贸易争端通常源于经济利益的冲突。国家之间的贸易伙伴关系可能会导致一方认为受到了不公平待遇，例如，贸易逆差可能引发贸易争端。同时，竞争激烈的全球市场也可能导致国家之间采取贸易保护主义政策，从而引发争端。

2. 政治竞争

国际贸易往往受到国家政治体制的影响。政治领导人可能会利用贸易政策来满足国内政治需求，导致贸易争端。此外，国际政治竞争也可能导致国家之间的贸易争端，尤其是在涉及战略资源或地缘政治利益的情况下。

3. 文化差异

文化差异也可以导致贸易争端。不同国家的文化、价值观和法律体系可能导致对贸易问题的不同看法，从而引发争端。例如，食品安全标准、知识产权保护和劳工权利等问题可能因文化差异而引发争端。

（二）政治不稳定性的根本原因

政治不稳定性是一个广泛的概念，包括政治冲突、政治暴力、政权更迭和社会动荡等方面的问题。以下是一些导致政治不稳定性的根本原因。

1. 政治冲突

政治不稳定性通常与政治冲突紧密相关。政治冲突可能源自政治权力的争夺、政策分歧或社会不满。这些冲突可能导致示威、抗议、暴力事件及政府的动荡。

2. 政权更迭

政权更迭是政治不稳定性的一个常见原因。当国家领导人的权力受到挑战，或者政府被推翻，可能会引发政治混乱和不稳定。政治不稳定性还可能伴随着政治操纵和选举欺诈等问题。

3. 社会动荡

社会动荡是政治不稳定性的另一个根本原因。社会动荡可能由社会不平等、贫困、失业和社会不满引发。这些问题可能导致示威、抗议和社会动荡，对政局稳定产生负面影响。

（三）贸易争端与政治不稳定性的相互影响

贸易争端和政治不稳定性之间存在着复杂的相互影响。以下是一些关键的方式，它们相互作用。

1. 贸易争端可能引发政治不稳定性

当国家之间的贸易争端升级时，它们可能导致国内政治不稳定性。政府可能在国内受到压力，因为人民期望政府采取行动来维护国家的利益。这可能导致政治领导人面临国内抗议和批评，从而加剧政治不稳定性。

2. 政治不稳定性可能加剧贸易争端

政治不稳定性可能导致政府在国际贸易谈判中采取更激进的做法。政府可能试图利用外交手段来分散国内的注意力，或者试图通过对外贸易政策来巩固国内政治地位。这可能导致与其他国家之间的贸易争端升级。

3. 贸易争端和政治不稳定性可能相互加剧

当贸易争端和政治不稳定性同时存在时，它们可能相互加剧。政治不稳定性可能导致政府采取更激进的贸易政策，而贸易争端可能进一步加剧国内政治紧张局势。这种相互加剧可能导致更大规模的冲突和混乱。

（四）贸易争端和政治不稳定性的影响

贸易争端和政治不稳定性对国际社会和国内政治格局都产生了重大影响。以下是一些主要影响。

1. 经济影响

贸易争端可以对国家的经济产生负面影响。当贸易争端升级时，通常会实施关税、贸易壁垒和其他贸易限制措施，这可能导致受影响国家的出口受损，经济增长放缓，甚至可能引发衰退。此外，贸易争端还可能导致不确定性增加，影响投资和商业决策，造成金融市场波动。

2. 政治影响

贸易争端可能对国内政治产生深远影响。政府在处理贸易问题上的表现可能成为政治攻击的目标，政治领导人可能因贸易政策受到国内抨击。这可能导致政治不稳定性，甚至可能引发政府危机或政府更迭。

3. 国际关系影响

贸易争端可能对国际关系产生负面影响。当国家之间的贸易争端升级时，它们之间的互信可能减少，外交关系可能紧张，国际合作可能受到影响。此外，贸易争端还可能导致国际组织和贸易协定的崩溃，对国际治理体系产生负面影响。

4. 社会影响

贸易争端可能对社会产生影响。因为贸易政策的调整可能导致行业的转型和就业机会的减少，这可能引发社会不满和抗议。此外，贸易争端还可能对消费者产生影响，导致价格上涨和商品供应不稳定。

5. 地缘政治影响

某些贸易争端可能与地缘政治问题相关，如领土争端、资源争夺等。这种情况下，贸易争端可能加剧地缘政治紧张局势，甚至可能引发冲突和战争。

6. 解决途径

解决贸易争端通常需要外交努力和国际合作。国际组织如世界贸易组织（WTO）提供了解决贸易争端的机制。政府可以通过谈判、调解和争端解决机构来解决贸易争端。解决贸易争端有助于减少不确定性，恢复经济增长，改善国际关系。

贸易争端和政治不稳定性是复杂而相互关联的问题，它们对国际社会和国内政治产生深远的影响。贸易争端通常根植于经济利益、政治竞争和文化差异，而政治不稳定性源自政治冲突、政权更迭和社会动荡等因素。这两个问题相互影响，可能引发恶性循环，对经济、政治、国际关系、社会和地缘政治都产生负面影响。

解决贸易争端和政治不稳定性需要外交努力、国际合作和冷静的政策制定。国际组织如 WTO 提供了解决贸易争端的机制，而政府应采取明智的政策来化解政治不稳定性。只有通过合作和妥善的解决方案，国际社会才能减少贸易争端和政治不稳定性对全球稳定和繁荣的威胁。

贸易争端和政治不稳定性的问题需要国际社会的共同努力，以建立更加和平、稳定和公正的世界秩序。只有通过协作和妥善处理这些问题，我们才能更好地应对全球挑战，实现和平与繁荣的愿景。

三、全球经济预测

全球经济的预测一直备受关注，因为经济的走势不仅影响国际社会的各个层面，还关系到每个人的日常生活。然而，经济的不确定性和多样性使得准确的预测成为一项复杂的任务。本书将探讨全球经济的当前状态，并试图对未来的发展趋势进行预测。我们将关注当前的挑战及可能的机遇，以便更好地理解全球经济的前景。

（一）全球经济现状

为了进行准确的经济预测，首先需要了解全球经济的现状。以下是一些关键的观察。

1. 全球复苏

全球经济在受到新冠疫情的冲击后，随着疫苗接种进展和刺激政策的实施，大多数国家的经济逐渐复苏。然而，复苏的速度和程度因国家而异，一些国家和地区仍在受到疫情的影响。

2. 通货膨胀和物价上涨

近年来，通货膨胀和物价上涨成为了一个突出的问题。全球范围内，原材料、能源和运输成本上升，这导致了商品价格的上涨。此外，疫情期间的供应链中断也对物价产生了影响。

3. 贸易关系

贸易关系仍然是全球经济的关键因素。一些国家采取了保护主义政策，而其他国家则试图加强国际合作。全球供应链的稳定性和可持续性也备受关注。

4. 数字化经济

数字经济的快速发展对全球经济产生了深刻影响。电子商务、云计算、人工智能和区块链等技术正在改变商业模式和就业机会。

5. 可持续发展

气候变化和可持续发展问题已成为全球议程的一部分。国际社会越来越关注减少碳排放、可再生能源和环保技术的发展。

（二）全球经济的挑战

全球经济预测需要考虑当前和未来可能面临的挑战。以下是一些主要挑战。

1. 通货膨胀和物价上涨

高通货膨胀和物价上涨可能导致购买力下降，尤其是对低收入家庭。政府需要采取措施来应对通货膨胀并确保价格稳定。

2. 贸易不确定性

贸易争端和不确定性对全球供应链和国际贸易关系构成威胁。政府需要采取措施来稳定贸易环境，减少关税和贸易壁垒。

3. 数字化转型

尽管数字化经济带来了机会，但它也可能导致就业市场的不稳定性，尤其是对于传统行业。政府需要鼓励技能培训和创新，以适应数字化转型。

4. 社会不平等

社会不平等问题已经成为全球关注的焦点。财富和机会不平等可能导致社会动荡，政府需要采取政策来减少不平等。

5. 气候变化

气候变化对全球经济和社会产生深远影响。政府需要采取措施来减少碳排放和适应气候变化的影响。

（三）全球经济的机遇

尽管全球经济面临着许多挑战，也存在许多机遇，可以推动经济的增长和可持续发展。以下是一些主要机遇。

1. 可再生能源和绿色技术

可再生能源和绿色技术是未来的增长领域。投资于清洁能源和可持续技术可以创造就业机会并减少对化石燃料的依赖。

2. 数字化创新

数字化经济提供了无限的创新机会。新的商业模式、应用程序和技术可以创造新的市场和就业机会。

3. 国际合作

国际社会越来越重视国际合作，以解决全球性问题，如气候变化、贸易争端和卫生危机。合作有助于解决跨国问题。

4. 可持续发展

可持续发展已经成为全球议程的一部分，为企业和政府提供了机会采取环保措施，提高效率并创造可持续的未来。

5. 教育和技能培训

投资于教育和技能培训有助于提高劳动力的素质，使人们更有竞争力。这可以促进创新、创业和就业机会的增长。

6. 新兴市场的增长

一些新兴市场经济体具有强大的增长潜力，特别是在亚洲和非洲。这些市场提供了出口、投资和市场扩张的机会。

7. 医疗科技和生命科学

新的医疗科技和生命科学的发展有望提高医疗保健质量，同时也能创造繁荣的产业。

8. 社会创新

社会企业和创新的社会模式可以解决一系列社会问题，如贫困、健康和教育。这为可持续发展和社会公平提供了机会。

（四）未来的发展趋势

虽然没有人能够精确预测未来的全球经济，但可以识别一些潜在的发展趋势。

1. 数字化经济的继续增长

数字化经济将继续成为全球经济的关键引擎。云计算、大数据、物联网和人工智能等技术将继续推动数字化经济的发展。

2. 可持续发展的重要性

随着气候变化问题的升温，可持续发展将成为政策制定和商业决策的核心。清洁能源、绿色技术和环保措施将受到更多的投资。

3. 社会不平等问题的关注

社会不平等将继续成为重要的政治和社会议题。政府和组织将加强努力，以减少不平等，并提供更多机会。

4. 国际合作

全球性问题，如疫情、气候变化和贸易争端，需要国际合作来解决。国际组织和协定将继续发挥关键作用。

5. 新兴市场的崛起

一些新兴市场国家将继续崛起，成为全球经济的关键参与者。这将导致全球经济格局的演变。

6. 人工智能和自动化

人工智能和自动化技术将继续改变劳动力市场。政府和企业需要制订政策和计划，以应对这些变化。

全球经济的未来发展充满了挑战和机遇。经济领域的不确定性要求政府、企业和个人保持灵活性，适应变化。可持续发展、技术创新、社会公平和国际合作将是塑造未来的关键要素。虽然没有人能够预测未来，但通过积极应对挑战和利用机遇，我们可以共同努力实现更加繁荣和可持续的全球经济。

第三节 技术变革与职业需求

一、技术对职业的影响

技术的迅速发展已经改变了世界各个领域，其中之一是职业和工作环境。从自动化和人工智能到数字化和云计算，技术正在塑造职业的本质，带来了新的机会和挑战。本书将探讨技术对职业的深刻影响，包括就业机会、工作内容、技能需求和职业前景，以及社会和经济层面的影响。

（一）技术对职业的影响

1. 就业机会的变化

技术的发展导致了就业机会的变化。一方面，一些传统职业可能会受到自动化和机器人的冲击，从而减少了工人需求。另一方面，新兴领域如数据科学、人工智能和软件开发提供了新的就业机会。此外，远程工作和互联网平台也创造了独立的工作机会。

2. 工作内容的演变

技术的广泛应用正在改变工作内容。例如，自动化和机器学习可以处理重复性的任务，从而使人们能够专注于更有创造性和战略性的工作。此外，数字化工具和云计算使得跨地理位置的团队协作变得更容易，改变了工作的本质。

3. 技能需求的变化

技术的崛起也导致了对不同技能的需求发生变化。对于许多职业来说，数字素养、数据分析、编程和信息安全等技能变得越来越重要。与此同时，社交技能、创造性思维和解决问题的能力仍然是职场中不可或缺的技能。

4. 职业前景的不确定性

技术的快速演进引入了职业前景的不确定性。一些职业可能会减少需求，而另一些可能会蓬勃发展。因此，职业生涯规划需要更具灵活性和适应性。

5. 新兴职业的崛起

技术的发展已经催生了一些新兴职业。例如，数据分析师、网络安全专家、人工智能工程师和社交媒体经理等职业在数字时代崭露头角。这些职业提供了新的机会，但也需要特定的技能。

（二）技术对不同行业的影响

技术对不同行业的影响并不均匀，它在一些领域的影响更为显著。以下是一些不同行业中技术的影响情况。

1. 制造业

制造业一直是自动化和机器人技术的领域。自动化生产线和工业机器人的广泛使用导致了生产效率的提高，但也减少了制造业的人工需求。

2. 金融业

金融科技的崛起改变了传统金融机构的运作方式。移动支付、在线银行和数字货币等技术使得金融服务更加便捷和高效。

3. 医疗保健

医疗科技正在推动医疗保健领域的创新。远程医疗、电子病历和医疗设备的数字化都有助于提高患者护理的质量。

4. 零售业

电子商务和在线零售已经改变了零售业。消费者现在可以在线购买商品，并且人工智能可用于推荐产品和优化库存管理。

5. 教育

技术已经改变了教育领域。在线教育、远程学习和教育技术工具提供了更多的学习方式，使学生能够自主学习。

6. 农业

农业技术也在不断发展。无人机用于农田巡视，传感器用于监测土壤和气候条件，从而提高了农业生产效率。

7. 能源

清洁能源技术如太阳能和风能正在推动能源行业的变革。这些技术有助于减少碳排放，实现可持续发展。

（三）技术对职业的社会和经济影响

技术对职业不仅影响了个人，还对社会和经济产生了深远影响。

1. 社会不平等

技术的应用可能导致社会不平等加剧。那些拥有必要技能的人可能会受益，而那些没有这些技能的人可能会受到排斥。因此，政府和社会需要采取措施来减少不平等，如提供技能培训和教育。

2. 失业风险

自动化和机器人技术可能导致某些职业的失业。政府和企业需要制定政策来处理这一问题，包括提供转职培训和支持就业创造。

3. 劳动力市场的动态性

技术的崛起使劳动力市场变得更加动态。人们可能需要频繁地更新他们的技能以适应不断变化的工作需求。这也要求更多的灵活性和适应性。

4. 经济增长

技术对经济增长产生积极影响。新兴技术和创新带动了新产业的兴起，从而创造了更多的就业机会。数字化经济的发展也促进了全球贸易和商业。

5. 全球竞争

技术使全球市场更加互联互通。这加剧了国际竞争，企业需要不断提高效率和创新，以保持竞争力。

6. 生活质量的改善

技术的发展提高了生活质量。从智能手机到医疗科技，技术使人们的生活更加便捷、安全和舒适。

7. 环境可持续性

技术也对环境可持续性产生影响。清洁能源技术有助于减少碳排放，减缓气候变化。此外，数字化技术也有助于环保，如电子化文件管理减少了纸张消耗。

（四）适应技术变革的策略

在面对技术变革对职业产生的影响时，个人、政府和企业可以采取一些策略来适应这一变化。

1. 技能培训和教育

个人需要不断学习新技能，以适应不断变化的职业需求。政府和教育机构应提供更多的技能培训和继续教育机会。

2. 就业市场监测和政策

政府可以建立监测和分析就业市场的体系，以更好地了解就业趋势和需求。此外，政府可以制定政策来促进创新和就业机会的创造。

3. 社会安全网

政府应确保社会安全网的健全，以保护那些可能受到技术变革影响的人。这包括提供失业救济、健康保险和退休金计划。

4. 企业创新

企业需要不断创新以保持竞争力。这可能包括投资研发、采用新技术和提供培训机会。

5. 全球合作

技术的影响是全球性的，因此国际合作至关重要。国际组织和政府可以共同应对全球性挑战，如气候变化和数字化经济。

6. 个人规划

个人需要制定职业规划，以适应技术变革。这可能包括选择培训和教育路径，跟踪职业趋势，以及发展适应性技能。

技术对职业产生了深刻的影响，它已经改变了就业机会、工作内容、技能需求和职业前景。尽管技术变革带来了新的机会，但也伴随着一些挑战，如社会不平等和失业风险。为了更好地适应技术变革，个人、政府和企业需要采取策略来提高技能、加强创新、提供社会安全网并推动全球合作。只有通过合作和适应，我们才能更好地应对技术带来的变革，实现可持续的职业和经济增长。

二、技术创新与职业的未来

技术创新一直是塑造社会和经济的重要因素之一。从工业革命以来，技术的不断进步已经改变了职业的本质，创造了新的机会，并对人们的工作方式产生深远影响。本书将探讨技术创新对职业的当前和未来影响，包括对就业机会、工作内容、技能需求和职业前景的影响。

（一）技术创新对职业的当前影响

技术创新对职业的当前影响是显而易见的，它已经在各个领域引起了深刻的变革。以下是一些主要方面的影响。

1. 就业机会的多样性

技术创新带来了多样的就业机会。新兴领域如人工智能、机器学习、区块链、生物技术和可再生能源等领域正在快速崛起，创造了新的职业机会。同时，数字化工具和互联网平台也使得远程工作变得容易，使独立从业者更容易获得工作。

2. 工作内容的转型

技术创新改变了工作内容的本质。自动化和机器学习技术用于处理重复性的任务，从而使人们能够更多地专注于创造性和战略性的工作。数字化工具和云计算使得跨地理位置的团队协作变得更容易。

3. 技能需求的演变

技术创新对技能需求产生了重大影响。数字素养、数据分析、编程和信息安全等技能变得越来越重要。与此同时，社交技能、创造性思维和解决问题的能力仍然是职场中不可或缺的技能。

4. 职业前景的多样性

技术创新为职业前景带来了多样性。虽然一些传统职业可能会受到自动化和机器人技术的冲击，但新兴领域的发展为人们提供了更多的机会。这使得职业生涯规划需要更具灵活性和适应性。

5. 新兴职业的兴起

技术创新催生了一系列新兴职业，如数据科学家、区块链开发者、虚拟现实设计师和机器学习工程师。这些职业提供了新的就业机会，但通常需要特定的技能和知识。

（二）未来的职业和技术创新

随着技术不断发展，未来的职业前景也将发生变化。以下是一些可能的趋势和影响。

1. 增长领域

一些增长领域包括人工智能、数据科学、生物技术、可再生能源和可持续发展。这些领域将提供更多的就业机会，并需要具备相关技能的专业人才。

2. 自动化和机器人

自动化和机器人技术将继续进步，可能影响一些传统行业，如制造业和物流。因此，人们需要考虑转向需要更多人类技能的职业。

3. 数字化技术

数字化技术的快速发展将继续影响各行各业。对数字素养和数据管理的需求将不断增加，从而创造了信息技术领域的就业机会。

4. 绿色经济

可再生能源和环保技术的发展将推动绿色经济的增长。这将创造更多的就业机会，并有助于减少对化石燃料的依赖。

5. 教育和培训

未来的职业将需要不断更新技能和知识。因此，教育和培训领域将继续发展，以满足不断变化的需求。

6. 全球竞争

全球竞争将继续加剧，技术的发展使企业在国际市场上更有竞争力。因此，国际经验和跨文化沟通技能将成为越来越重要的职业资产。

7. 社会不平等问题

技术创新可能导致社会不平等加剧，但也提供了机会来减少不平等。政府和社会需要采取政策和措施来确保技术的利益得以公平分配。

（三）适应技术创新的策略

为了适应技术创新对职业的影响，个人、政府和企业可以采取一些策略。

1. 终身学习

个人需要重视终身学习，不断更新和发展新技能，以适应不断变化的职业需求。

2. 政府政策

政府可以制定政策来鼓励技能培训、教育和创新，以促进就业机会的创造和减少社会不平等。

3. 企业创新

企业需要不断创新，以保持竞争力并提供新的就业机会。创新可以包括产品开发、流程改进和新业务模式。

4. 全球合作

技术创新是全球性的，国际合作是解决全球性挑战的关键。国际组织和国家之间的合作将有助于推动技术创新，共同应对气候变化、贸易挑战和其他全球问题。

5. 社会安全网

政府需要建立健全的社会安全网，以保护那些受到技术变革影响的人。这包括提供失业救济、健康保险和退休金计划。

6. 个人规划

个人需要制定职业规划，了解自己的技能和兴趣，以做出适应技术创新的职业选择。这可能包括选择培训和教育路径，跟踪职业趋势，以及发展适应性技能。

7. 可持续发展

技术创新应当与可持续发展目标相结合，以确保经济增长不会以环境破坏为代价。清洁技术和绿色经济的发展是实现可持续性的关键。

技术创新将继续对职业产生深刻的影响，创造新的机会，改变工作方式，并对技能需求产生影响。未来的职业将充满多样性，但也伴随着挑战，如社会不平等和失业风险。为了更好地适应技术创新，个人、政府和企业需要采取策略来提高技能、鼓励创新、提供社会安全网，并促进全球合作。只有通过合作、适应性和可持续发展，我们才能更好地利用技术创新的机会，实现可持续的职业和经济增长。技术创新将继续塑造我们的未来，我们需要积极应对这一挑战并抓住机会，以实现更加繁荣和可持续的社会。

三、技能发展和职业生涯规划

在当今快速变化的全球劳动市场中，技能发展和职业生涯规划变得至关重要。不断升级和扩展自己的技能，以适应不断变化的职业需求，对于职业成功至关重要。本书将探讨如何有效地进行技能发展和职业生涯规划，以实现个人和职业的长期目标。

（一）技能发展的重要性

1. 适应快速变化的职业需求

技术和市场趋势的迅速演变使得职业需求不断变化。持续发展和更新技能是确保自己在职场保持竞争力的关键。

2. 提高就业机会

具备多样化的技能可以帮助个体获得更多的就业机会。雇主更愿意雇佣那些具有广泛技能的人，因为他们可以胜任多项任务。

3. 提高职业满意度

拥有与工作相关的技能可以帮助个体更好地应对工作挑战，提高职业满意度。成功地解决问题和充分发挥自己的技能会带来成就感。

4. 创业机会

如果有创业愿望，技能发展是至关重要的。创业者需要具备广泛的技能，以便管理他们的业务并应对各种挑战。

（二）有效的技能发展策略

1. 自我评估

个体首先需要评估自己的当前技能和兴趣。了解自己的优势和劣势将有助于确定应该发展哪些技能以实现职业目标。

2. 设定明确的目标

确定长期和短期职业目标，并将这些目标与所需的技能联系起来。这有助于确定需要发展的具体技能。

3. 学习新技能

学习新技能的方法多种多样。个体可以选择参加正规的教育课程，如大学或在线学习平台上的课程。此外，也可以通过自学、导师指导和参加工作坊等方式来获取新技能。

4. 实践和应用

学习新技能后，务必将其付诸实践。实际应用是巩固技能的关键。参加项目、志愿活动或自愿承担新任务可以帮助应用新技能。

5. 不断更新

技术和市场趋势不断变化。因此，个体需要定期更新和扩展技能，以适应这些变化。订阅行业新闻、参加培训和研讨会等方法有助于跟上最新的发展。

（三）职业生涯规划

1. 明确职业目标

在职业生涯规划中，首要任务是明确职业目标。这可能包括确定希望在职业生涯中达到的职位、行业、收入水平和地理位置。

2. 制定规划

制定一份详细的职业生涯规划。规划应包括阶段性的目标、所需的技能和学历、时间表及实现这些目标所需的步骤。

3. 建立支持网络

与职业导师、同事、朋友和家人建立支持网络。他们可以提供指导和支持，帮助个体实现职业目标。

4. 自我市场营销

学会自我市场营销，包括编写出色的简历、参加面试、建立个人品牌和利用社交媒体来扩展职业网络。

5. 不断评估进展

定期评估自己的职业生涯规划进展。如果目标或情况发生变化，不要害怕重新调整计划。

（四）职业生涯规划与技能发展的结合

职业生涯规划和技能发展是紧密相关的，两者相辅相成。以下是将它们结合起来的方法。

1. 将技能与职业目标相关联

在职业生涯规划中，确保所选择的技能与您的职业目标相关。每个技能都应该对实现特定职业目标有帮助。

2. 制订技能发展计划

根据职业目标，制订技能发展计划。明确列出需要发展的技能，并确定学习这些技能的路径。

3. 定期更新计划

职业生涯规划和技能发展计划都应该定期更新。职业目标可能会发生变化，新的技能需求可能会出现，因此计划需要保持灵活性。

4. 应用学到的技能

学到的新技能应该在职业生涯中得到应用。通过在工作中实际应用技能，不仅提高个体的价值，还巩固了所学知识。

5. 追求学历和认证

根据职业目标，考虑获得相关的学位和认证。这些可以增强个体的专业资格，使个体更具竞争力。

6. 建立职业网络

职业生涯规划和技能发展的成功还取决于您的职业网络。与同事、导师和行业内的专业人士建立联系，可以获得指导、机会和支持。

7. 自我评估

定期进行自我评估，了解自己的职业目标是否保持一致，是否需要调整技能发展计划和职业生涯规划。

（五）技能发展和职业生涯规划的障碍

尽管技能发展和职业生涯规划的重要性不言而喻，但仍然存在一些常见的障碍，使许多人难以成功实施这些策略。

1. 时间限制

许多人感到时间有限，难以平衡工作、家庭和技能发展。然而，有效的时间管理和优先级设定可以有助于克服这一障碍。

2. 经济压力

学习新技能和追求更高学历可能需要资金投入，这可能对一些人造成经济压力。寻找奖学金、补助金和廉价的学习资源可以减轻这种压力。

3. 自我怀疑

自我怀疑和缺乏信心可能阻碍个人追求技能发展和职业生涯规划。与心理健康专家或职业导师合作，可以帮助克服这些情感障碍。

4. 抵触情绪

学习新技能可能会引发抵触情绪，尤其是当人们感到自己已经在某个领域有了一定的经验时。然而，接受挑战和克服抵触情绪是技能发展的一部分。

5. 缺乏资源

在某些地区，人们可能难以访问高质量的教育和培训资源。政府和社会可以采取措施来提供更多的资源和机会。

技能发展和职业生涯规划是成功职业生涯的关键元素。不断学习和更新技能，与职业目标保持一致，并建立有效的职业生涯规划，将有助于实现个人和职业的长期目标。尽管存在一些障碍，但通过坚定的决心、良好的时间管理和有效的资源利用，这些障碍是可以克服的。在不断变化的劳动市场中，技能发展和职业生涯规划将成为成功的关键因素，有助于实现职业满意度和个人成长。

第四节　国际化背景下的职业发展机会

一、跨文化职业机会

全球化已经改变了商业和职业的面貌。跨国公司、国际贸易和全球通信的崛起创造了跨文化职业机会。这些机会涵盖了各种行业，从国际商务和文化交流到外交和国际援助。本书将探讨跨文化职业机会的重要性、涵盖的领域，以及如何为跨文化职业做好准备。

（一）跨文化职业机会的重要性

跨文化职业机会的重要性在当今全球化的世界中越发凸显。以下是一些理由。

1. 经济增长

跨文化商业机会有助于推动全球经济增长。国际贸易、跨国投资和全球供应链的发展创造了数百万的工作岗位，推动了许多国家的经济增长。

2. 文化交流

跨文化职业机会促进了不同文化之间的交流和理解。通过工作、学习和生活在不同文化背景下，人们可以更好地理解他人的信仰、价值观和习惯。

3. 创新和问题解决

不同文化的多样性有助于促进创新和问题解决。不同背景的人可以带来不同的思维方式，从而解决复杂的问题并推动创新。

4. 外交和国际关系

跨文化职业机会在外交和国际关系领域至关重要。外交官、国际组织成员和国际援助工作者需要具备跨文化沟通和协商的能力。

5. 个人成长

参与跨文化职业有助于个人成长。人们可以提高自己的适应性、跨文化沟通能力和领导技能，从而变得更有竞争力。

（二）跨文化职业领域

跨文化职业机会涵盖了各种领域，以下是一些主要的领域。

1. 国际商务

国际贸易、市场营销和国际业务管理是跨文化职业的重要领域。在国际商务中工作需要了解不同文化的商业习惯和法规。

2. 跨文化教育

教育领域也提供了丰富的跨文化职业机会。教育家、语言教师和跨文化培训师可以帮助人们更好地适应不同文化的环境。

3. 国际援助和发展

国际援助机构和非政府组织需要专业人士来协助发展项目和救援行动。这些工作涵盖了医疗、教育、水资源管理和社区发展等领域。

4. 外交和国际关系

外交官、国际组织成员和国际政治分析师需要具备跨文化背景和外交技能，以促进国际合作和全球问题解决。

5. 文化艺术和媒体

跨文化职业机会在文化艺术、电影制作、文学和新闻媒体领域也得以表现。跨文化理解对于创造文化内容、进行媒体报道至关重要。

6. 国际旅游和对外服务

旅游业、酒店管理和对外服务业需要满足不同文化期望的专业人员。提供文化敏感的服务是成功的关键。

7. 科学和研究

跨文化职业机会扩展到科学和研究领域。科学家、研究员和学者可能需要与跨文化团队合作以开展国际研究项目。

（三）为跨文化职业做好准备

要充分利用跨文化职业机会，个人需要为自己做好准备。以下是一些关键的准备步骤。

1. 跨文化教育和培训

学习和了解不同文化的教育和培训是准备的关键部分。这包括学习不同文化的历史、宗教、价值观和礼仪。

2. 外语能力

掌握一门或多门外语是跨文化职业中的巨大优势。多语能力有助于更好地与不同文化的人交流。

3. 适应性和开放心态

准备好适应不同文化的环境，并保持开放的心态。理解文化差异，尊重他人的信仰和习惯是成功的关键。

4. 跨文化沟通技能

学会有效地进行跨文化沟通是非常重要的。这包括非言语沟通、文化敏感性和协商技能。

5. 国际经验

寻找机会获取国际经验，如国际交换项目、志愿者工作、国际实习或工作在不同国家。这些经验将帮助您适应跨文化环境。

6. 教育和学历

某些职业要求具备特定的学历或认证。在考虑跨文化职业时，确定是否需要特定的学历或专业认证，并采取相应的教育路径。

7. 建立职业网络

与跨文化领域的专业人士建立联系是有益的。社交媒体和专业组织是与同行和行业领袖建立联系的好方式。

（四）挑战与机遇

跨文化职业机会带来了许多机遇，但也伴随着一些挑战。

1. 机遇

（1）丰富的经历：跨文化职业提供了独特的机会，可以拓宽视野，增加文化敏感性，丰富个人和专业生活。

（2）国际化的职业：可以涉足国际市场，接触不同国家的客户和合作伙伴，从而推动职业发展。

（3）文化交流：参与跨文化工作使您有机会与来自不同文化背景的人交流，从而促进理解和合作。

2. 挑战

（1）文化差异：理解和适应不同文化的差异可能是具有挑战性的。文化冲突和误解可能会发生，需要谨慎处理。

（2）适应性：适应不同文化环境可能需要时间，有时可能感到孤立或不适应。

（3）远离家庭和社交网络：从事跨文化职业可能需要长期定居在不同国家或地区，这可能导致与家人和朋友分离。

跨文化职业是当今全球化世界中的重要领域之一。参与跨文化职业有助于促进全球经济增长、文化交流和个人成长。然而，为了成功追求跨文化职业，个人需要投入时间和精力，以提高跨文化沟通能力、适应能力和跨文化理解的能力。虽然有挑战，但跨文化职业机会为那些愿意投入努力的人提供了广阔的机遇，可以实现个人和职业目标。在一个不断变化的全球化世界中，跨文化职业将继续扮演重要的角色，为个人和社会带来深远的影响。

二、国际化职业规划

国际化职业规划是指为了追求国际职业机会而制定的个人职业发展策略。随着全球化的加速和国际市场的蓬勃发展，越来越多的人将目光投向了国际职业领域。国际化职业规划有助于个人在国际竞争中脱颖而出，实现职业目标。本书将探讨国际化职业规划的重要性、关键要素，以及如何为国际化职业做好准备。

（一）国际化职业规划的重要性

国际化职业规划的重要性在当今全球化的世界中愈发凸显。以下是一些理由。

1. 全球经济机会

国际市场提供了巨大的商业机会。跨国公司、国际贸易和全球供应链的发展创造了数百万的工作岗位，推动了许多国家的经济增长。

2. 文化多样性

国际化职业为人们提供了与不同文化背景的人合作的机会。这有助于增强文化敏感性，理解不同文化之间的差异和共同之处。

3. 专业发展

参与国际化职业可以帮助个人提高其专业技能。国际工作经验、跨文化沟通和管理跨国团队的能力将提升个人的职业价值。

4. 挑战与机遇

国际化职业提供了挑战和机遇。挑战来自文化差异、市场变化和全球竞争，而机遇则体现在创新、全球性项目和个人成长方面。

（二）国际化职业规划的关键要素

国际化职业规划包括一系列关键要素，其中每个要素都对成功实现国际职业目标至关重要。

1. 明确的职业目标

在国际化职业规划中，首要任务是明确职业目标。这可能包括确定个体希望在国际职业中达到的职位、行业、收入水平和地理位置。

2. 国际市场研究

在制定国际化职业规划时，需要深入了解个体所关心的国际市场。这包括了解市场趋势、竞争对手、文化差异和法规。

3. 文化敏感性

跨文化敏感性是国际化职业成功的关键。了解不同文化的价值观、习惯和礼仪，以及如何尊重和适应这些文化差异，是非常重要的。

4. 学习外语

掌握外语是国际化职业规划中的重要步骤。多语能力有助于更好地与不同文化的人交流，扩展职业机会。

5. 国际工作经验

获取国际工作经验是实现国际化职业目标的关键。这可以包括国际实习、派遣工作、海外工作或参与国际项目。

6. 国际教育和培训

参加国际教育和培训课程可以增加专业技能和知识，有助于实现国际化职业目标。

7. 建立国际网络

与国际职业领域的专业人士建立联系是有益的。社交媒体和专业组织是与同行和行业领袖建立联系的好方式。

8. 国际项目和全球意识

参与国际项目和跨文化合作将帮助您发展全球意识，了解全球问题，拓宽视野。

（三）为国际化职业做好准备

要成功追求国际化职业，个人需要为自己做好充分的准备。以下是一些关键的准备步骤。

1. 教育和学历

确保您的学历和专业资格与国际职业目标相符。某些国际职业可能要求特定的学历或认证。

2. 国际化技能培训

参加培训以提高国际化职业所需的特定技能。这可能包括跨文化沟通、国际商务、国际法律或其他专业领域的培训。

3. 居住和工作许可

如果您计划在国际上工作，了解目标国家的居住和工作许可程序是至关重要的。确保您的签证和许可文件都是合法有效的。

4. 文化准备

在移居到新国家或与不同文化背景的人工作之前，进行文化准备非常重要。这包括学习目标国家的语言、历史、文化和礼仪。

5. 金融规划

确保您有足够的财务资源来支持国际化职业。这可能包括储蓄、投资或国际工作的薪酬计划。

6. 网络建设

建立国际性的职业网络非常重要。与国际职业领域的专业人士建立联系，可以帮助您获取信息、建议和职业机会。

7. 全球意识

培养全球意识，了解国际关系、全球经济和全球挑战。这将帮助您更好地适应国际职业的环境。

（四）挑战与机遇

国际化职业规划带来了许多机遇，但也伴随着一些挑战。

1. 机遇

（1）全球机会：国际化职业提供了广泛的机会，包括跨国公司的高级职位、国际市场的拓展、跨国项目的管理等。

（2）文化交流：参与国际化职业使您有机会与来自不同文化背景的人交流，促进理解和合作。

（3）创新和问题解决：不同文化的多样性有助于促进创新和解决全球性问题。不同背景的人可以带来不同的思维方式，从而推动创新。

2. 挑战

（1）文化差异：理解和适应不同文化的差异是具有挑战性的。文化差异可能会导致文化冲突和误解，需要个体谨慎处理。

（2）适应性：适应不同文化环境需要一些时间，这会使个体感到孤立或不适应。

（3）远离家庭和社交网络：从事国际化职业可能需要长期定居在不同国家或地区，这可能导致与家人和朋友分离。

国际化职业规划是在当今全球化世界中实现职业成功的关键。通过制定明确的职业目标、深入了解目标国际市场、提高跨文化沟通能力和文化敏感性，个人可以为国际化职业做好准备。虽然存在挑战，但国际化职业提供了广泛的机会，可以推动全球经济增长、促进文化交流和个人成长。在一个不断变化的全球化世界中，国际化职业将继续扮演重要的角色，为个人和社会带来深远的影响。通过充分准备和坚定的决心，人们可以实现国际职业目标，为自己的未来奠定坚实的基础。

三、跨国企业的职业发展路径

跨国企业，通常称为跨国公司，是在多个国家或地区开展业务的公司。这些公司在全球范围内经营，为员工提供了广泛的职业机会。跨国企业的职业发展路径吸引了许多求职者，因为它们通常提供更多的职业增长机会、国际工作机会和全球化的业务视野。本书将探讨跨国企业的职业发展路径，包括关键要素、挑战和机遇。

（一）跨国企业的职业发展路径

跨国企业为员工提供了多样化的职业发展路径。这些路径通常包括以下几个关键阶段。

1. 入门级职位

大多数人开始他们的跨国企业职业生涯时，会从入门级职位开始，如实习生、助理或初级职位。这些职位通常涵盖广泛的领域，包括销售、市场营销、财务、人力资源和运营等。

2. 专业职业发展

一旦员工在入门级职位中积累了一些经验，他们可以选择进一步发展他们的专业职业。这可能涉及专门的技能培训、认证或学位的追求，以提高他们在特定领域的专业知识水平。

3. 中级管理

随着经验的积累，员工有机会晋升到中级管理职位，如部门经理或项目经理。这些职位通常需要领导和管理技能，以及更高级的责任。

4. 高级管理

在高级管理职位中，员工可能成为跨国企业的高级经理、副总裁或总监。这些职位通常要求更高的战略性思维、领导能力和决策能力。

5. 全球领导

对于那些渴望在跨国企业中担任高级领导职务的人来说，全球领导是一个潜在的路径。这可能涉及国际派遣或国际分公司的管理。

6. 特定领域的专家

一些员工可能选择成为特定领域的专家，如国际税务、国际法律、全球供应链管理或国际市场营销。这些专家通常在公司内部提供咨询或领导特定项目。

7. 跨国企业的创业者

对于那些有创业精神的人来说，创办自己的跨国企业也是一个潜在的路径。这可能需要创意、决策和创业能力。

（二）关键要素

跨国企业的职业发展路径取决于一系列关键要素。以下是一些关键要素，可以影响员工在跨国企业中的职业发展。

1. 教育和技能

教育背景和专业技能对职业发展至关重要。员工通常需要具备与他们的职业目标相匹配的学历和技能。

2. 文化敏感性

在国际化的职业环境中，文化敏感性是重要的能力。员工需要理解不同文化之间的差异，并能够尊重和适应这些差异。

3. 国际经验

获取国际经验是在跨国企业中晋升的关键。员工可能需要参与国际项目、国际派遣或与国际团队合作，以获取这种经验。

4. 跨文化沟通

跨文化沟通能力对于在跨国企业中成功发展职业至关重要。员工需要有效地与不同文化背景的人合作和交流。

5. 领导能力

领导能力是晋升到管理职位的关键因素。员工需要展示出领导和管理团队的能力。

6. 战略思维

在高级管理职位中，战略思维变得至关重要。员工需要能够制定和执行公司战略。

7. 适应性

适应不同国家和文化环境的能力对于国际化职业发展至关重要。员工可能需要频繁地搬迁或在国际差旅中工作。

（三）挑战与机遇

跨国企业的职业发展路径充满了挑战和机遇。

1. 挑战

（1）工作生活平衡：在跨国企业中工作通常涉及国际差旅和不规律的工作时间，这可能对工作生活平衡构成挑战。

（2）竞争对手：跨国企业通常拥有高度竞争性的职业发展环境。员工需要不断提升自己的技能和经验，以与其他竞争对手保持竞争力。

2. 机遇

（1）全球视野：跨国企业的职业发展路径为员工提供了深入了解不同国家和文化的机会，拓宽视野，培养全球意识。

（2）国际工作机会：跨国企业通常提供丰富的国际工作机会，员工有机会在不同国家或地区积累国际工作经验。

（3）全球网络：在跨国企业工作可以帮助员工建立广泛的国际职业网络，与来自不同背景的专业人士建立联系。

（4）职业增长：跨国企业通常提供更多的职业增长机会，员工可以晋升到高级管理层或在全球范围内管理项目。

跨国企业的职业发展路径为员工提供了多样化的机会和挑战。要在这个领域成功，员工需要不断提升自己的技能、增加国际经验、理解文化差异、建立全球性的职业网络，并拥有战略思维和领导能力。尽管存在一些挑战，但跨国企业的职业发展路径为那些渴望国际性职业机会的人提供了广阔的前景。通过充分准备和积极的职业发展，员工可以在跨国企业中实现职业目标，为自己的未来奠定坚实的基础，并在全球范围内取得成功。跨国企业将继续扮演重要的角色，推动全球经济增长和国际合作，为全球职业生涯提供多样化的机会。

第五节　就业教育政策与国际合作

一、就业教育政策的国际化趋势

就业教育政策的国际化趋势是当今全球化世界中的重要议题。随着全球经济和技术的迅速发展，国际就业市场日益竞争激烈，跨国公司和组织的兴起，以及全球劳动力流动的增加，国际化的教育政策变得愈发重要。本书将探讨就业教育政策国际化的趋势，探讨其影响及国际化对教育和职业培训的重要性。

（一）国际化的就业教育政策趋势

1. 全球化的劳动力市场

全球化已经加速了国际就业市场的整合。跨国公司和组织在不同国家之间招聘员工，这导致了跨国和跨文化的劳动力流动。因此，就业教育政策需要适应这一趋势，以确保员工具备在国际化职场中成功的技能和知识。

2. 技术的发展

技术的不断发展对全球劳动力市场产生了深远影响。许多行业需要适应新技术，这要求员工不断学习和更新自己的技能。因此，国际化的就业教育政策需要关注技术培训和数字素养。

3. 国际标准和认证

随着国际劳动力流动的增加，国际标准和认证变得更加重要。员工可能需要获得国际认可的证书或资格，以在国际就业市场上竞争。国际化的就业教育政策需要促进这种认证的发展。

4. 多样性和文化敏感性

国际化的就业市场要求员工能够理解和尊重不同文化和价值观。因此，就业教育政策需要强调多样性培训和文化敏感性的重要性。

5. 在线学习和远程工作

全球化趋势还推动了在线学习和远程工作的普及。就业教育政策需要关注在线学习平台的发展，以提供便捷的职业培训。

（二）国际化对就业教育政策的影响

1. 促进全球竞争力

国际化的就业教育政策有助于提高国家和个体的全球竞争力。通过学习国际认可的技能和知识，员工更有可能在国际市场上找到就业机会。

2. 支持经济增长

国际化的就业教育政策可以促进创新和技术进步，从而支持国家的经济增长。培训员工以适应新兴行业和技术趋势可以推动产业的发展。

3. 促进全球合作

国际化的就业教育政策有助于促进国际合作。通过与其他国家和组织合作，国家可以分享最佳实践和教育资源，共同应对全球性挑战。

4. 提高就业机会

国际化的就业教育政策为员工提供了更多的就业机会。员工可以在国际市场上寻找职位，跨国公司也更愿意雇佣具备国际化背景和技能的员工。

5. 提高文化敏感性

国际化的就业教育政策强调了文化敏感性的重要性。这有助于员工理解不同文化之间的差异，提高国际合作的效率。

（三）国际化就业教育政策的关键要素

国际化就业教育政策的实施需要考虑一些关键要素。

1. 国际合作

政府和教育机构需要积极合作，以分享教育资源、最佳实践和认证标准。国际性的合作有助于提高政策的有效性。

2. 技能培训

就业教育政策需要强调技能培训，以满足不断变化的劳动力市场需求。员工需要获得实际技能，能够在职场中应用。

3. 在线学习

支持在线学习平台的发展是国际化就业教育政策的一部分。在线学习更具灵活性，使员工能够在全球范围内获取教育资源。

4. 多样性培训

多样性培训有助于员工理解和尊重不同文化和背景的同事。多样性意识培训可以提高团队的协作效率。

5. 国际认证

国际认证标准的发展对于员工的国际就业机会至关重要。政府和教育机构应支持国际认证的制定和推广，以便员工能够获得在国际市场上受认可的证书和资格。

6. 文化交流项目

为员工提供参与国际文化交流项目的机会，可以提高文化敏感性，加强跨文化交流的技能。这些项目可以是实习、志愿服务或短期培训。

7. 政策监管和评估

政府需要建立有效的政策监管和评估机制，以确保国际化的就业教育政策能够实现其目标。这包括监测政策的执行、测量政策的影响和根据需求进行调整。

（四）挑战与机遇

国际化的就业教育政策面临一些挑战和机遇。

1. 挑战

（1）资源限制：实施国际化的就业教育政策可能需要大量的资源，包括资金、教育设施和教育人员。一些国家可能面临资源有限的挑战。

（2）文化差异：跨国就业市场要求员工能够理解和尊重不同文化之间的差异。这可能需要时间和努力来克服。

（3）技术障碍：在一些国家，缺乏足够的互联网接入和技术设备可能成为在线学习的障碍。这需要解决技术资源分布不均衡的问题。

2. 机遇

（1）全球合作：国际化的就业教育政策可以促进国际合作，有助于共同应对全球性挑战，如技术进步和气候变化。

（2）多样性和创新：多样性培训和文化敏感性可以促进创新和创意思维。员工来自不同背景的团队通常更有创造力。

（3）全球经济增长：国际化的就业教育政策有助于提高劳动力市场的竞争力，促进经济增长和就业机会。

国际化的就业教育政策是应对全球化挑战的重要工具。它有助于提高劳动力市场的竞争力，促进经济增长，支持文化敏感性和多样性，以及提供更多的就业机会。政府、教育机构和跨国公司应共同努力，制定和实施国际化的就业教育政策，以确保员工具备在国际就业市场上取得成功的技能和知识。国际化的就业教育政策将继续发展，并在全球范围内发挥重要作用，为个体、社会和全球经济带来更多机会和益处。

二、跨国合作项目

跨国合作项目是一种在不同国家之间进行合作，共同解决跨国性问题、推动创新和发展的方式。这些项目可以涵盖各种领域，包括科学研究、商业合作、环境保护和人道援助等。跨国合作项目的重要性在当今全球化时代日益凸显，因为各国需要共同应对全球性挑战。本书将探讨跨国合作项目的定义、类型、影响和关键要素。

（一）跨国合作项目的定义和范围

跨国合作项目是指不同国家或地区的机构、组织或个人之间为实现共同目标而合作的项目。这些项目可以涵盖多个领域，包括以下几个领域。

1. 科学与研究合作

科学家和研究机构在不同国家之间合作，以推动科学研究和创新。这种合作可以涵盖医学研究、气候科学、太空探索等领域。

2. 商业与贸易合作

跨国公司和组织可以在不同国家之间开展商业合作，以扩大市场、降低成本、推动创新和提供更好的产品和服务。

3. 环境与气候保护

国际合作项目可以帮助国家应对气候变化、环境保护和可持续发展等全球性问题。

4. 人道援助与发展项目

跨国合作项目可以提供紧急援助、医疗服务、教育和基础设施建设，以支持发展中国家的社会和经济发展。

5. 国际冲突解决与和平维护

国际组织和国家之间可以合作解决国际冲突、促进和平与安全。

（二）跨国合作项目的类型

跨国合作项目具有多种类型，包括以下几种。

1. 双边合作

两个国家或地区之间的项目，通常以双边协议为基础。这种类型的项目可以涵盖各种领域，如贸易、科研合作、文化交流等。

2. 多边合作

多个国家或地区之间的项目，通常由国际组织管理或协定管理。例如，联合国、世界贸易组织等国际组织促进了多边合作项目，以解决全球性问题。

3. 公私合作

政府与私营部门或非政府组织之间的合作项目。这种类型的项目可以在各种领域中找到，如基础设施建设、卫生服务提供等。

4. 学术合作

大学、研究机构和学者之间的合作项目，通常旨在推动科研和知识交流。

5. 人道援助与发展合作

针对紧急人道主义问题和发展支持的项目，通常由国际机构、非政府组织和政府合作开展。

（三）跨国合作项目的影响

跨国合作项目具有广泛的影响，包括以下几方面。

1. 解决全球性问题

跨国合作项目有助于解决全球性问题，如气候变化、传染病爆发、人权问题等。这些问题通常超出了单个国家或地区的范围。

2. 促进创新

跨国合作项目鼓励知识和技术的交流，促进创新。科研合作项目通常推动科学和技术的进步。

3. 扩大市场和经济增长

跨国商业合作有助于扩大市场，降低成本，提高竞争力，从而促进经济增长。

4. 促进文化交流

跨国文化合作项目有助于促进不同文化之间的交流和理解。这有助于维护文化多样性和推动文化创新。

5. 改善人民生活

跨国人道援助和发展项目有助于改善贫困地区的人民生活，提供教育、医疗和基础设施。

（四）跨国合作项目的关键要素

要成功实施跨国合作项目，需要考虑以下关键要素。

1. 合作伙伴选择

选择合适的合作伙伴至关重要。合作伙伴应具备相关专业知识、资源和承诺。

2. 共同目标

明确定义项目的共同目标和期望结果，以确保所有参与者都明白项目的意义和目标。

3. 协调和沟通

良好的协调和沟通是成功的关键。项目参与者需要建立有效的沟通渠道，协调行动和解决问题。

4. 资金和资源

确保项目获得足够的资金和资源来支持其实施。这可能涉及政府资助、私营部门的投资或国际组织的支持。

5. 法律和法规

跨国合作项目通常需要考虑不同国家的法律和法规。确保项目在法律框架内合法运作至关重要。

6. 监测和评估

建立监测和评估机制，以便及时了解项目的进展和问题。这有助于及时调整计划，以确保项目的成功。

（五）跨国合作项目的挑战与机遇

跨国合作项目面临一些挑战和机遇，具体如下文所述。

1. 挑战

（1）文化差异：不同国家和地区之间的文化差异可能导致沟通和合作问题。项目参与者需要适应不同文化和工作方式。

（2）政治稳定性：跨国合作项目可能受到政治稳定性的影响。政治冲突、政策变化和贸易争端都可能对项目产生负面影响。

（3）语言障碍：语言差异可能成为合作的障碍。需要考虑翻译和多语言沟通的问题。

2. 机遇

（1）综合专业知识：跨国合作项目能够融合不同国家和地区的专业知识，创造全球性的专业团队，解决复杂的问题。

（2）扩大市场：跨国合作有助于扩大市场，将产品和服务引入新市场，促进商业增长。

（3）提高创新：各国间的知识交流和技术合作促进创新，带来新的解决方案和产品。

（4）共同应对全球性挑战：跨国合作项目有助于共同应对全球性挑战，如气候变化、贫困和传染病。

跨国合作项目在当今全球化时代具有极大的重要性。它们为解决全球性问题、促进创新、改善人民生活和推动全球经济增长提供了机会。成功实施跨国合作项目需要仔细考虑合作伙伴选择、共同目标设定、协调和沟通、资金和资源、法律和法规，以及监测和评估等关键要素。虽然面临一些挑战，如文化差异和政治不稳定性，但跨国合作项目为各国提供了更多的机会和益处，以应对全球性挑战。通过积极的合作，国际社会可以更好地实现可持续发展与和平共处，造福全人类。

三、全球就业教育政策的制订和实施

全球就业教育政策的制订和实施是当今社会中至关重要的议题。随着经济、技术和社会环境的快速变化，职业培训和教育政策成为了帮助个人适应职场需求的关键工具。本书将探讨全球就业教育政策的制订和实施，包括其定义、目标、重要性及关键要素。

（一）全球就业教育政策的定义和范围

全球就业教育政策是政府、国际组织和教育机构共同制定和实施的政策框架，旨在提供个人和社会所需的技能、知识和培训，以满足劳动力市场的需求。这些政策通常覆盖以下几个关键领域。

1. 教育体系

包括学前教育、中小学教育、高等教育和终身学习机会，以确保每个人都能获得适当的教育。

2. 职业培训

提供技能培训和职业发展机会，以满足不同职业领域的需求。

3. 劳动力市场政策

包括就业市场的监管、劳工法律、劳动力流动性和职业服务，以确保就业机会的公平分配。

4. 技术培训和数字素养

确保人们具备应对快速变化的技能和知识的能力。

（二）全球就业教育政策的目标

全球就业教育政策旨在实现多重目标，其中一些关键目标包括如下文所述。

1. 提高就业率

通过提供适当的教育和培训，政策旨在增加人们的就业机会，减少失业率。

2. 提高劳动力市场的适应性

鼓励个体不断学习和适应快速变化的职业需求，以满足技能要求。

3. 减少社会不平等

政策旨在提供平等的教育和培训机会，以减少社会不平等现象。

4. 支持创新和经济增长

通过培养创造力和技术专长，政策有助于支持经济增长和创新。

5. 满足劳动力市场需求

政策旨在确保劳动力市场的技能需求与提供的培训和教育相匹配。

（三）全球就业教育政策的重要性

全球就业教育政策的制定和实施具有极大的重要性，具体表现在以下几方面。

1. 促进经济增长

合适的教育和培训有助于提高劳动力的生产力，从而促进经济增长。

2. 减少贫困和不平等

通过提供平等的教育和培训机会，政策可以减少社会不平等和贫困。

3. 提高就业率

就业教育政策有助于提高就业率，创造更多的工作机会。

4. 适应技术变革

技术进步日新月异，政策能够帮助个体适应并利用这些变革。

5. 全球竞争力

有竞争力的劳动力是国家在国际市场上的竞争力的关键。

（四）全球就业教育政策制订和实施的关键要素

制订和实施全球就业教育政策需要考虑以下关键要素。

1. 政策制订和规划

政府和利益相关者需要共同制订政策和规划，明确政策目标和战略。

2. 财政支持

确保政策得到足够的财政支持，包括教育和培训的经费、助学金和奖学金。

3. 教育体系改革

改善教育体系，确保提供高质量的教育，满足劳动力市场需求。

4. 职业培训和技能发展

提供各种形式的职业培训，包括技术技能和软技能，以满足不同职业的需求。

5. 劳动力市场政策

制定和执行劳动力市场政策，以支持就业机会的公平分配。

6. 监测和评估

建立监测和评估机制，以衡量政策的效果，并根据需要进行调整。

（五）全球就业教育政策的挑战和机遇

全球就业教育政策面临一些挑战和机遇，具体如下文所述。

1. 挑战

（1）快速变化的职场需求：技术和经济的快速变化需要政策能够灵活适应新的职场需求和技能。政策需要不断更新，以确保培训和教育与劳动力市场同步。

（2）资源不足：一些国家可能面临资源有限挑战，包括资金、师资和教育设施。这可能妨碍政策的有效实施。

（3）社会不平等：不同社会群体之间的不平等仍然存在，政策需要着重解决这些问题，以确保平等的教育和培训机会。

2. 机遇

（1）技术和在线学习：技术的快速发展提供了在线学习和远程培训的机会，使更多人能够获得教育和培训。

（2）国际合作：国际合作可以帮助国家分享最佳实践、资源和经验，以解决全球性问题，如技能匹配和移民劳工市场。

（3）多样性和包容性：重视多样性和包容性教育，有助于提高文化敏感性、创造力和创新。

全球就业教育政策的制定和实施至关重要，因为它们会对个体、社会和国家的经济增长和发展产生深远影响。政府、国际组织、教育机构和私营部门应共同努力，以确保人们能够获得所需的教育和培训，以适应不断变化的劳动力市场需求。虽然面临挑战，如职场需求的快速变化和资源限制，但全球就业教育政策提供了机会，以促进社会不平等的减少、经济的增长和全球竞争力的提高。通过积极的政策制定和实施，全球社会可以更好地应对未来的职业挑战，实现可持续发展和全球繁荣。

第五章　国际化就业教育的最佳实践

第一节　多样性管理与包容性实践

一、多元化的团队管理

多元化的团队管理是在职场中越来越重要的议题。随着全球化的发展，公司和组织更加多元化，团队中涵盖了不同文化、背景和观点的成员。多元化团队管理涉及有效地引导、协调和激励这些成员，以实现团队的共同目标。本书将探讨多元化团队管理的定义、挑战、最佳实践和重要性。

（一）多元化团队管理的定义

多元化团队管理是指在组织或团队中有效地处理不同文化、背景和特点的成员，以实现共同目标的一种管理方法。这些特点包括但不限于性别、年龄、民族、宗教、性取向、残疾和工作风格。多元化团队管理强调了平等、包容和尊重，以创建一个积极和创造性的工作环境。

（二）多元化团队管理的挑战

多元化团队管理可能面临一些挑战，包括但不限于以下几点。

1. 文化差异

不同文化之间的差异可能导致沟通和理解问题。文化差异包括语言、价值观、习惯和沟通风格。

2. 刻板印象和偏见

人们可能对不同背景的成员持有刻板印象和偏见，这可能导致歧视和不公平的对待。

3. 团队协作问题

多元化团队中的成员可能在解决问题、做决策和工作方式上存在分歧，需要有效的团队协作和冲突解决技能。

4. 领导挑战

管理多元化团队需要更高的领导技能，以促进包容性和团队建设。

（三）多元化团队管理的最佳实践

为了有效地管理多元化团队，以下是一些最佳实践。

1. 促进包容性

领导者应该促进包容性文化，鼓励成员分享他们的观点和经验，确保每个人都感到被尊重和听取。

2. 培训和教育

提供培训和教育，帮助团队成员理解不同文化、背景和特点，以减少偏见和刻板印象。

3. 多元化招聘

在招聘过程中积极寻求多元化的候选人，以确保团队具有不同的背景和经验。

4. 清晰的沟通

提供清晰和有效的沟通，确保每个人都能理解目标和期望。

5. 促进团队协作

鼓励团队成员合作和共享想法，解决问题，并制定决策。

6. 激励和奖励

采取措施奖励和激励团队中的成员，以鼓励他们的积极作出贡献。

（四）多元化团队管理的重要性

多元化团队管理具有重要性，因为它带来了多方面的益处。

1. 创造力和创新

多元化团队通常更有创造力和创新性，因为不同的观点和经验可以激发新的思考和解决方案。

2. 更好的问题解决

不同背景的成员可以提供多种角度来解决问题，增加了问题解决的效率和质量。

3. 提高员工满意度

包容和平等的工作环境可以提高员工的满意度，增加员工忠诚度。

4. 更好的客户服务

多元化团队可以更好地理解和服务不同文化和背景的客户，增加客户满意度。

5. 社会责任感

公司和组织表现出多元化团队管理的特点，有助于塑造良好的社会形象和品牌。

多元化团队管理是现代职场的重要议题。它涉及处理不同文化、背景和特点的成员，以实现共同目标。尽管存在挑战，但通过采取最佳实践和促进包容性，多元化团队管理可以带来创造力、创新和更好的问题解决能力。它不仅有助于提高员工满意度，还有助于提高客户服务质量，增强公司的社会责任感。因此，多元化团队管理不仅是一个管理策略，也是一种价值观和文化，对个体和组织都具有深远的影响。

二、包容性领导力培训

包容性领导力培训是一种培训方法，旨在帮助领导者更好地理解、尊重和促进多样性，并建立包容性工作环境。在当今多元化的职场中，包容性领导力变得至关重要。这种培训不仅有助于创建一个平等、尊重和创造性的工作环境，还有助于提高员工满意度和组织绩效。本书将探讨包容性领导力培训的定义、目标、内容和重要性。

（一）包容性领导力培训的定义

包容性领导力培训是一种针对领导者和管理层的培训，旨在提高他们对多样性和包容性的认识和技能。这种培训不仅涵盖了性别、种族、文化差异，还包括性取向、宗教信仰、残疾和其他多样性要素。包容性领导力强调尊重、平等和公平待遇，并鼓励领导者主动推动多元化。

（二）包容性领导力培训的目标

包容性领导力培训的目标包括以下几点。

1. 提高意识

帮助领导者认识到多样性的价值，理解其影响，并减少偏见和刻板印象。

2. 促进尊重

培训鼓励领导者尊重每个员工的独特性，无论其背景如何。

3. 建立包容性文化

帮助领导者了解如何建立和维护一个包容性的工作环境，其中每个人都有机会成功。

4. 提高沟通和冲突解决技能

帮助领导者发展更好的沟通和冲突解决技能，以处理多样性可能引发的问题。

5. 提高员工满意度

通过创造一个包容性环境，培训有助于提高员工满意度和忠诚度。

（三）包容性领导力培训的内容

包容性领导力培训通常包括以下内容。

1. 多样性意识

帮助领导者认识到多样性的重要性，包括性别、文化、宗教、种族、性取向等方面。

2. 刻板印象和偏见

帮助领导者识别和解决他们可能持有的刻板印象和偏见。

3. 沟通技能

提供沟通技能培训，以确保领导者能够有效地与不同背景的员工交流。

4. 团队建设

帮助领导者了解如何建立多样性团队，促进合作和观点共享。

5. 冲突解决

提供冲突解决技能培训，以处理多样性可能引发的问题。

6. 包容性领导风格

帮助领导者开发包容性领导风格，鼓励员工参与和发挥潜力。

（四）包容性领导力培训的重要性

包容性领导力培训对个体、组织和社会都具有重要性，具体表现在以下几方面。

1. 提高员工满意度

包容性领导力培训有助于创造一个尊重和平等的工作环境，提高员工满意度和忠诚度。

2. 提高创造力和创新

多样性的团队可能更具创造力和创新性，因为不同的观点可以激发新的思考和解决方案。

3. 减少员工流失

包容性领导有助于减少员工流失，因为员工更愿意留在一个认可他们的工作环境。

4. 改善绩效

包容性领导可以提高组织的绩效，因为员工更有动力工作，并更好地发挥其潜力。

5. 社会责任感

公司和组织展现包容性领导力的特点，有助于塑造良好的社会形象和品牌。

包容性领导力培训是现代职场中不可或缺的一部分。它不仅有助于创造一个平等、尊重和创造性的工作环境，还有助于提高员工满意度、创造力和绩效。通过提高领导者对多样性的认识、提高他们的沟通和冲突解决技能，以及建立包容性领导风格，组织可以更好地应对多样性和包容性的挑战，实现更好的业务结果。因此，包容性领导力培训不仅是一种管理策略，也是一种价值观和文化，对个体和组织都具有深远的影响。

三、多元文化工作场所

多元文化工作场所是当今全球化时代的常态。在这样的工作场所，员工来自不同国家、文化和背景，共同合作实现组织的目标。这种多元性为企业带来了机会和挑战，需要管理者和员工共同努力以建立包容性、尊重和协作的工作环境。本书将探讨多元文化工作场所的定义、特点、优势和挑战，以及如何有效应对这些挑战。

（一）多元文化工作场所的定义

多元文化工作场所是指员工来自不同国家、文化、种族、宗教、性别、性取向和背景的工作环境。这种工作场所强调多样性和包容性，鼓励不同文化的员工共同合作，共同推动组织的成功。多元文化工作场所旨在创建一个平等、尊重和协作的氛围，以便每个员工都能发挥其潜力。

（二）多元文化工作场所的特点

多元文化工作场所具有以下特点。

1. 多样性

员工来自不同国家、文化和背景，拥有各种不同的特点和经验。

2. 多语言

多元文化工作场所通常包括多种语言，员工可能会使用不同的语言进行交流。

3. 不同观点

不同文化背景的员工可能持有不同的观点和价值观，这可能促进创新。

4. 文化庆祝

多元文化工作场所通常会庆祝不同文化的节日和传统，促进文化交流。

5. 包容性

多元文化工作场所鼓励尊重和包容，以确保每个员工都能在工作中感到受欢迎和尊重。

（三）多元文化工作场所的优势

多元文化工作场所带来了多方面的优势，包括但不限于以下几点。

1. 创新力

不同文化和背景的员工带来不同的观点和思维方式，这有助于创新和问题解决。

2. 全球竞争力

公司在全球市场上更有竞争力，因为员工具备了跨文化的理解能力。

3. 员工满意度

在包容性工作环境中工作的员工通常更满意，忠诚度更高。

4. 扩大市场

多元文化工作场所可以更好地理解和服务不同文化和背景的客户，扩大市场份额。

5. 社会责任感

有多元文化工作场所的公司展现了社会责任感，有助于塑造良好的社会形象和品牌。

（四）多元文化工作场所的挑战

多元文化工作场所也带来了一些挑战，包括但不限于以下几点。

1. 文化差异

不同文化之间的差异可能导致沟通问题、误解和冲突。

2. 刻板印象和偏见

员工可能对不同文化的同事持有刻板印象和偏见，导致歧视和不公平的对待。

3. 语言障碍

多语言环境可能导致语言障碍，需要额外的努力来确保有效的沟通。

4. 文化冲突

不同文化间的冲突可能会影响团队合作和工作氛围。

（五）应对多元文化工作场所挑战的策略

为了应对多元文化工作场所的挑战，组织可以采取以下策略。

1. 培训和教育

提供培训，帮助员工理解多元文化背景，减少刻板印象和偏见。

2. 多语言支持

提供多语言支持，以帮助员工克服语言障碍。

3. 文化庆祝

组织文化庆祝活动，以促进文化交流和互相了解。

4. 包容性领导力

领导者应采用包容性领导风格，鼓励互相尊重和协作。

5. 多元化招聘

在招聘过程中积极寻求多元化的候选人，以确保组织具有不同的背景和经验。

多元文化工作场所已经成为现代企业的现实，它既带来了机会，也带来了挑战。通过建立包容、尊重和协作的工作环境，公司可以更好地利用多元化团队的优势，促进创新、提高员工满意度和改善绩效。尽管面临挑战，但通过培训、多语言支持、文化庆祝和包容性领导，组织可以更好地应对多元文化工作场所的挑战，实现成功和繁荣。在多元文化工作场所中，文化多样性不仅丰富了员工的生活经验，还能为企业带来战略竞争优势。多元化团队的各种观点和创新思维有助于应对快速变化的市场需求，拓展客户群体，以及提供更具创造力和创新性的解决方案。

在国际市场竞争日益激烈的背景下，多元文化工作场所不仅对员工和企业具有价值，还有助于国际化战略的实施。员工来自不同国家和文化，具备跨文化的洞察力和沟通能力，能够更好地理解国际客户和市场。这有助于企业更好地定位自己，与国际合作伙伴建立互信关系，以及在全球范围内拓展业务。

第二节　教育创新与技术整合

一、教育技术的应用

教育技术的应用已经在教育领域产生了深远的影响。随着技术的不断发展，教育机构和教育者正在积极探索如何利用技术来改善教育质量、提高学习成果及提高学生的参与度。本书将讨论教育技术的定义、不同领域中的应用、优势和挑战，以及未来的趋势。

（一）教育技术的定义

教育技术是指利用技术和创新的方法来提高教育的质量、效率和可访问性。它涵盖了多种技术工具和资源，包括计算机软件、在线课程、数字教材、电子白板、移动应用程序和在线学习平台等。教育技术的目标是提供更好的教育体验，促进学生的学习和发展。

（二）教育技术的应用领域

教育技术在多个教育领域中都有广泛的应用，以下是一些主要领域的示例。

1. 在线教育

在线教育平台（如 Coursera、edX 和 Khan Academy）提供了在线课程，允许学生随时随地学习，并获得学分或证书。

2. 混合学习

混合学习结合了传统课堂教学和在线学习，提供了更灵活的学习方式，以满足不同学生的需求。

3. 移动学习

移动应用程序和平板电脑使学生能够通过互动应用程序和电子书来学习，提高了学习的互动性和娱乐性。

4. 虚拟现实和增强现实

虚拟现实和增强现实技术为学生提供了沉浸式学习体验，可以模拟实际场景，如科学实验室或历史事件。

5. 自适应学习

自适应学习平台使用算法来根据学生的表现自动调整课程内容，以满足每个学生的学习需求。

6. 在线测验和评估

在线测验和评估工具可以帮助教育者更好地跟踪学生的进度，为个性化教育提供数据支持。

7. 教育数据分析

数据分析技术允许学校和教育机构使用大数据来改进学生绩效、招生策略和教育政策。

（三）教育技术的优势

教育技术的应用带来了多方面的优势，主要包括以下几方面。

1. 个性化学习

教育技术可以根据每个学生的学习需求和速度提供个性化的学习体验，增强了学生的学习动力。

2. 可访问性

在线学习和数字资源提供了全球范围内的教育机会，让那些无法获得传统教育的人有机会接受高质量的教育。

3. 多样性和包容性

教育技术可以帮助学校更好地应对学生的多样性，包括不同文化背景、能力和学习风格。

4. 提高教育质量

教育技术提供了更多的教学资源和工具，有助于提高教育的质量和效果。

5. 成本效益

在线教育和数字资源通常比传统教育更经济，可以降低学费和杂费。

6. 即时反馈

在线测验和评估工具提供了即时反馈，帮助学生更好地理解自己的表现并改进。

（四）教育技术的挑战

教育技术的应用也伴随着一些挑战，主要包括以下几方面。

1. 数字鸿沟

不是所有学生都有机会访问互联网和数字设备，这可能导致数字鸿沟，即学生之间的不平等。

2. 技术故障

技术设备和平台可能会出现故障，导致学习中断。

3. 隐私和安全问题

教育技术涉及大量学生数据，需要处理隐私和安全问题，以保护学生的信息。

4. 失去人际互动

在线学习可能减少了面对面的互动，学生可能错过社交和合作的机会。

5. 教师培训

教育者需要适应新技术，这可能需要培训和支持。

6. 信息过载

学生可能面临信息过载，需要学习如何筛选和评估信息的质量和可信度。

（五）未来的趋势

教育技术领域的发展还将持续，以下是一些未来的趋势。

1. 人工智能和机器学习

人工智能技术将在教育中发挥越来越重要的作用，包括个性化学习、自动化评估和虚拟助手等方面。人工智能可以帮助教育者更好地了解学生的需求，提供有针对性的支持。

2. 增强现实和虚拟现实

增强现实和虚拟现实将提供更沉浸式的学习体验，例如虚拟实验室、历史场景的模拟和实地虚拟旅行。这些技术将帮助学生更好地理解抽象的概念。

3. 区块链技术

区块链可以用于学历认证和学生记录的安全存储，消除了文凭伪造的问题。

4. 在线教育的增长

在线学位和职业培训将继续增长，吸引更多学生，特别是成年学生和职业人士，他们寻求灵活的学习选择。

5. 数据分析和学习分析

数据分析将帮助学校和教育机构更好地了解学生的表现和需求，以制定更有效的教育策略。

6. 移动学习的普及

移动设备将继续成为学习工具，学生可以随时随地访问学习资源。

7. 在线协作工具

在线协作工具将帮助学生更好地合作和分享知识，促进团队合作，提升远程工作的能力。

8. 终身学习

教育将不再局限于学校和大学，而是成为一个终身学习的过程，个人将不断获取新知识和技能来适应变化的职业需求。

教育技术的应用已经改变了教育的面貌，并将继续如此。它为学生提供了更多的学习机会，提高了教育的可访问性和质量。然而，教育技术的应用也伴随着一些挑战，包括数字鸿沟和隐私问题。为了确保教育技术能够最大化其潜力，需要政府、学校和技术提供商共同合作，制定政策和标准，保障学生的权益和信息安全。未来，教育技术将继续发展，推动教育向更灵活、个性化和全球化的方向发展，以满足不断变化的学习需求和职业要求。因此，教育技术的应用将继续成为教育领域的关键趋势，对学生和教育者都具有深远的影响。

二、远程和在线学习

远程和在线学习已经成为教育领域的一项重要变革。随着信息技术的迅速发展，人们现在可以通过互联网访问教育资源，不受地理位置的限制。本书将探讨远程和在线学习的定义、发展历程、应用领域、优势和挑战，以及对未来教育的影响。

（一）远程和在线学习的定义

远程和在线学习是一种教育方式，它利用互联网和数字技术，使学生能够独立学习，不必亲临教室或学校。这种学习方式包括在线课程、电子教材、远程教育课程、数字学习资源及虚拟教育平台。学生可以随时随地通过电脑、平板电脑或智能手机学习，与教材和教育者互动，完成作业和考试。

（二）远程和在线学习的发展历程

远程和在线学习的历程可以追溯到早期的通信技术和邮寄课程。20世纪90年代，互联网的普及和发展使在线学习变得更加实际。随着计算机和网络技术的不断进步，远程和在线学习经历了以下发展阶段。

1. 早期互联网时代

互联网的出现为远程学习提供了新的机会。早期的在线课程主要采用文本和图像，互动性有限。

2. 多媒体时代

随着多媒体技术的发展，在线课程开始包括音频、视频和互动模块，提供更生动的学习体验。

3. 虚拟学习环境

虚拟学习环境的出现使学生能够在虚拟教室中与教育者和同学互动。这种互动性有助于模拟传统课堂的学习体验。

4. 开放课程和大规模在线开放课程

开放课程和慕课的兴起使成千上万的学生能够访问高质量的课程，并且通常是免费的。这种模式在全球范围内引起了广泛的关注。

5. 移动学习

移动设备的普及使学生能够随时随地学习，从而增加了灵活性和可访问性。

（三）远程和在线学习的应用领域

远程和在线学习在各种教育和职业发展领域中都有广泛的应用，以下是一些主要应用领域的示例。

1. 高等教育

大学和学院提供在线课程和学位课程，允许学生在全球范围内获得学位。

2. 职业培训

公司和组织使用在线培训课程来提升员工的技能和知识。

3. 基础教育

学校和教育机构提供在线学习资源，以补充传统的教育方法，或在特殊情况下提供远程教育。

4. 自主学习

个人可以通过在线学习平台自主学习新技能、兴趣和知识。

5. 开放课程和慕课

一些大学和组织提供免费的开放课程，使全球学生可以自由访问高等教育。

6. 终身学习

远程和在线学习有助于个体终身学习，适应不断变化的职业需求。

（四）远程和在线学习的优势

远程和在线学习的应用带来了多方面的优势，主要包括以下几方面。

1. 灵活性

学生可以根据自己的时间表和节奏学习，不受地理位置的限制。这种灵活性使学生能够更好地平衡学业、工作和家庭生活。

2. 可访问性

在线学习为那些由于地理位置、身体残疾或其他因素而无法参加传统学校教育的人提供了学习的机会。它增加了教育的可访问性，使更多人能够接受高质量的教育。

3. 自定进度

学生可以按照自己的学习速度前进。对于那些需要更多时间来理解和掌握特定主题的学生来说，这是一个巨大的优势。

4. 多样化的学习资源

在线学习提供了各种学习资源，包括文本、视频、互动模块和在线社区。学生可以选择适合他们学习风格的资源。

5. 降低成本

一些在线课程和资源是免费的，而且学生不需要支付住宿、交通和杂费，因此成本较低。

6. 全球性

学生可以与来自世界各地的同学互动，获得不同文化和背景的观点，这有助于全球化教育。

（五）远程和在线学习的挑战

尽管远程和在线学习有许多优势，但也伴随着一些挑战，主要包括以下几方面。

1. 数字鸿沟

不是每个人都拥有适当的数字设备和互联网连接，这会导致数字鸿沟，即一些人无法获得在线学习机会。

2. 自律和动力

在线学习需要学生具备自我管理的能力，否则他们可能会失去兴趣或形成不良习惯。

3. 社交互动

远程学习可能减少了面对面社交互动，这对某些学生来说可能是一种缺点。

4. 质量控制

有些在线课程可能质量不高，缺少评价标准，这可能导致学习经验的不一致性。

5. 隐私和安全问题

在线学习涉及大量学生数据，需要适当的隐私和安全措施来保护个人信息。

（六）远程和在线学习对未来教育的影响

远程和在线学习将继续影响未来教育的方式和形式。以下是一些可能的影响。

1. 个性化学习

在线学习使教育者能够更好地了解学生的需求和表现，以提供个性化的学习体验。

2. 混合学习模式

混合学习结合了传统课堂教学和在线学习，提供了更灵活的学习方式。

3. 终身学习

人们将越来越接受终身学习的概念，以适应不断变化的职业和技术需求。

4. 全球化教育

学生将能够与来自不同国家和文化的同学互动，从而增加跨文化理解和合作的机会。

5. 新兴技术的应用

新兴技术如虚拟现实、增强现实和人工智能将进一步改变在线学习的形式和内容。

6. 适应性教育

适应性教育技术将根据每个学生的学习需求自动调整教学内容，提供更高效的学习体验。

远程和在线学习已经成为现代教育领域的不可或缺的一部分，它为学生提供了更多的学习机会，提高了可访问性和灵活性。然而，它也带来了一些挑战，需要政府、学校和教育者共同努力来应对。未来，远程和在线学习将继续推动教育向更灵活、个性化和全球化的方向发展，以适应不断变化的学习需求和职业要求。因此，它将继续在教育领域发挥重要作用，塑造未来的学习方式。

第三节　全球领导力培训

一、全球领导力开发计划

全球领导力开发计划是一项旨在培养并提升全球领导者技能、视野和有效性的战略性倡议。在今天的全球化世界中，领导者需要具备跨文化、跨国界的能力，以有效应对复杂的挑战。本书将讨论全球领导力开发计划的定义、重要性、关键元素及成功实施的策略。

（一）全球领导力开发计划的定义

全球领导力开发计划是一种系统性的方法，旨在培养和提高领导者在全球环境中的能力和影响力。这种计划的目标是帮助领导者更好地应对不同文化、不同背景和不同地理位置的挑战，以推动组织在全球范围内的成功。

这样的计划通常包括培训、导师制度、跨文化教育和实践经验。全球领导力开发计划的内容通常根据组织的需求和领导者的现有能力而定。

（二）全球领导力开发计划的重要性

全球领导力开发计划具有重要的战略意义，对组织和领导者都有重大影响。

1. 跨文化领导能力

在全球化时代，领导者必须能够理解、尊重和协调不同文化和价值观。全球领导力开发计划有助于培养这种能力。

2. 全球化的机会

全球领导力开发计划可以帮助组织更好地把握全球化带来的机会，包括市场扩展、国际合作伙伴关系和全球团队建设。

3. 组织的竞争力

全球领导力开发计划有助于提高组织的竞争力，因为它能够吸引和培养具备国际视野和战略思维的领导者。

4. 人才留住

提供全球领导力开发计划可以吸引、留住和激励高潜力的员工，因为他们看到了未来晋升和发展的机会。

5. 组织声誉

一家拥有强大全球领导力团队的组织在国际社会中享有更高的声誉，有助于建立信任和关系。

（三）全球领导力开发计划的关键元素

要成功实施全球领导力开发计划，需要考虑以下关键元素。

1. 识别和评估领导潜力

确定哪些员工具备发展为全球领导者的潜力是首要任务。这可以通过评估现有技能、经验和潜力来实现。

2. 明确目标和需求

确定组织的全球领导力需求，以便制订计划的目标和重点领域。

3. 定制化培训和发展计划

根据每位领导者的需求制定定制化的培训和发展计划。这可能包括跨文化培训、国际工作机会、导师制度等。

4. 引入跨文化元素

全球领导力开发计划应包括跨文化培训，以帮助领导者理解不同文化的价值观、通信风格和商业习惯。

5. 实践经验

提供实际工作经验，包括国际分支机构的工作或国际项目的管理，以帮助领导者将理论知识应用到实际中。

6. 绩效评估和反馈

定期评估领导者的绩效，提供反馈和指导，以确保他们不断发展和改进。

7. 国际交流和合作

鼓励领导者与国际同事合作，参与国际团队项目，以培养全球合作和领导技能。

（四）成功实施全球领导力开发计划的策略

为了成功实施全球领导力开发计划，组织可以考虑以下策略。

1. 制定明确的目标

确定计划的长期和短期目标，以便衡量成功。目标应与组织的战略目标相一致。

2. 获得高层支持

高层领导的支持对于计划的成功至关重要。他们应积极参与和推动计划的实施。

3. 定制化培训

确保培训和发展计划是根据每位领导者的需求和背景定制的。

4. 度量绩效

设定关键绩效指标，以监测计划的效果，并对计划进行必要的调整。

5. 鼓励反馈

促使领导者提供反馈，以了解他们对计划的看法和改进建议。这有助于不断改进计划。

6. 提供资源

确保领导力开发计划有足够的资源支持，包括预算、培训师和技术设备。

7. 建立导师制度

导师可以为领导者提供个人指导和支持，帮助他们在全球环境中取得成功。

8. 鼓励多元化和包容性

为不同背景和文化的领导者提供平等的机会，并倡导多元化和包容性的领导文化。

9. 持续改进

定期审查和更新全球领导力开发计划，以确保它始终保持有效和创新。

全球领导力开发计划是组织成功的关键因素之一，特别是在全球化的背景下。它有助于培养具备跨文化、跨国界视野的领导者，增强组织的全球竞争力。通过明确的目标、高层支持、定制化培训和不断改进，全球领导力开发计划可以实现成功，并为领导者提供在全球环境中取得成功所需的工具和资源。最终，这种计划有助于建立具备全球视野的领导团队，为组织的可持续增长和成功作出贡献。

二、跨文化领导力培训

跨文化领导力培训是一项旨在帮助领导者有效应对不同文化和跨国界挑战的培训计划。在今天的全球化世界中，组织领导者需要具备跨文化沟通、文化敏感性和国际团队合作的能力。本书将探讨跨文化领导力培训的定义、重要性、关键元素及成功实施的策略。

（一）跨文化领导力培训的定义

跨文化领导力培训是一种系统性的培训和发展计划，旨在帮助领导者理解、尊重和应对不同文化、背景和价值观的挑战。这种培训的目标是培养领导者使其具备在跨文化环境中成功领导和管理的能力，包括国际团队、国际客户和跨国合作伙伴。跨文化领导力培训通常包括以下内容。

1. 跨文化沟通

帮助领导者学会有效沟通，理解和尊重不同文化和语言的差异。

2. 文化敏感性

培养领导者对不同文化的尊重和理解，避免文化冲突和误解。

3. 国际团队合作

帮助领导者领导跨国界的团队，协调不同文化和背景的成员。

4. 国际业务知识

提供关于不同国家市场、商业文化和法规的知识。

（二）跨文化领导力培训的重要性

跨文化领导力培训在全球化时代具有重要的战略意义，对组织和领导者都有重大影响。

1. 国际业务成功

跨文化领导力培训有助于组织在国际市场上成功运营。领导者了解不同文化的市场需求和商业习惯，能更好地满足客户期望。

2. 文化冲突解决

培训有助于避免和解决文化冲突，提高团队和合作伙伴之间的关系。

3. 全球团队协作

跨文化领导力培训提高了国际团队协作的效率和有效性，有助于团队达成共同目标。

4. 国际市场拓展

帮助领导者更好地理解国际市场的机会和挑战，支持组织的国际扩张。

5. 员工满意度和忠诚度

提供跨文化领导力培训表明组织关心员工的文化差异和需求，能够提高员工满意度和忠诚度。

（三）跨文化领导力培训的关键元素

要成功实施跨文化领导力培训，需要考虑以下关键元素。

1. 识别培训需求

识别那些需要跨文化领导力培训的领导者，通常可以通过绩效评估和个人发展计划来确定。

2. 明确培训目标

确定培训计划的目标，包括提高跨文化沟通技能、文化敏感性和国际业务知识水平等。

3. 定制化培训内容

根据领导者的需求和背景，定制化培训内容，确保培训对他们有实际意义。

4. 多元化培训方法

使用多种教育方法，包括课堂培训、虚拟培训、案例研究和跨文化体验，以提供全面的学习体验。

5. 跟踪和评估

跟踪培训的效果，通过绩效评估、学习反馈和实际应用情况来评估培训的成功与否。

6. 导师制度

提供导师支持，帮助领导者将培训中的知识和技能应用到实际工作中。

7. 跨文化体验

鼓励领导者积极参与跨文化体验，如国际项目、交流和业务旅行。

（四）成功实施跨文化领导力培训的策略

为了成功实施跨文化领导力培训，组织可以考虑以下策略。

1. 高层支持

高层领导的支持是成功实施的关键。他们应积极参与培训计划，强调其重要性。

2. 明确的目标

确定培训计划的明确目标和关键绩效指标，以便衡量成功与否。

3. 评估需求

在开始培训计划之前，进行评估以确定哪些领导者需要培训，以及他们的具体需求。

4. 定制化培训计划

确保培训内容和方法是根据每位领导者的需求和背景制定的，以提供最大的价值。

5. 多元文化培训团队

培训团队应具备跨文化背景，以确保培训内容和方法充分反映不同文化和背景。

6. 实际应用

通过项目、任务或国际工作机会，帮助领导者将培训中学到的知识和技能应用到实际工作中。

7. 持续学习和反馈

培训计划应该是一个持续学习的过程，鼓励领导者参与定期培训和提供反馈以不断改进计划。

8. 文化多样性鼓励

组织应该鼓励文化多样性和包容性，以创建一个支持跨文化领导力的文化。

跨文化领导力培训是全球化背景下至关重要的战略性倡议，可以帮助组织和领导者更好地应对不同文化和国际挑战。通过明确的目标、定制化培训、多元化培训方法和持续反馈，跨文化领导力培训有助于培养具备文化敏感性、跨文化沟通能力和国际团队合作技能的领导者。此外，跨文化领导力培训有助于提高组织的全球竞争力，促进国际业务成功，并建立包容和多元化的工作环境。因此，跨文化领导力培训应被视为组织发展和成功的重要组成部分。

三、跨国企业领导经验分享

跨国企业的领导者面临着独特而复杂的挑战。在全球化的时代，企业不再受限于国界，而是面对不同文化、市场和法规的多元化环境。为了成功领导跨国企业，领导者需要具备特定的技能、洞察力和策略。本书将分享一些跨国企业领导者的经验，以便更好地应对全球化挑战。

（一）理解多元文化

在跨国企业中，文化多样性是不可避免的现实。领导者需要深入了解和尊重不同文化的价值观、习惯和沟通方式。多元文化的团队可以为企业带来丰富的观点和创新，但也可能导致文化冲突和误解。面对文化多样性，可以采取以下策略。

1. 学习多种文化

了解不同文化的基本原则是理解和尊重他人的第一步。领导者可以学习关于不同文化的知识，包括宗教、礼仪和社会规范。

2. 建立文化敏感性

培养文化敏感性是跨国企业领导者的关键素质。这意味着学会尊重和适应不同的文化。

3. 多元文化团队培训

提供团队培训，帮助团队成员理解和协调不同文化的差异，以促进协作，提升团队效能。

（二）全球视野和战略

领导者需要拥有广阔的全球视野，以了解不同市场和地区的机会和挑战。跨国企业必须制定全球战略，以应对市场差异和竞争。具体可以采取以下策略。

1. 持续学习

领导者应保持对国际政治、经济和市场趋势的了解。参与培训、研究和全球会议可以帮助他们不断更新知识。

2. 全球团队合作

促进国际团队合作，鼓励不同地区和部门之间的知识共享和最佳实践分享。

3. 灵活战略

领导者需要制定战略，但也要灵活适应市场变化。全球市场的快速变化意味着战略需要不断调整。

（三）有效的跨文化沟通

跨国企业领导者必须精通跨文化沟通，能够有效传达信息、建立关系和解决问题。语言、口音、语言风格和非语言交流都可能带来挑战。为了应对挑战，可以采取以下策略。

1. 学习多语言

学习其他语言可以大大提高跨文化沟通的能力。如果不可能精通多种语言，至少应该学习基本的礼貌用语。

2. 适应沟通风格

了解不同文化的沟通风格和偏好，以适应对方的方式进行交流。

3. 非语言沟通

领导者需要注意非语言沟通，包括肢体语言、面部表情和目光接触。这些因素在不同文化中可能有不同的含义。

（四）管理全球团队

跨国企业通常涉及分散在全球各地的团队。管理这些团队需要特殊的技能，包括跨时区协调、监督和激励成员。管理全球团队可以采取以下策略。

1. 明确目标和期望

领导者需要为团队成员明确目标和期望，确保每个人都了解其在团队中的角色和职责。

2. 使用合适的技术工具

虚拟会议、项目管理软件和在线协作工具可以帮助团队跨时区合作。

3. 建立信任和联系

面对时区和地理差异，建立信任和联系尤为重要。领导者可以通过定期沟通、团队建设活动和互相支持来实现这一点。

（五）了解国际法律法规

不同国家和地区的法律法规差异可能对跨国企业产生重大影响。领导者需要熟悉国际法律和法规，以确保企业合规运营。

1. 法律顾问

雇佣国际法律顾问或律师来提供法律建议，确保企业在全球运营中合法合规。

2. 教育和培训

为员工提供培训，使他们了解国际法规和法律要求，以降低合规风险。

3. 风险评估

定期进行风险评估，以识别潜在的法律风险并采取相应的措施来降低风险。

（六）建立全球网络和关系

在跨国企业中，建立广泛的全球网络和关系是非常重要的。这些关系可以为企业提供支持、信息和机会。

1. 参与国际会议和活动

参加国际会议、行业协会和商业活动，建立全球联系并获取行业见解。

2. 建立合作伙伴关系

寻找战略合作伙伴，共同开发市场、产品或服务。

3. 社交媒体和在线平台

利用社交媒体和在线专业平台，与国际同行和专业人士建立联系。

（七）鼓励创新和适应

全球市场的不断变化要求企业和领导者具备创新和适应能力。领导者需要鼓励员工提出新想法，并灵活应对市场变化。

1. 创新文化

建立一种文化，鼓励员工提出创新的想法和解决方案，以应对新挑战。

2. 适应性培训

为员工提供适应性培训，使他们能够灵活适应市场变化。

3. 监测市场趋势

定期监测国际市场趋势和竞争动态，以便及时调整战略。

领导跨国企业是一项充满挑战的任务，但也是充满巨大机遇的。成功的跨国企业领导者需要具备广泛的技能，包括文化敏感性、全球视野、跨文化沟通和法律合规。通过建立全球网络、鼓励创新和适应、从成功的案例中汲取经验，领导者可以更好地应对全球化挑战，实现企业的全球成功。跨国企业领导者的成功经验分享对于帮助其他领导者在全球化时代取得成功至关重要，这些经验可以为领导者提供宝贵的借鉴和启发。

第四节　跨文化沟通培训

一、跨文化沟通技巧

跨文化沟通是在不同文化和语境中有效交流的关键。在今天的全球化世界中，跨文化沟通技巧对于成功的个人和组织都至关重要。本书将深入探讨跨文化沟通的定义、重要性，以及一些实用的技巧，以帮助人们更好地应对文化差异并建立成功的跨文化交流。

（一）跨文化沟通的定义

跨文化沟通是指在不同文化、语言、背景和价值观之间进行有效交流的过程。它不仅涉及言语沟通，还包括非语言沟通、文化意识和文化敏感性。跨文化沟通的目标是实现相互理解、协作和成功交流，而不受文化差异的干扰。跨文化沟通的特点包括以下几方面。

1. 多元文化背景

参与者来自不同的国家、民族和文化背景。

2. 语言差异

不同的语言可以导致语言障碍，需要解决翻译和口音问题。

3. 非语言沟通

肢体语言、面部表情、姿势和眼神等非语言元素在跨文化沟通中具有重要作用。

4. 文化差异

文化价值观、礼仪和社交规范之间的差异可能导致误解和冲突。

（二）跨文化沟通的重要性

跨文化沟通在当今全球化时代具有极其重要的意义。以下是一些关于其重要性的理由。

1. 促进全球业务和合作

在全球经济中，跨文化沟通使企业能够扩展市场、建立国际合作伙伴关系，从而取得全球竞争优势。

2. 提高工作效率

有效的跨文化沟通有助于团队更好地协作，减少误解和冲突，提高工作效率。

3. 促进文化多样性

跨文化沟通鼓励尊重和理解不同文化，推动文化多样性的发展，有助于促进创新、激发创造力。

4. 解决国际冲突

在政治、社会和商业领域，跨文化沟通可以帮助解决国际冲突和促进和平。

5. 提高个人发展

掌握跨文化沟通技巧有助于个人的职业发展，为国际职业提供机会。

（三）跨文化沟通的挑战

尽管跨文化沟通具有重要性，但也存在许多挑战。以下是一些常见的挑战。

1. 语言障碍

语言差异可能导致沟通障碍，尤其是在非英语为母语的国家之间。

2. 文化差异

不同文化的价值观、社交规范和信仰可能导致误解和冲突。

3. 非语言沟通

肢体语言和面部表情在不同文化中有不同的含义，可能导致误解。

4. 时间观念

不同文化对时间的看法和处理方式可能不同，导致时间管理问题。

5. 社交礼仪

礼仪和社交规范的差异可能导致尴尬和冲突。

（四）跨文化沟通的技巧

为了克服跨文化沟通的挑战，以下是一些实用的技巧。

1. 学习基本的目标文化知识

在与不同文化的人交往之前，了解其文化背景、价值观和礼仪。这有助于避免尴尬和误解。

2. 尊重和包容

明白每个人的文化背景不同，要尊重差异，包容不同的观点和方式。

3. 倾听和提问

倾听对方的观点，提出开放性问题以了解其观点和需求。

4. 肢体语言

谨慎使用肢体语言，了解在不同文化中可能有不同的含义。避免用手势或表情传递冒犯性信息。

5. 使用清晰的语言

使用简单、明了的语言，避免使用俚语或难以理解的术语。

6. 适应对方的沟通风格

如果可能的话，适应对方的沟通风格和速度。一些文化倾向于直接沟通，而其他文化更加委婉。

7. 准备好翻译工具

如果有语言障碍，提前准备好翻译工具或翻译人员。

8. 时间管理

了解不同文化对时间的看法，以便更好地协调会议和约会。

9. 反馈和确认

通过要求对方提供反馈和确认，确保确保对方明白您的信息。

10. 文化敏感性培训

参加文化敏感性培训可以帮助个人更好地理解不同文化的差异和共通之处，提高文化敏感性。

11. 建立关系

在跨文化沟通中，建立良好的关系非常重要。通过与人建立亲近的关系，可以增进信任和协作。

12. 灵活性

保持灵活性，愿意适应不同的文化和沟通风格。这有助于建立积极的沟通氛围。

13. 减少刻板印象

尽量避免过于依赖刻板印象或刻板观点。每个个体都是独特的，不应该用一种文化的特点来定义他们。

14. 协商和妥协

学会协商和妥协，以满足不同文化的需求和期望。这有助于解决潜在的冲突。

15. 持续学习

跨文化沟通是一个不断学习和改进的过程。不断反思和学习，以不断提高跨文化沟通技巧。

跨文化沟通是全球化时代的一项关键技能，无论是在个人生活中还是在商业领域，都至关重要。通过学习和应用跨文化沟通技巧，人们可以更好地理解和尊重不同文化，建立积极的人际关系，促进合作和成功。跨文化沟通也存在挑战，但通过不断学习、适应和提高技能，可以克服这些挑战，实现更好的跨文化交流。此外，跨文化沟通有助于促进文化多样性、全球合作与和平。

二、文化敏感性培训

文化敏感性培训是一种旨在提高人们对不同文化、价值观和背景的理解和尊重的培训。在全球化时代，文化多样性已经成为常态，而文化敏感性培训可以帮助个人和组织更好地应对这一多元化。本书将深入探讨文化敏感性培训的定义、重要性及如何有效进行这类培训。

（一）文化敏感性培训的定义

文化敏感性培训是一种为了提高个人或组织对不同文化、民族、宗教、性别和背景的理解和尊重而设计的培训。这种培训旨在帮助参与者意识到他们自己的文化偏见，减少刻板印象和歧视，以便更好地与不同文化背景的人沟通和合作。文化敏感性培训的目标包括以下几方面。

1. 提高文化意识

帮助参与者认识到不同文化的存在，了解它们的价值观、习惯和传统。

2. 降低文化偏见

减少刻板印象和刻板观点，避免歧视和偏见。

3. 促进文化尊重

鼓励尊重不同文化背景的人，以建立积极的人际关系。

4. 提高跨文化沟通技巧

帮助参与者更好地与不同文化背景的人有效地交流和合作。

（二）文化敏感性培训的重要性

文化敏感性培训在今天的全球化社会中变得越来越重要。以下是一些关于其重要性的理由。

1. 促进多元文化工作环境

在多元文化的工作环境中，文化敏感性培训有助于建立包容性和多元化的氛围，吸引和保留多样化的人才。

2. 提高团队合作

跨文化团队合作已成为常态，文化敏感性培训可以帮助团队成员更好地协作，减少误解和冲突。

3. 减少文化冲突

通过了解不同文化的差异和共通之处，文化敏感性培训有助于减少文化冲突，促进和平与协调。

4. 提高客户满意度

在服务业，文化敏感性培训可以帮助员工更好地理解和满足不同文化背景的客户的需求，提高客户满意度。

5. 全球业务成功

对于跨国企业，文化敏感性培训对于企业在全球市场上成功运营至关重要。它有助于建立良好的国际声誉和客户关系。

（三）文化敏感性培训的内容

文化敏感性培训的内容可以包括多个方面，以确保参与者获得全面的文化敏感性教育。以下是一些可能包含在培训中的内容。

1. 文化背景和历史

帮助参与者了解不同文化的历史、传统和背景，以便更好地理解其价值观和行为。

2. 文化差异

介绍不同文化之间的差异，包括语言、礼仪、宗教和社会规范。

3. 刻板印象和偏见

帮助参与者识别和减少刻板印象和偏见，以避免歧视。

4. 跨文化沟通技巧

提供有效的跨文化沟通技巧，包括言语和非言语沟通、倾听技巧和文化敏感性沟通。

5. 文化冲突解决

教授文化冲突解决技巧，以帮助处理跨文化冲突和误解。

6. 文化尊重和包容性

强调尊重不同文化背景的人，建立包容和多元化的工作环境。

7. 文化多样性的优势

讨论文化多样性对创新和创造力的积极影响，以鼓励尊重和欣赏多样性。

（四）有效的文化敏感性培训方法

为了确保文化敏感性培训的成功，需要采用一些有效的培训方法。

1. 互动性培训

培训应具有互动性，参与者应该有机会分享他们的经验和观点。这有助于促进讨论和共享。

2. 案例研究和角色扮演

使用案例研究和角色扮演可以帮助参与者在实际情境中应用他们的文化敏感性技巧。

3. 跨文化体验

提供参与者体验不同文化的方式，如文化节庆、美食品尝、艺术展览或参观不同文化的社区。这可以帮助他们更深入地了解其他文化。

4．个案分析

分析真实生活中的跨文化沟通问题和挑战的个案可以帮助参与者学习如何应对类似情况。

5．文化多元性小组讨论

将参与者分成小组，每个小组代表不同的文化，以模拟文化多元性的工作环境。这可以促进合作和理解。

6．文化敏感性自我评估

参与者可以通过自我评估工具来了解自己的文化敏感性水平，以便更好地了解他们在哪些方面需要改进。

7．定期更新培训

文化敏感性培训不应该是一次性的，而应该是一个定期更新的过程。文化在不断变化，因此培训内容也需要不断更新。

（五）培训效果评估

为了确定文化敏感性培训的有效性，可以采用以下方法进行培训效果评估。

1．问卷调查

向参与者分发问卷，收集他们的反馈，以了解他们对培训的满意度和学习成果。

2．观察和反馈

观察参与者在工作环境中的行为和表现，向他们提供反馈以评估他们是否应用了培训中学到的技能。

3．跟踪文化冲突和解决情况

监测和记录文化冲突和解决情况，以确定培训的效果。

4．绩效评估

分析参与者的绩效数据，如客户满意度、销售数据或团队协作，以确定培训是否对业绩产生积极影响。

文化敏感性培训是当今多元文化社会中至关重要的培训领域。通过提高文化意识、减少文化偏见、促进文化尊重和提高跨文化沟通技巧，个人和组织可以更好地应对文化多样性，并创造包容性和多元化的工作环境。文化敏感性培训的内容和方法应根据参与者的需求和特点进行调整，以确保培训的成功。最终，文化敏感性培训有助于建立更强大、更具创新性和更具竞争力的组织。

三、跨文化冲突解决技巧

在全球化的背景下，跨文化冲突已成为不可避免的现象。不同文化、价值观和背景的人们相互交往和合作，常常会产生不同的看法和观点，导致冲突的发生。因此，了解和运用跨文化冲突解决技巧至关重要。本书将深入探讨跨文化冲突的定义、原因、重要性，以及一系列有效的解决技巧。

（一）跨文化冲突的定义

跨文化冲突指的是在不同文化、民族、价值观或背景之间发生的冲突。这种冲突可能涉及言辞争吵、不满或误解，也可能涉及更复杂的问题，如文化差异导致的不合作、误解或歧视。跨文化冲突的根本原因通常可以追溯到文化差异和沟通问题。

（二）跨文化冲突的原因

1. 文化差异

不同文化的人们有不同的价值观、习惯和信仰，这可能导致误解和冲突。

2. 语言障碍

语言差异、口音或语言技巧的差异可能导致沟通障碍和误解。

3. 刻板印象和偏见

人们对其他文化的刻板印象和偏见可能导致歧视和冲突。

4. 文化敏感性不足

缺乏文化敏感性可能导致对他人的不尊重或冷漠，从而引发冲突。

5. 沟通风格

不同文化可能有不同的沟通风格，有些可能更直接，有些可能更委婉，这可能导致误解和冲突。

（三）跨文化冲突解决的重要性

跨文化冲突解决技巧对于个人、组织和社会都具有重要性。

1. 促进合作和协作

有效的跨文化冲突解决有助于人们更好地协作，推动共同目标的实现。

2. 减少误解和冲突

通过解决冲突，可以减少误解和紧张局势，创造更和谐的环境。

3. 维护关系

良好的冲突解决有助于维护关系，防止冲突对关系产生破坏性影响。

4. 提高工作效率

减少冲突和误解可以提高工作效率，减少时间和精力的浪费。

5. 促进文化多样性

通过解决冲突，可以鼓励尊重和欣赏文化多样性，有助于创新和创造力的发展。

（四）跨文化冲突解决技巧

为了有效地解决跨文化冲突，以下是一些实用的技巧。

1. 文化敏感性培训

接受文化敏感性培训，以了解不同文化的差异和共通之处。这有助于增强理解和尊重。

2. 倾听和尊重

倾听对方的观点，尊重他们的文化背景，不要轻视或贬低。

3. 避免刻板印象

努力避免对他人根据其文化或国籍产生刻板印象或偏见。

4. 语言沟通

如果可能的话，学习对方的语言或至少一些基本的用语，以提高沟通效果。

5. 解释自己的意图

如果你的行为或言辞容易被误解，要解释你的意图并明确你的目的。

6. 寻求第三方帮助

如果冲突无法解决，考虑寻求第三方的帮助，如文化中介人或翻译。

7. 适应性沟通

尝试适应对方的沟通风格，无论是直接还是委婉。

8. 文化敏感性反馈

向对方提供文化敏感性反馈，以确保你的行为和言辞不会引发误解。

9. 寻找共通之处

强调你和对方的共通之处，以建立共鸣，促进互相理解。

10. 冷静处理冲突

在冲突爆发时冷静对待，避免激化局势，尝试通过建设性对话解决问题。

11. 文化冲突解决技巧培训

培训员工和团队，使其掌握专门的文化冲突解决技巧，以更好地处理和解决跨文化冲突。

12. 建立共识

寻求一种解决方案，让各方都可以接受，从而达成共识。

13. 学习和反思

在每次冲突解决后，进行反思并学习。了解为什么出现冲突，如何避免类似的情况，并改进沟通和冲突解决技能。

跨文化冲突是全球化时代不可避免的现象，但通过学习和应用跨文化冲突解决技巧，个人和组织可以更好地应对这些冲突。文化敏感性、倾听、尊重和灵活性是成功解决跨文化冲突的关键因素。通过有效的沟通和解决问题，可以减少误解、维护关系，促进合作、达成共识。最终，跨文化冲突解决技巧有助于建立和谐的跨文化关系，提高个人和组织的竞争力。

第六章 国际化就业教育评估与效果分析

第一节 评估国际化就业教育的方法

一、国际化就业教育评估工具和指标

随着全球化的不断推进和国际化程度的增加，国际化就业教育评估成为高等教育领域的一个重要议题。国际化就业教育旨在培养具备国际视野和跨文化沟通能力的毕业生，以适应全球化经济和多元文化的就业市场。本书将探讨国际化就业教育评估的必要性，介绍相关的评估工具和指标，以及如何有效应用它们。

（一）国际化就业教育的重要性

国际化就业教育是现代高等教育体系中的一个不可或缺的组成部分。它有助于学生发展全球意识和跨文化能力，为他们的未来职业生涯提供了更广泛的机会。以下是一些国际化就业教育的重要性。

1. 培养全球公民

国际化就业教育有助于培养全球公民，他们不仅了解自己国家的文化和社会，还具备对其他国家和文化的理解和尊重。这种全球视野对于处理国际事务和在全球范围内工作的专业人士至关重要。

2. 提高就业竞争力

国际化教育使学生具备更广泛的技能和知识，使他们在国际就业市场上更有竞争力。跨文化沟通和语言技能、文化敏感度及国际商务知识等方面的培训都有助于提高毕业生的就业机率。

3. 促进文化多样性

国际化就业教育有助于推动文化多样性。通过吸引国际学生和提供国际交流项目，学校可以创造一个多元化的学习环境，让学生有机会与来自

不同文化背景的同学合作。

4. 适应全球化经济

在全球化的背景下，跨国公司越来越需要员工具备国际视野和跨文化技能。国际化就业教育可以为学生提供在国际企业中成功工作所需的工具和知识。

（二）国际化就业教育评估工具

为了确保高等教育机构有效地提供国际化就业教育，需要制定适当的评估工具和指标。以下是一些常见的国际化就业教育评估工具。

1. 学生参与度调查

学生参与度调查是一种常见的评估工具，用于了解学生参与国际化活动的程度。这些活动可以包括国际交流项目、外语课程和跨文化培训等。通过定期的学生参与度调查，学校可以评估学生参与的效果，了解他们对国际化教育的看法，并根据反馈进行改进。

2. 毕业生追踪调查

毕业生追踪调查是一种评估工具，用于跟踪毕业生在职业生涯中的发展。这种调查可以提供关于毕业生在国际就业市场上的就业情况、职业发展和跨文化能力发展的信息。通过分析毕业生的职业路径，学校可以评估他们的国际化就业教育的成果。

3. 课程和教学评估

评估课程和教学质量对于确保国际化就业教育的有效传递至关重要。学校可以使用学生评估、同行评审和教师自评等方法来评估课程的质量。这包括课程内容的国际化程度、跨文化教学方法的有效性，以及教师的跨文化教育培训。

4. 学术交流合作评估

学术交流合作是国际化就业教育的一个重要组成部分。高等教育机构可以评估与其他学校和机构的合作项目，包括交换学生计划、双学位项目和研究合作等。这些合作项目的质量和成果可以通过合作伙伴机构的反馈和评估来确定。

5. 跨文化能力评估

跨文化能力是国际化就业教育的核心目标之一。学校可以使用各种评估工具来测量学生的跨文化能力，包括跨文化沟通技能、文化适应能力和全球意识等。这些评估可以包括口头和书面测试、跨文化项目和案例分析等。

（三）国际化就业教育评估指标

评估国际化就业教育的有效性需要明确定义的指标和标准。以下是一些常见的国际化就业教育评估指标。

1. 学生参与率

学生参与国际化活动的比例是一个重要的指标。这包括学生参与国际交流项目、参加国际课程和课外跨文化活动的数量。高参与率通常表明学生对国际化教育感兴趣，并积极参与其中。

2. 跨文化沟通技能

跨文化沟通技能的提高是国际化就业教育的一个主要目标。评估学生的口头和书面跨文化沟通技能可以通过考察他们的语言能力、国际演讲或写作比赛的表现等方式来实现。

3. 跨文化意识

学生的全球意识和文化敏感度也是一个关键指标。这可以通过评估学生对不同文化背景和国际事务的理解来实现。学校可以考察学生是否参与全球问题的讨论和活动，以及他们对全球化挑战的认识程度。

4. 毕业生就业率

了解毕业生的就业率是评估国际化就业教育的一个重要指标。这包括毕业生在国际就业市场上的就业情况和就业速度。高毕业生就业率通常表明学校提供了有竞争力的国际化就业教育。

5. 毕业生满意度

毕业生的满意度调查可以提供有关他们对国际化就业教育的看法和经验的信息。了解毕业生对课程、教师和国际交流项目等的满意程度可以帮助学校确定改进的方向。

6. 国际化指标

国际化指标是一种综合性的评估工具，用于衡量学校的国际化程度。这些指标可以包括国际学生的比例、国际合作项目数量和全球合作伙伴关系等。通过跟踪这些指标，学校可以评估其国际化战略的有效性。

（四）有效应用国际化就业教育评估工具和指标

为了有效应用国际化就业教育评估工具和指标，高等教育机构可以采取以下步骤。

1. 设定明确的目标

学校应该明确定义国际化就业教育的目标。这包括确定希望学生达到的国际化技能和知识水平，以及期望的学生参与度水平。

2. 收集数据

学校应该收集与国际化就业教育相关的数据。这包括学生参与度数据、课程和教学质量数据、毕业生追踪数据等。这些数据可以通过学生调查、毕业生追踪、教师评估和课程审核等方式收集。

3. 分析数据

收集的数据应该经过仔细的分析，以确定国际化就业教育的强项和改进点。学校可以比较不同年度的数据，查看趋势，并将其与设定的目标进行比较。

4. 制订改进计划

基于数据分析的结果，学校可以制订改进计划。这可能包括更新课程、提供更多的国际交流项目、改进跨文化教学方法、加强学生支持服务等。

5. 定期评估

国际化就业教育的评估应该是一个定期的过程。学校应该定期审查和更新评估工具和指标，以确保它们仍然适用，并持续改进国际化教育质量。

国际化就业教育是现代高等教育体系中的一个不可或缺的组成部分。为了确保其有效传递，高等教育机构需要制定适当的评估工具和指标。通过学生参与度调查、毕业生追踪、课程和教学评估、学术交流合作评估，以及跨文化能力评估等工具和指标，学校可以评估国际化就业教育的有效性。有效应用这些工具和指标需要明确的目标、数据收集、数据分析、改进计划和定期评估。通过这一综合的评估过程，学校可以不断提高其国际化就业教育的质量，为学生提供更好的跨文化能力和就业竞争力。

二、国际化就业教育数据收集和分析

国际化就业教育的有效实施需要收集和分析各种数据，以便评估教育质量、学生参与度和达成的目标。这些数据对于高等教育机构确定改进方向、提高教育质量，以及确保学生在国际就业市场上有竞争力至关重要。本书将探讨国际化就业教育数据收集和分析的重要性、常用的数据收集方法和工具，以及如何有效分析这些数据来不断改进国际化就业教育。

（一）国际化就业教育数据的重要性

数据在高等教育中扮演了关键的角色，有助于学校监测学生的学习和发展，评估教育质量，追踪毕业生的职业生涯，并调整教学策略。对于国际化就业教育，数据的重要性体现在以下几方面。

1. 评估教育质量

通过数据收集和分析，学校可以评估国际化教育的质量，包括课程内容的国际化程度、师资力量的跨文化培训和学生满意度。

2. 监测学生参与度

了解学生参与国际化活动的程度对于评估国际化教育的有效性至关重

要。这包括学生参与国际交流项目、外语课程、跨文化培训等。

3. 跟踪毕业生的职业发展

数据可以帮助学校跟踪毕业生在国际就业市场上的就业情况，了解他们在职业生涯中的发展，以及国际化能力的应用情况。

4. 指导决策

基于数据的分析可以为高等教育机构提供指导决策的依据。通过数据，学校可以确定改进的方向，并制定策略来提高国际化就业教育的质量。

（二）数据收集方法和工具

以下是一些常用的数据收集方法和工具，用于支持国际化就业教育的数据收集。

1. 学生参与度调查

学生参与度调查是收集学生参与国际化活动数据的有效方法。这些调查可以包括问题，例如，学生是否参与国际交流项目、是否参加了外语课程、是否参与了跨文化培训等。调查可以分为定期的或年度的，以追踪学生的参与情况。

2. 毕业生追踪调查

毕业生追踪调查用于了解毕业生在国际就业市场上的就业情况和职业发展。这些调查可以包括问题，例如，毕业生的就业领域、工作地点、跨文化能力的应用情况等。毕业生追踪调查通常在毕业后的若干年内进行。

3. 课程和教学评估

评估课程和教学质量对于国际化就业教育至关重要。这包括学生的课程评价、教师的自评、同行评审和课程审核。这些评估可以帮助学校了解课程的国际化程度、跨文化教学方法的有效性，以及教师的跨文化教育培训需求。

4. 学术交流合作评估

学术交流合作评估用于了解与其他学校和机构的合作项目的质量和成果。这包括交换学生计划、双学位项目、研究合作等。评估合作项目的质量和成果可以通过合作伙伴机构的反馈和评估来确定。

5. 跨文化能力评估

评估学生的跨文化能力需要使用各种评估工具。这可以包括口头和书面测试、跨文化项目和案例分析等。评估跨文化能力的工具应考虑多元性和综合性，以确保全面评估学生的能力。

6. 学术成果数据

学术成果数据如学生成绩、毕业生学位等级、出国交流学生的学术表现等可以提供有关学生在国际化课程中的表现的信息。这些数据可用于评估教育质量和学生的学术成就。

（三）数据分析方法

数据的收集是第一步，分析数据同样至关重要。以下是一些常用的数据分析方法。

1. 描述性分析

描述性分析旨在了解数据的基本特征。这包括均值、中位数、标准差、频率分布等。描述性分析可以帮助学校了解数据的总体趋势和分布。

2. 比较分析

比较分析用于比较不同组别或时间点之间的数据差异。通过比较分析，学校可以确定不同年度或不同学生群体之间的变化趋势，例如，不同学院的国际化参与度、不同年级学生的跨文化能力水平等。

3. 关联分析

关联分析用于确定数据之间的关系。例如，可以通过分析毕业生的国际化课程参与和其国际就业机会之间是否存在关联，识别哪些因素对学生的国际化就业成功产生了影响。

4. 基于目标的分析

在数据分析的过程中，应该与国际化就业教育的设定目标相对照。这有助于确定是否已达成目标，并在未达成的情况下制定改进措施。例如，如果目标是提高学生的跨文化沟通技能，那么分析数据时应关注这一方面的指标。

5. 趋势分析

趋势分析是追踪数据变化的过程。学校可以使用趋势分析来确定某些指标随时间的变化，如学生参与度是否逐年增加、毕业生的国际就业率是否有上升趋势等。

6. 地理信息系统（GIS）分析

GIS 分析可用于将数据与地理位置相关联。例如，学校可以使用 GIS 来分析国际学生的来源地，了解国际学生的分布情况，以及可能的地理因素如何影响国际学生的参与度。

（四）数据分析的应用

数据分析的结果应该用于指导决策和改进国际化就业教育。以下是一些数据分析的应用。

1. 制定改进策略

基于数据分析的结果，学校可以制定改进策略，以提高国际化就业教育的质量。这包括更新课程、提供更多的国际交流项目、改进跨文化教学方法、加强学生支持服务等。

2. 调整资源分配

数据分析可以帮助学校更有效地分配资源。如果数据表明某些课程或项目的参与度较低，学校可以考虑重新分配资源以增加这些领域的投入，从而改进其国际化就业教育。

3. 建立战略伙伴关系

数据分析的结果可以用来确定潜在的战略伙伴关系。学校可以根据数据来寻找与其他机构或组织合作的机会，以推动国际化就业教育。

4. 制定政策

学校可以基于数据制定政策，以促进国际化就业教育的发展。这包括学校内部政策和程序，以及与政府或其他利益相关者的合作政策。

国际化就业教育的数据收集和分析对于提高教育质量、监测学生参与度、追踪毕业生职业发展及指导决策至关重要。高等教育机构应该使用各种数据收集方法和工具，包括学生参与度调查、毕业生追踪调查、课程和教学评估、学术交流合作评估、跨文化能力评估等，来获得全面的信息。数据分析方法如描述性分析、比较分析、关联分析、基于目标的分析、趋势分析和 GIS 分析可以帮助学校理解数据并应用于决策和改进。通过有效的数据收集和分析，学校可以不断提高国际化就业教育的质量，从而提升学生的跨文化能力和就业竞争力。

三、国际化就业教育效果评估和改进建议

国际化就业教育的成功实施不仅需要明确定义的目标和有效的数据收集与分析，还需要对教育效果进行评估，并提出相应的改进建议。这一过程有助于高等教育机构不断改进其国际化就业教育，以确保学生具备竞争力，适应全球化职业市场。本书将探讨国际化就业教育的效果评估，提供改进建议，以及如何不断提高教育质量。

（一）国际化就业教育效果评估

国际化就业教育的效果评估是一个系统性的过程，旨在确定教育目标是否已达成，学生是否具备国际化技能和知识，以及教育质量是否得到提高。以下是一些常见的国际化就业教育效果评估方法。

1. 学生参与度评估

学生参与度评估旨在确定学生是否积极参与国际化活动，如国际交流项目、外语课程、跨文化培训等。这可以通过学生参与度调查、出勤记录

和活动报告来实现。

2. 跨文化能力评估

跨文化能力评估用于测量学生的跨文化沟通技能、文化适应能力、全球意识等。这可以通过口头和书面测试、跨文化项目和案例分析等方式来实现。

3. 毕业生追踪调查

毕业生追踪调查是了解毕业生在国际就业市场上的就业情况和职业发展的有效方法。这包括毕业生的就业领域、工作地点、跨文化能力的应用情况等。

4. 课程和教学评估

评估课程和教学质量有助于确定课程内容的国际化程度、跨文化教学方法的有效性，以及教师的跨文化教育培训需求。这可以通过学生评估、同行评审和课程审核来实现。

5. 学术成果数据

学术成果数据如学生成绩、毕业生学位等级、出国交流学生的学术表现等可用于评估学生在国际化课程中的表现。

（二）国际化就业教育效果评估的重要性

国际化就业教育的效果评估对高等教育机构和学生都具有重要意义。

1. 为学校提供反馈

效果评估可以为高等教育机构提供有关其国际化就业教育的效力和质量的反馈。这有助于学校明确强项和改进点，以便制定战略来提高教育质量。

2. 为学生提供证明

对学生而言，国际化就业教育的效果评估可以为他们在国际就业市场上的竞争力提供证明。学生可以在求职材料中注明他们在国际化教育中获得的技能和经验。

3. 指导决策

通过评估国际化就业教育的效果，高等教育机构可以更好地指导决策，确定改进领域，并制定战略来实现目标。这有助于提高国际化就业教育的效力。

（三）改进建议

国际化就业教育的效果评估提供了机会来改进教育质量，提升学生的国际化能力。以下是一些改进建议，可帮助高等教育机构不断提高其国际化就业教育水平。

1. 提高学生参与度

鼓励学生积极参与国际化活动，包括国际交流项目、外语课程、跨文化培训等。学校可以提供奖学金、奖励计划和信息会议，以吸引学生参与。

2. 更新课程内容

确保课程内容跟上国际化趋势，包括全球问题、国际商务、跨文化管理等。课程应该反映现实世界的需求，以提供学生所需的技能。

3. 提供跨文化教学培训

教师应接受跨文化教学培训，以提高其跨文化教育能力。这包括了解不同文化背景的学生，以及使用跨文化教学方法。

4. 增加国际学生支持

学校应提供更多的支持服务，以满足国际学生的需求。这包括文化适应支持、学术支持、生活支持等，以确保国际学生融入校园。

5. 与国际企业建立伙伴关系

与国际企业建立伙伴关系是提高国际化就业教育的一种有效途径。通过与国际企业合作，学校可以提供实习机会、职业指导和就业机会，为学生提供实际的国际化工作经验。

6. 评估跨文化能力

学校应该使用多种评估工具来测量学生的跨文化能力。这可以包括口头和书面测试、跨文化项目、角色扮演等。评估应该是综合性的，以确保全面测量学生的跨文化能力。

7. 设定国际化就业教育目标

学校应该为国际化就业教育设定明确的目标和指标，以便进行有效的评估。这些目标应该是可衡量的，并与学校的战略规划相一致。

8. 提供反馈和改进机制

为学生和教师提供反馈渠道，以便他们可以分享他们的体验和提出改进建议。学校应该积极采纳这些建议，并根据反馈进行改进。

（四）持续改进

国际化就业教育是一个不断发展的领域，需要不断改进和调整以适应不断变化的全球化职业市场。为了实现持续改进，高等教育机构应采取以下措施。

1. 定期评估

国际化就业教育的效果应该进行定期评估，而不仅仅是一次性的。学校可以制定评估周期，例如，每两年进行一次全面评估，以确保教育质量不断提高。

2．跟踪趋势

学校应该跟踪国际化就业教育领域的趋势，包括全球化职业市场的变化、国际政治和经济的发展等。这有助于调整教育内容和目标，以适应新的挑战和机会。

3．与同行机构合作

与其他高等教育机构合作可以帮助学校与机构共同探讨最佳实践、进行经验交流和资源共享。这有助于推动国际化就业教育的发展。

4．推动研究和创新

学校应鼓励教师和研究人员开展国际化就业教育领域的研究和创新。研究可以提供有关最有效的教育方法和策略的见解，以及如何应对全球化挑战。

国际化就业教育的效果评估和改进建议是确保学生具备竞争力和适应全球化职业市场的关键步骤。通过评估学生参与度、跨文化能力、毕业生追踪等指标，学校可以确定改进的领域，并提出改进建议。持续改进是国际化就业教育的核心，学校应该定期评估、跟踪趋势、与同行机构合作，以及推动研究和创新。这将有助于提高国际化就业教育的质量，进而提升学生的跨文化能力和就业竞争力。

第二节　教育质量与绩效指标

一、教育质量标准

教育质量标准是用于评估教育体系、学校、教学课程和教学方法的工具。这些标准有助于确保教育机构提供高质量的教育，满足学生的需求，培养他们的技能和知识，以便他们在未来取得成功。本书将深入探讨教育质量标准的重要性，不同类型的标准，以及如何应用这些标准来提高教育质量。

（一）教育质量标准的重要性

教育质量标准对于确保教育体系的有效性和学生的学习成果具有重要意义。以下是一些关于教育质量标准的重要性的方面。

1．保障学生权益

教育质量标准能确保学生接受到公平、高质量的教育。这有助于保障学生的权益，确保他们在教育过程中获得所需的支持和资源。

2. 提高教育质量

标准促使教育机构不断提高教育质量。通过设置明确的标准，教育机构被激励改进课程、教学方法和学校管理，以满足这些标准。

3. 评估教育成果

教育质量标准为评估教育成果提供了框架。这有助于确定学生是否已经掌握了所需的知识和技能，并为持续改进提供数据。

4. 国际比较

教育质量标准允许国际上的教育机构进行比较。这有助于学校了解自己在全球范围内的位置，以及如何提高自身的竞争力。

5. 增加透明度

标准提高了教育机构的透明度，使学生、家长和政府可以更容易地了解教育体系的质量和表现。

（二）教育质量标准的类型

教育质量标准可以分为不同的类型，包括以下几种。

1. 结果标准

结果标准关注学生的学习成果和绩效。这些标准通常包括学生的学术成绩、考试成绩、毕业率、就业率，以及其他衡量学生学习成果的指标。结果标准强调学生的实际表现和学习成果。

2. 过程标准

过程标准关注教育机构的运作和教学方法。这些标准包括教学方法、课程设计、师资力量、学校管理、学生支持服务和教育资源等。过程标准强调如何提供高质量的教育。

3. 结构标准

结构标准涉及教育机构的组织结构和管理。这包括领导层、管理结构、财务管理、法律规定和政府监管等。结构标准确保教育机构有适当的组织结构和管理体系。

4. 客观标准

客观标准是可以用具体数据和证据来衡量的标准。这些标准通常是可量化的，如学生的考试分数、教师的教育背景、教室设施等。客观标准提供了明确的度量方法。

5. 主观标准

主观标准通常是基于个体或机构的主观意见和评估。这可以包括学生、教师、家长或专家的看法。主观标准提供了质量的主观评估。

（三）如何应用教育质量标准

应用教育质量标准是确保高质量教育的关键步骤。以下是一些关于如何应用教育质量标准的建议。

1. 明确的标准设定

教育机构需要明确定义和制定教育质量标准。这需要广泛的讨论和合作，以确保标准能够全面反映教育机构的使命和目标。

2. 数据收集和评估

学校应该收集和评估相关数据，以确定是否满足了设定的标准。这包括学生的学术表现、学校管理、教育资源、师资力量等。数据可以从学生记录、调查、学术评估和其他来源获得。

3. 持续改进

一旦数据收集和评估完成，学校应该使用这些数据来指导改进。改进可以包括更新课程、提供更好的学生支持服务、改进教学方法和管理体系等。教育机构应该制订明确的行动计划，以确保质量不断提高。

4. 反馈和沟通

学校应该与各种利益相关者，包括学生、家长、教师、政府和社会分享教育质量的反馈信息。这有助于提高透明度，并确保学校的努力受到广泛的认可和支持。

5. 自评和外部评估

教育机构可以进行自评，以了解是否满足了质量标准。此外，一些机构可能需要经过外部评估，由独立机构或政府机构进行评估。外部评估可以提供独立的、客观的评估。

6. 继续培训和发展

教育机构应该提供持续培训和发展机会，以确保教师和工作人员能够满足质量标准的要求。这包括提供专业发展课程、培训和资源。

教育质量标准是确保高质量教育的关键工具。通过设定明确的标准、收集和评估数据、持续改进、进行反馈和沟通，以及提供培训和发展机会，教育机构可以确保提供高质量的教育。这有助于满足学生的需求、提高学生的学习成果，以及提高教育机构的声誉和竞争力。教育质量标准是不断追求卓越的动力，以确保每个学生都能获得高质量的教育。

二、国际化就业教育绩效评估方法

国际化就业教育是高等教育领域中的一个重要组成部分，旨在培养学生的跨文化能力和全球就业竞争力。为确保国际化就业教育的有效性和质量，需要采用适当的绩效评估方法。本书将探讨国际化就业教育绩效评估的重要性、不同的评估方法，以及如何有效地应用这些方法来评估国际化就业教育的绩效。

（一）国际化就业教育绩效评估的重要性

国际化就业教育绩效评估是确保教育质量和效果的关键步骤。以下是一些关于其重要性的方面。

1. 确保学生的学习成果

绩效评估有助于确保学生在国际化就业教育中实现预期的学习成果。这包括跨文化能力的提高、全球意识的培养，以及适应国际就业市场的准备。

2. 持续改进

绩效评估提供了一个机会来识别国际化就业教育的改进点。通过定期评估，教育机构可以不断提高课程、教学方法和支持服务，以适应不断变化的全球化环境。

3. 透明度

国际化就业教育绩效评估提高了教育机构的透明度，使学生、家长、政府和其他利益相关者能够了解教育的质量和效果。这有助于确保机构对其表现负责。

4. 保持竞争力

国际化就业教育市场竞争激烈，绩效评估有助于确保教育机构保持竞争力。学生通常会选择那些提供高质量教育的机构，因此，绩效评估可以帮助机构在招生市场中脱颖而出。

5. 证明贡献

绩效评估提供了机会，让教育机构证明其对学生和社会的贡献。这有助于获得政府、捐赠者和其他投资者的支持。

（二）国际化就业教育绩效评估方法

国际化就业教育绩效评估可以采用多种方法和工具，以全面评估教育的质量和效果。以下是一些常见的国际化就业教育绩效评估方法。

1. 学生参与度评估

学生参与度评估是通过测量学生的积极参与度来评估教育的有效性。这可以包括参与国际交流项目、外语课程和跨文化培训等。学校可以使用学生参与度调查、出勤记录和活动报告来衡量学生的参与程度。

2. 跨文化能力评估

跨文化能力评估旨在测量学生的跨文化沟通技能、文化适应能力和全球意识等。这可以通过口头和书面测试、跨文化项目和案例分析等方式来实现。

3. 毕业生追踪调查

毕业生追踪调查是了解毕业生在国际就业市场上的就业情况和职业发展的有效方法。这包括毕业生的就业领域、工作地点和跨文化能力的应用情况等。

4. 课程和教学评估

评估课程和教学质量有助于确定课程内容的国际化程度、跨文化教学方法的有效性，以及教师的跨文化教育培训需求。这可以通过学生评估、同行评审和课程审核来实现。

5. 学术成果数据

学术成果数据如学生成绩、毕业生学位等级和出国交流学生的学术表现等可用于评估学生在国际化课程中的表现。

6. 案例研究和项目评估

案例研究和项目评估可以通过深入分析学生的个人经历和项目成果来评估国际化就业教育的效果。这有助于了解学生在实际项目中的应用能力和创造性解决问题的能力。

7. 教师和员工评估

评估教师和员工的角色和表现对于确保国际化就业教育的质量至关重要。这包括教师的跨文化教育培训和员工的支持服务。

8. 同行评审

同行评审是由教育领域的专家和同行进行的评估，以确定国际化就业教育的质量。这可以包括来自其他学校或国际组织的专家，他们可以提供独立的、客观的评估。

（三）有效应用国际化就业教育绩效评估方法

要有效应用国际化就业教育绩效评估方法，需要考虑以下关键因素。

1. 设定明确的目标

教育机构需要明确定义国际化就业教育的目标。这些目标应该是可衡量的，以便进行有效的绩效评估。目标设定可以包括学生的跨文化能力、全球意识和就业竞争力等方面。

2. 数据收集和分析

教育机构应该建立数据收集和分析系统，以收集与国际化就业教育相关的数据。这可以包括学生的学术成绩、参与度数据、毕业生就业情况等。数据分析应该是定期的，以跟踪趋势和提供及时的反馈。

3. 制订行动计划

绩效评估的结果应该用于制订具体的行动计划，以改进国际化就业教育。这包括更新课程、改进教学方法、提供更好的学生支持服务，以及提供师资力量培训等。行动计划应该是可量化的，以确保对改进方面的追踪和评估。

4. 反馈和改进

绩效评估应该提供反馈机制，以确保学生、教师和其他利益相关者可以分享他们的经验和提出改进建议。学校应该积极采纳这些建议，以不断改进国际化就业教育。

5. 定期复审

国际化就业教育的绩效评估应该是定期的，而不仅仅是一次性的。学校可以制定评估周期，例如，每两年进行一次全面评估，以确保教育质量不断提高。

6. 外部评估

一些教育机构可能需要进行外部评估，由独立的机构或专家进行评估。外部评估可以提供独立的、客观的评估，增加评估的可信度。

国际化就业教育绩效评估是确保学生获得高质量教育、具备跨文化能力和就业竞争力的关键工具。通过选择合适的评估方法、设定明确的目标、数据收集和分析、制订行动计划、反馈和改进，以及定期复审，教育机构可以确保国际化就业教育的绩效不断提高。绩效评估有助于确保学生达到学习目标，提高教育质量，为全球就业市场做好准备。国际化就业教育绩效评估不仅有利于学生，也有利于教育机构，提高其在国际化竞争中的地位。

第三节 教育成果与学生就业

一、国际化就业教育学生就业率分析

国际化就业教育旨在培养学生的跨文化能力和全球就业竞争力，以胜任国际职场。就业率是衡量教育质量的重要指标之一。本书将深入分析国际化就业教育的学生就业率，包括其重要性、影响因素、如何提高就业率及案例研究等。

（一）学生就业率的重要性

学生就业率是国际化就业教育的一个核心指标，对于教育机构和学生本身都具有重要性。

1. 教育质量评估

就业率是评估国际化就业教育质量的一个重要标志。高就业率通常表明教育机构提供了具有竞争力的教育，使学生能够成功地进入职场。

2. 满足学生期望

学生追求高等教育的一个主要目标是为了获得更好的就业机会。高就业率可以满足学生对教育投资的期望，增强其对教育机构的信任。

3. 教育机构声誉

高就业率有助于提高教育机构的声誉。这可以吸引更多的学生和投资者，提高学校在国际教育市场的竞争力。

4. 社会经济发展

高就业率对于社会经济的发展至关重要。受过国际化就业教育的学生通常更有竞争力，能够为国家的经济增长和创新作出贡献。

（二）影响国际化就业教育学生就业率的因素

学生就业率受到多种因素的影响，包括以下几个主要方面。

1. 课程质量

国际化就业教育的课程质量是影响就业率的关键因素。课程应该与国际职场需求保持一致，包括跨文化沟通、全球意识和行业特定的技能。

2. 跨文化能力

学生的跨文化能力对于国际职场至关重要。国际化就业教育应该培养学生的跨文化沟通技能、文化适应能力和全球意识，以提高他们的就业竞争力。

3. 实习和工作经验

学生获得实际的国际工作经验是提高就业率的关键。国际化就业教育应该提供实习机会、职业指导和与国际企业的合作机会。

4. 职业指导

提供有效的职业指导和支持对于帮助学生顺利进入职场至关重要。这包括简历撰写、面试技巧、职业规划和职业咨询。

5. 毕业生网络

毕业生网络可以为学生提供宝贵的职业资源和机会。学校应该鼓励和支持毕业生之间的联系，并提供平台以促进校友网络的建立。

6. 全球经济状况

全球经济状况对学生的就业率产生影响。全球经济不稳定可能导致就业市场的波动，这会影响到学生的就业。

（三）如何提高国际化就业教育学生就业率

提高学生就业率是国际化就业教育的重要目标之一。以下是一些提高学生就业率的方法。

1．与国际企业建立伙伴关系

与国际企业建立伙伴关系可以为学生提供实际的国际工作经验。合作方式可以包括实习项目、校园招聘和职业发展活动。

2．提供跨文化培训

国际化就业教育应该提供跨文化培训，以帮助学生适应国际职场的多样性。这包括培训课程、跨文化项目和文化适应技能的培养。

3．职业指导和支持

提供个性化的职业指导和支持可以帮助学生制订职业规划，为就业做准备。这可以包括简历制作、模拟面试和职业咨询。

4．毕业生跟踪和反馈

毕业生跟踪调查是了解毕业生就业情况和职业发展的有用工具。学校可以与毕业生保持联系，获取他们的反馈和建议。

5．建立校友网络

建立校友网络可以帮助学生与校友和行业专家联系，获取职业建议和机会。学校可以组织校友活动，以促进联系和交流。

6．参与国际就业市场

国际化就业教育可以鼓励学生积极参与国际就业市场。这包括鼓励学生主动寻找国际就业机会、参加全球性职业展会、申请跨国公司的工作和了解国际职业市场的趋势。此外，学校还可以提供支持，如签证咨询和提供国际就业机会的信息。

二、国际化就业教育毕业生职业发展追踪

毕业生职业发展追踪是国际化就业教育的关键组成部分，旨在了解毕业生在进入职场后的职业发展和成功情况。通过对毕业生的追踪，教育机构可以评估教育质量、改进课程设计和提供更好的支持，以满足不断变化的全球就业市场需求。本书将深入研究毕业生职业发展追踪的重要性、追踪方法、数据分析和实际案例。

（一）毕业生职业发展追踪的重要性

毕业生职业发展追踪对于国际化就业教育非常重要，具有以下关键作用。

1. 评估教育质量

追踪毕业生的职业发展情况可以帮助教育机构评估其提供的教育质量。如果毕业生在职业生涯中取得成功，这可能表明他们在学校学到了有用的技能和知识。

2. 改进课程设计

追踪可以提供宝贵的反馈，有助于改进课程设计。如果毕业生反馈了他们在职场上需要的技能，学校可以相应地调整课程，以更好地满足学生的需求。

3. 了解行业趋势

通过追踪毕业生，学校可以了解不同行业的趋势和变化。这有助于确保课程的时效性，以便学生毕业后能够适应不断变化的就业市场。

4. 为学生提供支持

追踪毕业生的职业发展可以帮助学校识别那些可能需要额外支持的学生。这包括职业指导、职业咨询和其他支持服务。

5. 提高学校声誉

成功的毕业生是学校声誉的重要组成部分。追踪毕业生的成功故事有助于提高学校在国际就业市场的声誉，吸引更多的学生和投资者。

（二）毕业生职业发展追踪方法

毕业生职业发展追踪可以采用多种方法，以了解他们在职业生涯中的表现和成功情况。以下是一些常见的追踪方法。

1. 毕业生调查

毕业生调查是追踪的一种主要方法。学校可以发送调查问卷给毕业生，询问他们的职业情况、工作地点、职位和薪资等信息。这些调查可以定期进行，以跟踪毕业生的职业发展。

2. 社交媒体和在线专业社区

许多毕业生在社交媒体上分享他们的职业发展。学校可以跟踪毕业生的社交媒体活动，了解他们的职业进展。此外，学校可以创建在线专业社区，以促进毕业生之间的联系和信息共享。

3. 职业发展中心和校友网络

学校的职业发展中心和校友网络可以提供追踪毕业生的有用信息。这些机构通常与毕业生保持联系，了解他们的职业发展情况，并提供职业指导和支持。

4. 数据分析工具

学校可以使用数据分析工具来跟踪毕业生的职业发展。这些工具可以分析大量的数据，识别趋势和模式，帮助学校了解毕业生的就业情况。

（三）数据分析和应用

一旦毕业生的数据被收集，学校可以进行数据分析以了解他们的职业发展。以下是一些数据分析和应用的关键方面。

1. 就业率

就业率是衡量毕业生职业发展的一个关键指标。通过分析毕业生的就业率，学校可以了解他们有多少人成功找到工作，以及多长时间内找到工作。

2. 就业领域

分析毕业生的就业领域可以帮助学校了解他们的职业兴趣和课程选择是否与实际职业相符。如果大多数毕业生进入与其专业相关的领域，这可能表明课程设计是成功的。

3. 薪资水平

分析毕业生的薪资水平可以提供关于他们职业发展的重要信息。学校可以了解毕业生的薪资水平是否符合其教育水平和经验。

4. 职业发展时间线

了解毕业生的职业发展时间线有助于学校评估教育对毕业生职业发展的影响。一些毕业生可能会在毕业后迅速找到工作，而其他人可能需要更多时间。学校可以分析这些时间线，了解哪些因素影响了毕业生的职业发展速度。

5. 反馈和改进

数据分析的结果应该用于提供反馈和改进。如果数据表明某一领域的毕业生就业率较低，学校可以采取措施，如改进相关课程、提供更多的职业指导或加强与雇主的联系，以提高就业率。

毕业生职业发展追踪是国际化就业教育的关键组成部分，有助于评估教育质量、改进课程设计和提供更好的支持。通过有效的追踪方法和数据分析，学校可以了解毕业生的就业率、就业领域、薪资水平和职业发展时间线。这些信息有助于学校满足学生的需求、提高教育质量，同时也提高学校在国际就业市场的声誉。通过不断改进和创新，国际化就业教育可以更好地培养具备全球视野的专业人才，为他们的职业发展提供坚实的基础。最终，这将有助于推动社会的经济发展和全球化进程。

三、就业教育的社会和经济影响研究

就业教育是一个重要的教育领域，对于社会和经济都具有深远的影响。

本书将探讨就业教育对社会和经济的影响，并强调其在培养技能、提高就业率、减少贫困、促进经济增长，以及塑造社会结构方面的作用。通过深入研究就业教育的社会和经济影响，我们可以更好地理解其在社会发展中的价值和重要性。

（一）就业教育对技能培养的影响

1. 提高技能水平

就业教育是一种专门为满足劳动力市场需求而设计的教育形式。通过为学生提供实用的技能培训，就业教育有助于提高他们的技能水平。这不仅有助于个人找到更好的工作，还有助于提高整体劳动力市场的竞争力。

2. 适应快速变化的劳动力市场

现代社会劳动力市场变化迅速，新技术和产业不断涌现。就业教育可以更灵活地调整课程，以满足市场需求。这有助于确保劳动力具备与市场趋势和需求保持一致的技能，从而降低失业率。

（二）就业教育对就业率的影响

1. 提高就业率

通过为学生提供实际技能培训，就业教育有助于提高他们的就业率。毕业生通常更容易找到工作，因为他们已经获得了职场中需要的技能和知识。

2. 降低青年失业率

青年人通常是失业率较高的群体。就业教育为年轻人提供了进入劳动力市场所需的技能，有助于降低青年失业率，减轻社会负担。

（三）就业教育对贫困的影响

1. 贫困人口获得技能

就业教育可以帮助贫困人口获得技能，从而提高他们的就业机会。这有助于减轻贫困问题，改善他们的经济状况。

2. 贫困家庭社会融入

就业教育有助于贫困家庭的社会融入。通过提供技能培训，他们更容易找到工作，增加家庭收入，提高生活质量，减少社会不平等。

（四）就业教育对经济增长的影响

1. 提高生产力

就业教育有助于提高劳动力的生产力。拥有高技能的工作人员更有效率，能够为企业创造更多价值，从而促进经济增长。

2. 创造就业机会

就业教育领域的增长本身也能够创造更多的就业机会。这包括教育机构和相关领域的就业，以及满足学生需求的教育材料和服务。

（五）就业教育对社会结构的影响

1. 提高社会流动性

就业教育有助于提高社会流动性。通过获得技能，个体有机会进入不同社会阶层。这有助于减少社会分化，促进社会和谐。

2. 促进社会包容

就业教育促进社会包容。它提供平等的机会，不论个体的社会背景如何，都可以获得技能培训。这有助于减少歧视和社会不平等。

就业教育在社会和经济方面具有广泛的影响。它不仅有助于提高个体技能水平、提高就业机会、减少贫困、促进经济增长，还有助于改善社会结构和增进社会和谐。因此，政府、教育机构和企业都应该重视就业教育的发展和推广，以实现更加繁荣和公平的社会。

虽然本书涵盖了就业教育的社会和经济影响，但需要指出，实际影响因地区和具体情况而异。进一步的研究和政策制定需要考虑到不同国家和社会的特点，以最大程度地利用就业教育的潜力。

第四节　就业教育的长期影响

一、就业教育对个人职业生涯的影响

就业教育是一种重要的教育形式，其影响远不止于短期内的就业机会。它对个人职业生涯的塑造和发展具有深远的影响。本书将探讨就业教育如何影响个人的职业生涯，包括提高技能水平、就业机会、职业满意度、薪酬水平及个人职业发展路径。通过深入分析这些方面，可以更好地理解就业教育在个人职业生涯中的关键作用。

（一）提高技能水平

1. 专业技能培训

就业教育通常提供与特定行业或职业相关的专业技能培训。这种培训有助于个人获得深厚的专业知识和技能，使他们在特定领域内脱颖而出。这不仅提高了个人的竞争力，还使他们更有信心应对职业挑战。

2. 多样化的技能

就业教育还可以帮助个人获得多样化的技能，这在不断变化的劳动力市场中非常重要。拥有多种技能的人更容易适应新的职业需求，这提高了职业生涯的灵活性。

（二）提高就业机会

1. 市场需求匹配

就业教育通常与市场需求密切相关。学习与市场需求紧密匹配的技能，可以增加个人找到工作的机会。这对于毕业生来说尤其有益，因为他们可以迅速进入职场。

2. 实习和实践机会

就业教育通常包括实习和实践机会，这有助于学生在职业生涯中积累实际经验。这些经验可以增加就业机会，因为雇主更愿意雇佣有实际经验的候选人。

（三）提高职业满意度

1. 工作满足度

拥有相关技能的个人通常更容易找到与自己兴趣和热情相符的工作。这提高了职业满意度，因为他们更有可能从事他们真正喜欢的职业。

2. 自信心

就业教育提供了对个人技能和知识的深刻理解，这可以增加自信心。自信的个人更有可能在工作中表现出色，从而提高了职业满意度。

（四）提高薪酬水平

1. 薪酬溢价

拥有特定技能和资格的个人通常能够获得更高的薪酬。这种技能溢价可以显著增加个人的薪酬水平，提高经济福祉。

2. 职业晋升机会

就业教育还为个人提供了追求更高薪酬和职业晋升的机会。拥有相关技能的个人更有可能升职和晋升到高级职位，从而获得更高的薪酬。

（五）个人职业发展路径

1. 职业定向

就业教育有助于个人明确定向的职业规划。通过专业技能培训，个人可以更清晰地了解自己的兴趣和职业目标，从而更有针对性地追求特定的职业路径。

2. 持续学习

就业教育鼓励个人持续学习和自我提升。这有助于他们保持竞争力，跟随行业和技术的变化，进一步塑造职业发展路径。

（六）结合个人发展和社会需求

1. 社会需求匹配

就业教育不仅有助于个人发展，还有助于满足社会的劳动力需求。通过培养与市场需求匹配的技能，就业教育有助于社会更好地满足各个行业的人才需求。

2. 为社会作贡献

拥有相关技能的个人不仅受益于高薪工作，还可以为社会作出贡献。他们的工作有助于推动经济增长，促进社会和谐，解决社会问题。

就业教育会对个人职业生涯产生深远的影响，包括提高技能水平、就业机会、职业满意度、薪酬水平及个人职业发展路径。这种影响有助于个人实现职业成功，改善经济状况，同时也为社会提供了受过良好教育的劳动力。因此，就业教育在个人和社会层面都具有重要价值，政府和教育机构应致力于支持和促进就业教育的发展。为了最大程度地发挥就业教育的潜力，有必要采取以下措施。

（1）提供多样化的教育选择：政府和教育机构应该提供多样化的就业教育课程，以满足不同人群的需求。这包括技术培训、职业学院、技工学校及在线学习等多种途径。

（2）持续更新课程：就业教育应与市场需求保持同步，不断更新课程内容，以确保学生获得最新的技能和知识。

（3）提供财政支持：政府可以提供财政支持，例如奖学金、贷款和补贴，以帮助个人获得就业教育。这有助于降低教育成本，使更多人能够接受培训。

（4）促进行业合作：政府和教育机构应积极与行业合作，以确保培训与实际职业需求一致。这有助于学生就业，同时也支持行业的发展。

（5）支持职业生涯规划和咨询：提供职业生涯规划和咨询服务，帮助个人更好地理解自己的职业兴趣和目标，从而更好地规划职业生涯。

（6）重视终身学习：个人应该重视终身学习，不仅在就业教育阶段获取技能，还要持续学习和提升自己，以适应不断变化的职业环境。

综上所述，就业教育对于个人职业生涯的影响不可忽视。它提高了技能水平，增加了就业机会，提高了职业满意度和薪酬水平，同时还塑造了个人的职业发展路径。此外，就业教育也为社会提供了受过良好教育的劳动力，有助于经济增长和社会进步。因此，就业教育应该得到更多的支持和投资，以促进个人和社会的繁荣。

二、就业教育对社会和经济的长期效应

就业教育是培养和提高劳动力技能的关键工具，其影响远不止于短期内的就业机会和个体收益。本书将探讨就业教育对社会和经济的长期效应，

包括提高生产力、降低失业率、减少社会不平等、促进经济增长及改善人才储备。通过深入分析这些方面，我们可以更好地理解就业教育在社会和经济发展中的重要性。

（一）提高生产力

1. 高技能劳动力

就业教育培养高技能劳动力，他们更有效率地执行任务，提高了生产力。高技能员工通常能够更熟练地应对复杂任务和挑战，从而为企业创造更多价值。

2. 创新和技术发展

高素质的劳动力有助于推动创新和技术发展。他们能够应用最新的技术和知识，促进产业的技术升级，从而提高整体生产力。

（二）降低失业率

1. 匹配市场需求

就业教育通常与市场需求相匹配，为学生提供与职业市场紧密相关的技能。这使他们更容易找到工作，降低了失业率，尤其是青年人和初入职场的人群。

2. 长期失业预防

提供相关技能培训有助于避免长期失业。拥有技能的个体更有可能在经济下滑或行业衰退时找到新的就业机会，减少了长期失业的风险。

（三）减少社会不平等

1. 提供平等机会

就业教育为所有人提供平等的机会，不论其社会背景如何。这有助于减少社会不平等，因为每个人都有机会获得技能和知识，提高自身经济地位。

2. 提高收入水平

通过提供高薪工作机会，就业教育有助于提高个体的收入水平。这有助于缩小收入差距，促进社会公平。

（四）促进经济增长

1. 提高产出

就业教育通过提高生产力，有助于提高国家的产出。高技能员工能够更高效地执行任务，从而增加了企业和国家的生产能力。

2. 吸引投资

国家拥有受过良好教育的劳动力往往更受国内外投资者的欢迎。吸引外部投资有助于经济增长，创造更多的就业机会。

（五）改善人才储备

1. 满足未来需求

就业教育可以为未来劳动力需求做好准备。通过提供与新兴行业和技术相关的培训，就业教育有助于确保劳动力具备满足未来市场需求的技能和知识。

2. 适应经济变化

就业教育培养了具备适应性和灵活性的劳动力。这些个体更有可能适应经济和产业结构的变化，减少失业率，从而改善整体人才储备。

（六）提高社会的可持续性

1. 社会和谐

通过减少失业率、社会不平等和经济困难，就业教育有助于促进社会和谐。这可以降低社会紧张情绪，改善社会稳定性。

2. 长期繁荣

通过提高生产力、创新和技术发展，就业教育有助于实现长期经济繁荣。这为国家提供了持续的经济增长机会。

就业教育对社会和经济的长期效应显而易见。它提高了生产力，降低了失业率，减少了社会不平等，促进了经济增长，改善了人才储备，提高了社会的可持续性。因此，政府、教育机构和企业应该重视就业教育的重要性，并持续投资和支持这一领域。通过提供高质量的就业教育，社会可以实现更高的生产力、更少的失业率、更少的社会不平等，以及更长期的经济繁荣。这将使我们更有信心面对未来的经济挑战，提高社会整体的福祉。

三、持续改进和适应性措施的评估

持续改进和适应性措施是组织和个体在不断变化的环境中取得成功的关键因素。无论是在组织管理中，还是在个人职业发展中，评估这些措施的有效性至关重要。本书将探讨什么是持续改进和适应性措施，以及如何评估它们，以便更好地实现目标和应对变化。

（一）持续改进和适应性措施的概念

1. 持续改进

持续改进是指不断寻求和采取措施以提高现有过程、方法或绩效的过程。这可以涵盖各个层面，从个人职业发展到组织管理，以及产品和服务的改进。持续改进旨在确保不断提高效率、质量，促进创新。

2. 适应性措施

适应性措施是指在不断变化的环境中调整和适应的行动。这包括改变策略、方法、决策和资源的使用,以适应新的挑战和机遇。适应性措施是在应对外部和内部变化时的一种灵活性和反应能力。

(二)评估持续改进和适应性措施的重要性

1. 提高绩效

评估持续改进和适应性措施可以帮助确定哪些措施有效,从而提高绩效。这有助于确保资源得以最佳利用,取得最大的效益。

2. 应对变化

定期评估适应性措施有助于确保组织或个体能够灵活地适应变化的环境。这可以帮助个体或组织避免陷入过时的策略和方法。

3. 学习和成长

评估可以促进学习和成长。通过审视过去的经验,组织和个体可以识别成功和失败的因素,从而更好地应对未来的挑战。

4. 增强可持续性

持续改进和适应性措施的评估有助于增强可持续性。通过不断改进和适应,组织和个体能够更好地应对未来的挑战,确保持续成功。

(三)评估持续改进和适应性措施的方法

1. 制订明确的目标

评估持续改进和适应性措施的第一步是制定明确的目标。这些目标应该与组织或个人的长期愿景和短期目标一致。目标的明确性有助于确保评估的焦点和有效性。

2. 收集数据

数据是评估的基础。组织和个人需要收集各种类型的数据,包括绩效数据、市场数据、员工反馈等。这些数据可以用来评估当前的状况和效果。

3. 分析数据

收集数据后,需要对其进行分析。这包括查看趋势、比较不同时间段的数据、识别问题和机会,以及理解数据背后的原因。

4. 制订改进计划

基于数据分析的结果,可以制订改进计划。这些计划应该明确列出需要采取的措施、时间表和负责人。计划应该与目标一致,并具有可行性。

5. 实施措施

实施改进计划是评估的关键部分。这需要协调和合作,确保计划按照预定的时间表和方式实施。

6. 监测和评估

改进计划实施后，需要持续监测和评估其效果。这可以通过比较实施前后的数据来实现。如果发现计划没有达到预期的效果，可能需要调整和改进计划。

7. 学习和适应

评估不仅仅是一个定期的过程，它还应该是一个学习和适应的过程。组织和个体应该从评估中学到经验、汲取教训，以便更好地应对未来的挑战。

（四）实际应用

1. 组织管理

在组织管理中，评估持续改进和适应性措施可以帮助组织提高绩效、应对市场竞争和适应经济变化。这包括产品和服务的改进、员工培训和发展，以及战略调整。

2. 个人职业发展

个人职业发展也可以受益于评估持续改进和适应性措施。个体可以定期审视其职业发展目标，学习新技能，适应行业和市场的变化，并在必要时制订新的职业计划。

3. 创新和创业

创新和创业领域也需要持续改进和适应性措施。创新者和创业家应该评估其产品和服务的市场反应，不断改进它们，并适应市场需求的变化。这种灵活性和适应性是创新和创业成功的关键。

4. 教育领域

教育领域也需要评估持续改进和适应性措施，以提高教育质量、适应不断变化的学生需求和技术进步。教育机构应定期审视其教学方法和课程，以确保它们与时俱进。

5. 社会和公共政策

社会和公共政策领域也需要评估持续改进和适应性措施。政府和社会组织应该审查和评估各种政策和计划的有效性，以满足不断变化的社会需求和挑战。这包括教育政策、经济发展计划和健康保健政策等。

（五）挑战和解决方案

1. 数据收集和分析

数据的收集和分析可能是评估的最大挑战之一。组织和个体需要确保数据的准确性和完整性，同时还需要能够有效地分析数据以得出有意义的结论。解决这一挑战的方法包括使用先进的数据分析工具和培训人员以提高数据分析技能。

2. 持续改进的文化

建立和维护一个持续改进的文化可能会面临困难。这需要领导者的支持，以及组织内部的积极参与和反馈。解决这一挑战的方法包括领导者的示范和奖励对改进的积极贡献。

3. 资源限制

有时，评估和实施改进计划可能需要大量资源，包括资金、人力和时间。解决这一挑战的方法包括精心策划和优先考虑具有最大影响的改进项目。

4. 学习和适应

评估后，组织和个体要能够学到经验和教训，并对未来采取适当的措施。这需要领导者和个体之间的沟通和协作，以确保学到的教训得以应用。

持续改进和适应性措施的评估是实现成功和应对变化的关键步骤。通过明确的目标、数据收集和分析、制订改进计划、实施措施及持续学习和适应，组织和个体可以不断提高绩效、适应环境的变化、学到经验和教训，从而实现长期成功。这一过程不仅适用于组织管理，还适用于个人职业发展、创新和创业、教育领域及社会和公共政策。在不断变化的世界中，评估持续改进和适应性措施将成为成功的关键因素。因此，组织和个体都应该重视这一过程，并不断努力改进和适应。

参考文献

［1］席佳颖，储克森，段丽华. 职业、就业指导及创业教育［M］. 5 版. 北京：机械工业出版社，2022.

［2］刘朔，张茜，王诗琦. 大学生就业力研究［M］. 西安：西安交通大学出版社，2022.

［3］路正社. 马克思主义职业选择理论与大学生就业问题研究［M］. 西安：陕西师范大学出版总社有限公司，2022.

［4］欧阳润. 协同育人机制下大学生就业教育研究［M］. 南昌：江西人民出版社，2022.

［5］范宏业. 就业指导与创业教育研究［M］. 北京：中国原子能出版社，2022.

［6］李家华，雷玉梅，黄杰. 大学生职业发展与就业指导［M］. 北京：高等教育出版社，2022.

［7］高静著. 就业困境下中国大学生学习及教育对策研究［M］. 济南：山东大学出版社，2022.

［8］朱红. 新时代学前教育专业大学生就业创业研究［M］. 西安：陕西人民出版社，2022.

［9］徐平利. 从就业谋生到美好人生：职业教育漫话［M］. 桂林：广西师范大学出版社，2022.

［10］李海波. 我国大学生就业思想教育的演进与发展研究［M］. 桂林：广西师范大学出版社，2022.

［11］刘莲花，张剑波，张涛. 创新创业教育与就业指导［M］. 2 版. 北京：高等教育出版社，2022.

［12］赵驰轩，杨频. 职业发展与就业创业指导［M］. 北京：人民邮电出版社，2022.

［13］束开俊，油锡民. 创新创业教育与就业指导［M］. 北京：北京希望电子出版社，2022.

［14］张明莉，龚克，唐蔚东. 大学生职业生涯规划与就业指导［M］. 北京：

中国中医药出版社，2022.

［15］刘维华. 大学生职业生涯规划与就业创业指导［M］. 徐州：中国矿业大学出版社，2022.

［16］杨丽敏. 高职生职业发展与就业指导［M］. 2 版. 长沙：湖南大学出版社，2022.

［17］段丽华. 大学生就业指导［M］. 2 版. 北京：高等教育出版社，2022.

［18］冯丽萍. 中职生就业指导活动指引［M］. 2 版. 北京：中国人民大学出版社，2022.